Edmond und Jules de Goncourt

Blitzlichter

Edmond und Jules de Goncourt

Blitzlichter

Aus den Tagebüchern der
Brüder Goncourt

Ausgewählt und aus dem
Französischen übertragen
von *Anita Albus*

Galiani Berlin

Prolog

Die feine Gesellschaft

3. MAI 1863

Beim Rennen im Bois de Bologne. Die allerfeinste Gesellschaft, die schöne Welt, wie häßlich sie ist! Eine Sippschaft uneleganter, fast provinzieller Menschen, ermattet ohne die Vornehmheit eines ermatteten Geschlechts. Häßlich die Weibsbilder: die Häßlichkeit der Frau von Welt kennt nur wenige Ausnahmen. Die Kleidung, die Schminke und die Ungeniertheit der Dirnen, aber ohne den unübertrefflichen, der Prostitution eigenen Chic.

Unter den Männern sehe ich Pereire: einen aus Batavia eingeführten schrumpeligen und leicht schimmeligen Affen; Lord Hertford, einen Mann mit einem Einkommen von achtzehn Millionen, mit einem Nachtschal als Krawatte um den Hals und Härte im kalten Porzellangesicht; Haussmann, der wie ein Disziplinarinspektor aus Versailles aussieht; Gramont-Caderousse, mit seinem *à l'anglaise* umgehängten Fernglas und seinen Rokoko-Posen, hält Madame de Persigny umschlungen und wirkt wie ein englischer Groom: halb glühender Gentleman, halb Komiker vom Palais Royal; Metternich sieht aus wie der Lakai eines vornehmen englischen Hauses.

Die Weibsbilder? Kinderlose Frauen ohne Sanftmut, ohne mütterliche Ausstrahlung, ohne Becken, die Dürre der Unfruchtbarkeit vom Scheitel bis zur Sohle ... Da ist die Fürstin Metternich, mit einer Trompetennase, die Lippen wie ein Nachttopfrand gestülpt, sehr bleich, ganz wie eine venezianische Maske in den Gemälden von Longhi; eine semmelblonde Madame de Pourtalès, die zufällig nicht sonderlich häßlich ist; die blonde grimassierende Fürstin Poniatowska sieht aus wie eine Katze, die Milch schleckt; die Fürstin de Sagan, ein Flittchen der großen Welt mit schiefer Habichtsnase, schaut drein wie eine große Ziege; Madame de Solms, jetzt Madame de Ratazzi, mit einem Haarkranz auf dem Kopf, Augen von verschossenem Blau und dem Lächeln einer tauben Tänzerin, am Arm ihres Mannes, dessen schäbige Haltung und Miene an einen Advokaten erinnern; Pommereux, der ehemals seine Frau ausgehalten hat, macht ihm Komplimente über seine elegante Aufmachung und sagt ihm, daß man ihn in Turin nicht wiedererkennen würde; Mademoiselle Haussmann, ein üppiges, ziemlich hübsches Mädchen mit den Augen eines Ochsen ... So sieht sie aus, die Welt, die schöne Welt, die große Welt! All das ist dirnenhaft! Keine Spur von Vornehmheit oder von dem Charme einer anständigen Frau. Aufmachungen und Manieren, die beweisen, daß es keine feine Gesellschaft mehr gibt.

Auf dem Rückweg begegnen mir schneidige Equipagen, Pferde mit Rosen hinter den Ohren, sämtliche Schnepfen, der ganze gehobene Schnepfenstrich von Paris. Maßgeblicher und triumphierender denn je, füllen sie diese Promenade der Reichen aus, besetzen und verstopfen den Bois de Bologne wie einst ihre Mütter den Palais Royal. Niemals hat man sich mehr zur Schau gestellt, mehr geprahlt, und nie hat es mehr skandalöse Vorfälle gegeben. Dem achtzehnten Jahrhundert sagt man es nach, aber damals gab es vielleicht zehn berühmte Huren. Heute ist es ein ganzes Volk, eine Welt, die die andere Welt der Frauen verschlingen wird und sie bereits schluckt.

ALIZARD, Adolphe-Joseph-Louis
1814–1850
Opernsänger

18. AUGUST 1858

Alizard: massig, kurz, gedrungen, schnaubend wie ein Titan, gebaut wie ein Lastträger, ein ausgezeichneter Musiker und herrlicher Bass in *Der Tod und das Mädchen* von Schubert; ein wenig hypochondrisch, unglücklich, leidet unter seiner Häßlichkeit und seinem fürs Theater entsetzlich kleinen Wuchs. Eine unglückliche Jugend, hart erzogen von der Mutter, einer Pensionatsvorsteherin, die mit einem Priester lebte. Gräßliches Elend. Hatte man den Familienhorror begriffen und fragte ihn: »Wie geht es dir?«, – »Gut.« – »Und deiner Familie?« – »Sie ist verreckt!«, antwortete er in seinem tiefsten Bass. Das verwunderte Belgiojoso. Darauf, sich umwendend: »Ach, bei Ihnen ist das anders! Ihr Herr Vater hat Sie mit allem versehen. Er hat Sie reich, schön, groß und geistvoll gemacht. Aus mir hingegen hat man einen Wasserträger gemacht ... Ohne einen Sou ... Ich nehme an, daß Monsieur seinem Vater, wenn er stirbt, ein Mausoleum errichten läßt, ich kann das durchaus verstehen!« – Eines Tages blieb Barilhet aus, der in einer Oper erst im zweiten Akt singen sollte; Alizard wird im Opernhaus zum verzweifelten Direktor gerufen: »Aber ich bin doch kein Bariton! Aber ich kann die Rolle gar nicht!« – »Sie können sie während des ersten Akts einüben, das bringt fünfhundert Mäuse!« Und er spielt es ... Kenntnisreich, eine Leidenschaft für Bücher, für alte Uhren, für Geigen. Das Elend geht so weit, daß er das Bett samt Strohsack verkauft hat – schläft auf zwei Guarneri-Geigen als Bettrolle, die pro Stück fünfhundert Franc kosten.

Boucher, ehemaliger Seminarschüler, ein ganz ausgezeichneter Latinist und Hellenist, der immer um italienische Ausstrahlung bemüht ist und *tu u u u m'emmerdes, m'emmeerdes* sagt und in affektiertem Ton *Aaaeee*.

Dazu der irre Wartel, ein baumlanger Kerl, mit schrecklichen Meilenstiefeln, ein Spaßvogel, der niemals lacht, der die vorbeigehenden *frati* umarmt usw.

Sie gehen gemeinsam mit Mario Uchard zum Comersee. Alizard will den Monte Bisbino erklimmen. Während des Aufstiegs entledigt er sich vollständig seiner Kleider, die er Stück für Stück auf dem Weg Boucher übergibt. Im Dorf angelangt, empfängt sie der Pfarrer. Sie bezaubern ihn beim Dessert mit Musik, gehen in die Kirche, stellen sich ans Pult, Mario spielt die Orgel, und so beglücken sie das ganze Dorf mit gregorianischem Gesang. Ein Dorfbewohner bietet ihnen Quartier an. Alizard verdrückt sich im Garten, und man findet ihn, als er gerade die Frau vergewaltigen will, die im siebten Monat schwanger ist. In der Nacht werden sie von Wanzen gepeinigt. Am Morgen hört man plötzlich Schreie wie Donnerhall. Der äußerst reinliche Alizard war noch vor Anbruch des Tages am Seil in den Brunnen hinabgestiegen und kam nicht wieder hoch ... Letzte Episode der Reise: Alizard, der außer *mena mi l'ucello* fast kein Italienisch konnte, warf ein Auge auf ein kleines Mädchen, das mit einem Korb und Kränzen von Immortellen zum Friedhof ging; zum *Zupfen seines Vogels* wanderte der Korb auf den Arm und ein Kranz von Immortellen auf den Kopf.

BAUDELAIRE, Charles
1821–1867

OKTOBER 1857

Im Café Riche.
Baudelaire soupiert nebenan, ohne Krawatte, ohne Kragen, mit rasiertem Schädel, ganz wie ein zum Tode Verurteilter. Seine einzige Zier: die reinlichen, gepflegten, gebleichten kleinen Hände. Der Kopf eines Verrückten, die Stimme glatt wie eine Klinge. Eine gestelzte Ausdrucksweise, zielt auf Saint-Just und trifft ihn auch. – Verteidigt sich ziemlich hartnäckig und mit einer gewissen harschen Leidenschaft gegen den Vorwurf, er habe in seinen Versen die Sitten verletzt.

11. APRIL 1863

Im Magny.
Dann kam die Rede auf gewisse Anhänger in der Nachfolge der Lykanthropen von 1830, die zynischen *Bluffer,* auf Baudelaire und den schärfsten Spruch, den er eines Tages, als er zu spät bei einer Gesellschaft erschien, von sich gab: »Verzeihung, ich habe mich verspätet, da ich soeben meine Mutter *godemichierte.*«

28. NOVEMBER 1863

Man hat uns dieser Tage erzählt, daß Baudelaire, dieser Gaukler, ein kleines Hotel in der Nähe einer Eisenbahnlinie zum Wohnsitz genommen habe und ein Zimmer wählte, das auf einen Korridor führt, der ständig von Reisenden wimmelt, der reinste Bahnhof. Bei weit geöffneter Tür gibt er allen das Schauspiel seiner selbst bei der Arbeit, der Anspannung des Genies, während seine Hände durch die langen weißen Haare in seinen Gedanken wühlen.

10. JUNI 1889

Zum Porträt von Baudelaire erzählte mir Stevens, daß er Zeuge seiner ersten Amnesie wurde. Er begegnete ihm auf dem Rückweg von einem Händler, bei dem er etwas gekauft hatte und dem er im ersten Augenblick den eigenen Namen nicht nennen konnte. Und er fügte noch hinzu, wie weh es ihm tat, den Jammer des armen Teufels mitanzusehen.

17. JULI 1893

Asselineau erzählt, Baudelaire habe ihn verblüffen wollen, indem er sich im Hotel Pimodan zum Schlafen unter das Bett gelegt habe.

3. JUNI 1895

Heute abend erzählte mir Madame Sichel von Madame Aupick, der Mutter Baudelaires, mit der sie in Honfleur verkehrte.

Sie schilderte diese Frau als ein kleines, zartes, niedliches *bucklicht Weiblein,* mit großen, knorrigen, ungeschickten Händen, die sechs Dominosteine auf einmal faßten. Darüber hinaus war sie so blind, daß sie beim Nähen gezwungen war, ihrer Nase entlang zu stechen.

Dann beschrieb sie das Haus auf der Felsklippe, unterhalb der Côte de Grace, eine Stelle, die der General, der einst Botschafter von Konstantinopel gewesen war, ausgewählt hatte, weil sie ihn an die Pforte des Goldenen Horns erinnerte, ein Haus, in dem das Zimmer des Generals wie ein Zelt mit Segeltuch bespannt war und die anderen Zimmer mit bedrucktem Stoff aus Jouy; im Stall waren zwei Prunkkarossen untergebracht, das dazugehörige Pferdegespann hatte die Besitzerin verkaufen müssen, als sie sich auf ihre Witwenpension beschränkt sah. Jeden Samstag wurden die Karossen von den Mägden aus dem Stall geholt und eine Stunde lang auf dem Pflaster im Hof spazierengeführt.

Dem jungen Mädchen, das Madame Sichel damals war, schien es, als habe die alte Frau eine hohe Meinung vom Intellekt ihres Sohnes, wage jedoch unter dem Einfluß von Monsieur Hémon nicht, offen darüber zu sprechen. Dieser sah in ihrem Sohn nichts als einen Strolch, der immer davon spricht, seine Mutter zu besuchen, aber nie kommt und ihr nur schreibt, wenn er Geld braucht.

Diese Plauderei enthüllte etwas Seltsames: die Mutter Baudelaires starb nach ihrem Sohn und starb als Aphasikerin an der gleichen Krankheit. Damit wird die Legende hinfällig, die Baudelaires Krankheit seinem chaotischen Leben zuschrieb, wo sie doch in seinem Fall nur erbbedingt war.

In ihrer schwärmerischen Weise sagte die alte Frau mehrmals zu Madame Sichel, die Laura heißt: »Wie bedaure ich, daß mein Sohn so gar nicht heiraten mag, es wäre mein innigster Wunsch, daß er Ihr Petrarca würde.«

BARBEY D'AUREVILLY, Jules
1808–1889

9. MAI 1875

Welch sonderbare Straße, welch originelles Viertel in einem Winkel von Paris dieser Barbey d'Aurevilly bewohnt!

Die Rue Rousselet, die sich fernab in der Rue de Sèvres verliert, hat den Vorortcharakter einer Kleinstadt, der die Nachbarschaft der Militärschule etwas Soldatisches gibt. Portiers mit türkischen Käppchen fegen vor den Türen. In den Bilderbogen-Geschäften sind auf Blättern mit einheitlichem Grund sämtliche Uniformen der Armee ausgestellt. Der primitive Schuppen eines Barbiers – sein Beruf steht mit Tinte auf den Mauerputz geschrieben – appelliert an die Kinnbacken der Herren Soldaten. Die Häuser dort haben Eingänge wie auf dem Dorf, und die hohen Mauern überragt das schattige dichte Laub öffentlicher Gärten.

In einem Quartier, das wie ein Kuhstall aussieht – ein vom Oberst Chabert des Balzacschen Romans bewohnter Kuhstall –, wende ich mich an eine Art Bäuerin, die Portiersfrau von Barbey. Erst behauptet sie, er sei ausgegangen. Ich erkenne die Weisung. Ich kämpfe. Schließlich entscheidet sie sich, meine Karte hinauf zu bringen, und als sie wieder herunterkommt, wirft sie mir hin: »Im ersten Stock die Nummer 4 im Korridor.«

Eine kleine Treppe, ein kleiner Korridor und eine noch kleinere, ockerfarben gestrichene Tür, in der der Schlüssel steckt. Ich trete ein und werde in einem Wirrwarr und Durcheinander, in dem man nichts erkennen kann, von Barbey d'Aurevilly empfangen; er steht in Hemdsärmeln und perlgrauer Hose, die ein schwarzer Seitenstreifen ziert, vor einem dieser altmodischen Toilettentische mit großem runden Schaukelspiegel. Er entschuldigt sich, mich so zu empfangen, er sei gerade dabei, sich anzukleiden, um zur Messe zu gehen.

Ich finde ihn unverändert, seit ich seiner bei der Beerdigung von Roger de Beauviro gewahr wurde, er hat den gleichen geräucherten Teint, seine lange Haarsträhne, die ihm das Gesicht schrammt, der elegante Mischmasch seiner halbfertigen Aufmachung; aber man muß trotz alledem zugeben, daß er über die Höflichkeit eines Edelmannes und die Anmut eines Herren aus gutem Hause verfügt, wenn es auch einen Widerspruch zu diesem Schweinestall bildet, in dem sich überall seine Siebensachen und Klamotten mit Büchern, Zeitschriften und Tageszeitungen vermengen, verheddern und vermischen.

Ich nehme aus dieser Unterkunft in der Rue Rousselet so etwas wie die Erinnerung an die unheimliche Höhle eines abgebrannten Gebildeten aus guter Familie mit.

12. MAI 1885

Abendessen bei Daudet mit Barbey d'Aurevilly, dem ich heute zum ersten Mal etwas zwangloser begegne.

Er hat einen Überzieher mit Rockschoß an, der ihm Hüften verleiht, als trage er eine Krinoline, und dazu trägt er eine weiße Wollhose, die aussieht wie eine Unterhose aus Molton mit Stegen. In diesem lächerlichen und päderastischen Kostüm steckt ein Mensch mit exzellenten Manieren, der über die Flötentöne eines Mannes verfügt, der gewohnt ist, mit Frauen zu sprechen, und dessen gutturale Intonation – die von seinen fehlenden Zähnen herrührt – wie die Moll-Version von Frédérick Lernaltre klingt.

BERNHARDT, Sarah
1844–1923

10. OKTOBER 1893

Diner mit Sarah Bernhardt bei Bauër.
Eine Wohnung im sechsten Stock, von einem berühmten Dekorateur im plump orientalisch-japanischen Geschmack eingerichtet, aber licht- und sonnendurchflutet.

Herein tritt Sarah in einer perlgrauen Robe mit goldenen Litzen, einer hängenden Robe ohne Taille in der Art einer Tunika. An Diamanten einzig eine Lorgnette, deren Stiel damit übersät ist. Auf dem Kopf ein Putz aus schwarzer Spitze, der sich wie ein Nachtfalter ausnimmt, darunter bäumt sich eine Frisur wie ein loderndes Gebüsch auf, und Augen von durchsichtigem Blau leuchten im Halbschatten schwarzer Wimpern auf.

Als man sich an den Tisch setzt, beklagt sie sich, daß sie so klein sei, und dabei sind ihre Beine so lang wie die der Renaissance-Frauen; und die ganze Zeit über sitzt sie schräg auf einer Ecke ihres Stuhls, ganz wie ein kleines Mädchen, das man an die große Tafel gesetzt hat.

Sogleich gibt sie uns mit einer Lebhaftigkeit, einem Schwung, einem sprühenden Wortwitz sondergleichen die Geschichte ihrer Tourneen rund um den Erdball preis und gibt uns das folgende seltsame Detail wieder: Die Ankündigung künftiger Vorstellungen in den Vereinigten Staaten – eine Ankündigung, die immer ein Jahr im voraus gemacht wird – hatte zur Folge, daß eine Ladung Französischlehrer angefordert wurde, damit sie dafür sorgten, daß die jungen Leute und Fräuleins verständen und den Stücken, die sie spielen soll, folgen könnten. Dann die Geschichte ihres

Raubüberfalls in Buenos Aires: Die acht Männer, die ihre Leibwächter abgaben, waren so gut eingeschläfert worden, daß sie nichts hörten; sie selbst mußte man vom Bett auf den Boden werfen, um sie zu wecken, und ihr Hund hat volle drei Tage durchgeschlafen.

Ich sitze gleich neben ihr; diese Frau, die an die fünfzig sein könnte, die ganz ungeschminkt ist, ohne einen Hauch von Reispuder, hat die Gesichtsfarbe eines jungen Mädchens, eine blutjunge rosige Farbe auf einer Haut von seltener Feinheit, Zartheit und Durchsichtigkeit an den von einem Netz feiner blauer Äderchen durchzogenen Schläfen. Bauër sagte mir, daß dieser Teint das Resultat einer zweiten Jugend sei, die ihr durch die Wechseljahre zuteil geworden sei.

17. OKTOBER 1893

Diner bei Sarah.
Die kleine Halle oder vielmehr das Atelier, in dem die Tragödin empfängt, hat etwas von einem Theaterdekor. An den Wänden sind zwei oder drei Reihen Bilder aufs Parkett gestellt, die, weil sie nicht gehängt sind, wirken, als bereite ein Experte eine Auktion vor; diese Bilder werden von einem Gemälde über dem Kamin beherrscht, ihrem großen Porträt in ganzer Figur von Clairin, auf dem sie ohne Stirn dargestellt ist, unter einer persianerschwarzen Frisur, in einer Art weißem Schlangenschmelz. Vor den Bildern Möbel aller Art, mittelalterliche Truhen, eingelegte Schubladenschränke und eine Unmenge exotischen Kunstplunders, Figurinen aus Chile, Musikinstrumente von Wilden, große Blumenkörbe, deren Blüten und Blätter aus Vogelfedern bestehen. Nur eines zeugt in alldem von persönlichem Geschmack: große

weiße Bärenfelle, die der Ecke, in der die Dame sich aufhält, ein leuchtendes Weiß geben.

Mittendrin ein Käfig, ein Käfig, in dem ein Papagei und ein Affe *en famille* leben, ein Papagei mit einem riesigen Schnabel, den der kleine Affe martert, peinigt, rupft, der immer in Bewegung ist, ständig um ihn herum seine Saltos schlägt, und den der Papagei mit seinem fabelhaften Schnabel ohne weiteres zweiteilen könnte – er begnügt sich jedoch damit, herzzerreißende Schreie auszustoßen. Da mir das gräßliche Leben dieses Papageis ans Herz ging, wurde mir versichert, daß man sie einmal für eine Weile getrennt habe; der Papagei sei infolge dieser Trennung um ein Haar aus Kummer gestorben, so daß man ihn unbedingt wieder zu seinem Peiniger stecken mußte.

BERTHELOT, Marcelin
1827–1907
Chemiker, 1886 / 87 Unterrichtsminister,
1895 / 96 Minister des Auswärtigen

24. APRIL 1865

Im Magny.
Großes Palaver über die Abstraktion von Raum und Zeit, das uns in Narreteien und Halluzinationen und Hypothesen stürzt, bis ich schließlich die Worte Berthelots vernehme:

»Jeder Körper, jede Bewegung löst eine chemische Aktion in den organischen Körpern aus, mit denen er auch nur eine Sekunde in Berührung gekommen ist; vielleicht wurde alles, seit die Welt besteht, photographisch konserviert. Das ist vielleicht die einzige Spur unseres Durchgangs durch diese Ewigkeit. Warum sollte die Wissenschaft mit ihren Fortschritten, mit ihrer Hexerei, nicht eines Tages das Porträt von Alexander dem Großen auf einem Felsen finden, den sein Schatten streifte?«

17. JUNI 1867

Berthelot sagte uns im Magny, daß Frankreich nicht nur das Land sei, in dem es zur Zeit am wenigsten Kinder gebe, es sei darüber hinaus das Land, in dem die meisten Greise lebten, eine Anzahl, die bei 400 zu 58 im Verhältnis zu Preußen liege. Dem verdanke sich auch die derzeitige Verblödung.

27. OKTOBER 1867.

Wir gehen mit Charles Edmond Berthelot besuchen, seinen Nachbarn, und so schneien wir dem Chemiker ins Haus: ein von Wäldern umgebenes Häuschen in der Gegend von Sèvres. Ein Garten voller Kinder, ein Salon voller Frauen.

Seine Frau ist eine beachtliche, einzigartige, unvergeßliche Schönheit; eine intelligente, tiefe, magnetische Schönheit; eine Schönheit der Seele und der Gedanken, jenen außerirdischen Schöpfungen Poes vergleichbar. Sie sieht aus wie eine Statue und wie ein verkörpertes Gewissen. Ihr Haar, das gescheitelt in breiten, glatten Strähnen fast gelöst herabfällt, wirkt wie ein Heiligenschein; eine hohe, ruhige und gewölbte Stirn; große Augen, schimmernd im Schatten ihrer Höhlen; und die Frau mit ihrem ganz flachen Leib und in der Robe eines mageren Seraphim. Dazu die Stimme eines jungen Knaben und bei aller Höflichkeit und Liebenswürdigkeit die Herablassung des gehobenen Bürgertums.

CHARCOT, Jean-Martin
1825–1893
Psychiater

17. AUGUST 1881

Ein hübsches Pariser Detail. In einer Arme-Leute-Straße legt man zusammen, um einem alten Mann dieser Straße – einem Alten, den alle lieben – eine Konsultation bei Charcot zu ermöglichen; sie bringen hundert Franc zusammen, die der am besten Gekleidete dem berühmten Arzt überbringt.

14. JUNI 1888

Es wurde behauptet, daß sich Charcot die Schläfen rasiere, um sich eine Denkerstirn zuzulegen.

2. OKTOBER 1890

Heute abend wurde über die Härte geredet, mit der Charcot seinen Kranken begegnete, über die inhumane Weise, in der er mit ihnen über ihren Tod sprach, eine bestimmte Zeit von sechs Monaten oder einem Jahr angab, als sei der Tod ein Gast, den er ohne Furcht erwarte; und man erzählte von der Sinnesverwirrung dieses Verächters des Todes der anderen, als er einmal an Silvester zuviel Blutwurst gegessen hatte. Es war äußerst belustigend, wie uns Leon seine Aufregung, sein weibisches Gejammer, seine schändliche Angst vormachte. Er schilderte, wie Charcot ihm nicht einmal die Zeit ließ, den Hut aufzusetzen, um zu Potain zu laufen, da er glaubte, sein letztes Stündlein habe geschlagen; Potain sagte ihm in seiner einfältigen Art, der an diesem Tag eine leichte Ironie beigemischt war: »Es handelt sich nur um eine Verdauungsstörung, werter Kollege!«, und verordnete ihm Brechwurz.

CLADEL, Madame
Mutter des Romanciers Leon Cladel, 1835–1892

8. MÄRZ 1877

Ein seltsamer Fall von Tollheit. Die Mutter von Cladel, eine alte Bäuerin, wird plötzlich aus ihrer Hütte und von ihrem Feld in den Salon der Rue Saron versetzt, mitten in Wortgefechte über Diphthonge; ganz wirr im Kopf und verloren durch die Unverständlichkeit der fremden Worte, die sie den ganzen Tag vernommen hat, fängt sie plötzlich an, im Salon zu tanzen.

CONSTANT, Abbé Alphonse-Louis
1810–1875

1853

Abbé Constant wird von einem jungen Mädchen von vierzehn Jahren geliebt. Das junge Mädchen, ein resolutes Wesen, bringt es fertig, daß er das Priestergewand ablegt und heiratet. Ein kleiner, sehr glücklicher Haushalt; eine vier oder fünf Jahre während vollkommene Liebe; ganz seiner Frau gewidmet. Clubbesuche im Februar. Dann wird die Frau Bildhauerin und neidet dem Gatten die Intelligenz. – Constant widmet sich ganz der Magie, entdeckt, daß das Tarotspiel – Inbegriff der höchsten Magierkunst, das niemand bisher erklären konnte – inzwischen dazu dient, den Portiersfrauen die Karten zu legen. Frau Constant stellt im Salon von 1853 einen *Bacchus* aus Marmor aus, setzt ihren Mann vor die Tür; der geht nach London, um dort sein Glück zu suchen.

COPPÉE, François
1842–1908
Dichter

25. AUGUST 1869

Ein kleines Gesicht mit olivfarbenem Teint, Miniatur eines Bonaparte nach der Rückkehr aus Ägypten. Wiewohl freundlich, vornehm, feminin, ist er doch leider keine Persönlichkeit. Man hört Banville, wenn er spricht – Banville, dem er sich nicht nur geistig anverwandelt hat, er hat sich auch seine scharfe und geziert schleppende Redeweise angeeignet.

25. JANUAR 1876

Coppée ist der Geliebte der Doche. Die Liebschaft des jungen Mannes zu dieser alten Frau hat für mich etwas fantastisch Makabres. Eines Abends erhaschte ich den Anblick des Gerippes der Schauspielerin im Hausrock, und wann immer ich mit Coppée plaudere, überkommt mich eine gewisse

Unruhe vor dem erdigen Schwarz seiner Nasenhöhlen und Mundwinkel – kurzum, vor der ganzen morbiden Senilität seines kindlichen Gesichts; die Vereinigung dieser beiden Wesen will meiner Phantasie wie die Vereinigung eines Skeletts mit einem verrotteten Foetus erscheinen.

Das Leben dieser verschwiegenen Liebe, die unter dem gemeinsamen Dach kaum jemand anderen empfängt als Barbey d'Aurevilly, drängt mir den Gedanken an das schreckliche Trio der Mageren auf, das diese Frau, dieser junge Mann und der alte Erotiker bilden und das mich – runzlig, geräuchert und ausgedörrt, wie es ist – an die vertrocknete Rute eines Tambour-Majors gemahnt, wie sie im Museum Dantan ausgestellt sein könnte.

COROT, Camille
1796–1875

SEPTEMBER 1893

Corot ist wirklich der gutmütigste aller gutmütigen Kerle. Die Tochter von einem der Brüder Leleux zerbricht das Bein eines kleinen Puppentischchens und sagt zu Corot: »Schau mal, ich kann nichts mehr damit anfangen, du solltest mir etwas druntermachen.« Corot nimmt das Tischchen mit und macht ein schönes Bild daraus. Sagt die Mutter: »Ah, Monsieur Corot, das behalte ich für mich!« Darauf antwortet Corot so mir nichts, dir nichts: »Es würde ihrer Tochter Spaß machen ... Warum lassen sie es ihr nicht?«

28. AUGUST 1855

Corot ist der glückliche Mensch *par excellence*. Glücklich zu malen, wenn er malt; glücklich, sich auszuruhen, wenn er nicht malt. Glücklich über sein spärliches Vermögen, als er noch nicht geerbt hat; glücklich über seine Erbschaft, als er erbt. Glücklich über seine Ruhmlosigkeit, als er noch unbekannt war; indessen glücklich über seine Erfolge – und jeden Monat schiebt er seine Nummer mit irgendeinem schmuddligen Modell, das ihn besuchen kommt.

7. MAI 1892

»Ja, Corot hat nie Grün verwendet ... Sein Grün war das Ergebnis einer Mischung aus Gelb und Preußischblau, Mineralblau ... und ich werde Ihnen den schlagenden Beweis dafür bringen.«

Das ist der alte Maler Decan, ein Freund von Corot, der in Gavarnis Haus wohnt; wenige Augenblicke später kommt er mit der Bluse, die Corot beim Malen trug, wieder herunter; diese Bluse ist aus zwei Küchenschürzen von verblichenem Blau zusammengestückelt und hat hinten ein neues Teil von lebhaftem Blau, ein Stück Stoff, das die untere Hälfte der Bluse, die am Ofen verbrannte, ersetzen soll ... Und wirklich ist die Bluse ganz mit einem Regen zarter Flecken bedeckt, bei denen das Grün fehlt.

Decan hat zusammen mit der Bluse eine Skizze gebracht, auf der er den alten Corot dargestellt hat, wie er in ebendieser Bluse auf dem Lande malt: eine Skizze, auf der er mit seinem widerspenstigen weißen Haar auf dem unbedeckten Schädel, dem Teint eines Menschen, der sich viel im Freien aufhält, seiner Wurzelholzpfeife, die ihm aus dem

Mund hängt, ganz wie ein alter normannischer Bauer aussieht.

Und Decan verrät uns das Rezept des alten Corot zur Herstellung von Meisterwerken in der Natur:

»Man wähle seinen Platz an guter Stelle« – so hatte Meister Bertin es ihn gelehrt – »lege sein Bild in groben Zügen an, suche seine Valeurs und«, indem er abwechselnd den Kopf und die Herzgegend berührt, »setze auf die Leinwand, was man hier und hier hat.«

Decan fügt hinzu: »Er war ein Maler des Morgens, nicht des Nachmittags; bei strahlender Sonne malte er nicht. ›Ich bin kein Kolorist‹, sagte er, ›ich bin Harmonist.‹«

»Stellen Sie sich vor«, fährt Decan fort, »Corot hat bis zu seinem fünfundzwanzigsten Lebensjahr wie ein kleines Kind bei seinem Vater gelebt, der nicht im mindesten an sein Talent glaubte. Einmal, als François, der bei Vater Corot zu Abend gegessen hatte, gerade das Haus verlassen wollte, sagte der Vater, daß er ihn begleiten möchte; als sein Sohn sich anschickte, ihm zu folgen, bedeutete er ihm zu bleiben. Schließlich auf der Straße: ›Monsieur Français, sollte mein Sohn wirklich Talent haben?‹ – ›Und ob‹, antwortete Français, ›er ist doch mein Lehrer!‹«

COURMONT, Cornélie Le Bas de
1781–1863

1. JANUAR 1857

Zwei Besuche bleiben noch zu machen. Die Zweige der Familie sind so gut wie abgestorben. Ein sehr reicher Onkel und eine alte Cousine, die in einem Arbeiterquartier in der Zugluft zwischen Tür und Fenster hockt.

Und dabei ist sie die Enkelin einer Frau, die über drei Millionen verfügte, über das große und das kleine Palais Charolais, über das Schloß von Clichy-Bondy, über Silberplatten für den Wildpretbraten, die zwei Domestiken nur mit Mühe tragen konnten: aus alldem wurden Staatspapiere, und jene Elisabeth Lenoir, diese *Goldmarie*, wie man sie damals nannte, die Monsieur de Courmont wegen ihres Vermögens geheiratet hatte, starb in einer Dachstube an der Seite ihres alten Hundes und wurde in einem Massengrab beigesetzt. Meine Cousine: nichts als eine kleine Rente auf Lebzeiten und ein Platz auf dem Friedhof von Montmartre im voraus bezahlt und ganz ihr eigen.

1. JANUAR 1862

Neujahr ist für uns der Tag der Toten. Es fröstelt das Herz, und man zählt die Abwesenden.

Wir steigen in den fünften Stock zu unserer alten Cousine hinauf in ihre armselige kleine Stube. Sie muß uns wieder fortschicken, so viele Damen, Schulkameraden, Familienangehörige kommen sie besuchen. Sie hat nicht genügend Sitzgelegenheiten noch überhaupt Platz, wo wir uns hinsetzen könnten. Es gehört zu den schönen Seiten des Adels, daß man die Armut nicht flieht. Man rückt gegen sie zusammen. In den bürgerlichen Familien hört die Verwandtschaft unterhalb bestimmter Vermögensverhältnisse, will sagen oberhalb des vierten Stockwerks eines Hauses, auf.

22. NOVEMBER 1864

Alphonse[1] geht zu meiner Cousine Cornelie, die im Sterben liegt. Sie erkennt die Leute nicht mehr und hält ihn für einen belanglosen Tropf aus ihrer Familie, gegen den sie einen Groll hegte: »Ach du bist's, Hornochse.« Alphonse nimmt ihre Hand und klopft sie zwischen seinen Händen, ihr Dienstmädchen schreit ihr dreimal den Namen Alphonse zu. Sie betrachtet ihn lange, wirft dann den Kopf zurück, und ihre Gedanken scheinen zu ganz anderen Dingen abzuschweifen. Dann wendet sie sich ihm wieder zu, und mit dankbarem Blick und sich aufhellender Miene führt sie ihre Hand an ihren Mund und schickt ihm sacht drei Küsse.

COUTURIER
Schriftsetzer, Chefredakteur des *Mousquetaire* nach Dumas, dann Zwischenhändler von Gemälden

10. DEZEMBER 1862

Als wir heute abend bei Lia dinierten, war da auch ein gewisser Couturier, den Saint-Victor eingeladen hatte, zweifellos wegen eines möglichen Vorteils beim Bilderhandel. Er ist ein gerissener Schacherer von Kunstgegenständen, der sich gewöhnlich in Madrid aufhält, ein Mann aus Burgund mit gegerbtem Teint, dessen bleifarbenes Gesicht von allen mög-

---

1 Alphonse Le Bas de Courmont.

lichen Berufen geprägt scheint. Dieser Händler von Ölschinken hat ich weiß nicht was von einem Menschenhändler: er sieht aus wie ein Sklavenhändler für Kunstgegenstände.

Dieser zweifelhafte Mensch mit dunklen Quellen, mit der Haut eines Arabers und dem Auge eines Juden, erzählt folgendes:

Als er in Toledo wohnte, ging er jeden Monat zu einer alten Dame, um ihr seine zwölf Piaster Miete zu bezahlen. Diese Dame – eine alte Hoheit – lebte mit einer zwei- oder dreiunddreißig Jahre alten Tochter zusammen, einer ehemaligen Komturin von Sankt Jakob, aus dem durch die spanische Revolution aufgelösten Kloster, dessen Tracht sie jedoch weiterhin trug, eine Tracht, reich an historischer Größe: die Kapuze, das große weiße Gewand mit einer zwei Meter langen Schleppe und das gewaltige rote Kreuz, so hoch wie sie selbst. Außerdem wohnte in dem Hause der letzte männliche Erbe des Geschlechts, ein Enkel der alten Dame, ein etwa zehnjähriges Kind.

Couturier war gerade dabei, die alte Dame zu bezahlen – die Komturin las in der Haltung einer Statue in einer Ecke ihr Brevier –, als das Kind plötzlich mit der gellenden Stimme heftiger kindlicher Begierden ausrief: »Ich möchte die Möse meiner Tante sehen!« Die Großmutter glaubt, nicht richtig gehört zu haben, die Komturin verzieht keine Miene. Couturier wird es allmählich peinlich. Das Kind wiederholt in noch schrillerem Ton: »Ich möchte die Möse meiner Tante sehen!« – »Oh, mein Gott! Was ist denn das?« ruft wieder die Großmutter und ringt die Hände, weil sie es nicht fassen kann. Couturier ist vergessen.

Plötzlich fällt das Kind wie ein Stein zu Boden, keucht und schreit: »Die Möse, die Möse meiner Tante«, als ob es den Geist aufgäbe. Es brüllt, haucht, röchelt es heraus, stampft mit den Füßen und bleibt hingestreckt liegen. Der erschrokkene Couturier sagt zu der Alten: »Aber irgend etwas muß man doch tun ... es schwebt in Gefahr ...« Da ruft die alte Mutter mit einer schrecklichen, feierlichen und tragischen Stimme ihrer Tochter zu: »Madame, der letzte Marquis ist des Todes!«

Die Tochter erhebt sich, nimmt das Kind, trägt es zur Tür und sagt: »Gott wird es mir verzeihen.« Couturier bleibt niedergeschmettert stehen. Nach einer Weile kommt das Kind verschämt, enttäuscht und greinend zurück: »E negro!« – »Sie ist schwarz!«

DAUDET, Alphonse
1840–1897

8. FEBRUAR 1874

Heute abend, während des Essens bei Flaubert, erzählte uns Daudet von seiner Kindheit, einer frühreifen und verstörten Kindheit. Er verbrachte sie in der Atmosphäre eines mittellosen Hauses, mit einem Vater, der täglich den Beruf und das Gewerbe wechselte, in diesem ewigen Nebel der Stadt Lyon, den das junge sonnenselige Wesen bereits verabscheute. Damals – er war gerade zwölf Jahre alt – las er unendlich viel, las Dichter, Bücher von lebhafter Einbildungskraft, die ihm zu Kopf stiegen: eine von der Trunkenheit stibitzter Liköre noch zusätzlich aufgeputschte Lektüre; ganze Tage schweifte er lesend auf den Booten umher, die er vom Kai losmachte. Und in der verzehrenden Spiegelung dieser beiden Ströme, trunken von Lektüre und Alkohol und kurzsichtig, wie es war, gelang es dem Kind, in einer Traum- oder Halluzinationswelt zu leben, in der die Realität der Dinge nicht zu ihm drang.

5. JUNI 1874

Daudet ist ein schöner Bursche mit langem Haar und dem Aussehen eines Tenors aus dem Süden. Dieser leicht theatralischen Schönheit mit dem ständigen Zurückwerfen der Haare ist ein Tonfall und das examinatorenhafte Einsetzen des Monokels à la Scholl zu eigen, was mich etwas mißtrauisch macht.

8. JULI 1874

Ich verbringe den Tag bei Alphonse Daudet in Champrosay, der Gegend, für die Delacroix eine Vorliebe hatte. Er wohnt in einem stattlichen Bürgerhaus, das in einem winzigen Park im Geschmack des achtzehnten Jahrhunderts steht.

Ein intelligentes und schönes Kind, auf dessen Gesicht sich die Ähnlichkeit mit dem Vater und der Mutter in einer hübschen Mischung wiederfindet, bringt Leben ins Haus. Und dann ist da diese bezaubernde Frau, eine sehr belesene Frau, die bescheiden und selbstlos im Hintergrund bleibt.

Es ist, als sei hier alles zusammengekommen, um in diesen vier Mauern der Bürger glückselige unverfälschte Zufriedenheit zu bergen; und dennoch ist dieser Ort so melancholisch wie nur irgendeine Werkstatt des Geistes, in der kaum etwas anderes als eine erkünstelte Heiterkeit auftaucht, eine von Champagner aufgeschäumte Heiterkeit, und die zu Kopf gestiegenen Paradoxien beim Dessert.

Kommt noch hinzu, daß mir diese liebenswürdigen Leute, wie auch ihr Heim, in diesem melancholischen Licht fremdartig oder komisch vorkommen – das macht die Abwesenheit jeglicher Bemühung um geschmackvolle und künstlerische Dinge. Es ist eine Unterkunft von der heillosesten Spießbürgerlichkeit, in der nicht ein Gemälde, nicht ein Stich, nicht ein Kinkerlitzchen auszumachen ist, ja nicht einmal ein etwas exotischer Strohhut. Nichts gibt es da, absolut gar nichts, kein einziges Ding, das nicht so gewöhnlich, so banal wäre wie das von jedermann. Bei Leuten, die einen freien Beruf ausüben, kann ich mich einfach nicht damit abfinden; und diese Umgebungen, die sich mit einem künstlerischen Beruf nicht vertragen, machen mich auf die Dauer todtraurig – so blöde das klingen mag, aber so ist es nun mal.

28. MÄRZ 1880

Daudet, dem der Porter beim Essen etwas zu Kopf gestiegen ist, kommt auf *Chien Verl*[2] zu sprechen, auf seine Liebschaft mit diesem verrückten, tollen, übergeschnappten Weibchen, das er von Nadar geerbt hat. Eine irre, Absinth-verschwitzte Liebschaft, die von Zeit zu Zeit durch Messerstiche dramatisiert wurde, deren Male er uns auf einer Hand vorweist. Böse witzelnd schildert er uns das traurige Leben mit dieser Frau, von der sich zu lösen er nicht den Mut fand, die er ein wenig bemitleidete wegen ihrer verschwundenen Schönheit und dem Schneidezahn, den sie sich am Gerstenzucker zerbrochen hatte, und Mitleid bindet. Als er heiratete und mit ihr brechen mußte, brachte er sie unter dem Vorwand eines Abendessens aufs Land, mitten in den Wald von Meudon –

---

2 *Chien Verl*, Spitzname von Marie Rieu, der Geliebten Daudets, die ihn zu »Sappho« inspirierte. Sie starb 1867.

in einem Haus, an einem bewohnten Ort hätte er ihre Heftigkeit gefürchtet. Als er ihr dort inmitten der entlaubten Bäume sagte, daß es zu Ende sei, wälzte sich die Frau in Schlamm und Schnee zu seinen Füßen mit dem Brüllen eines jungen Stiers, in das sich die Worte mischten: »Ich werde auch nicht mehr böse sein, ich will deine Dienerin sein ...« Später, beim Souper, aß sie wie ein Fuhrknecht, in einer Art stupider Verstörtheit. Diese Erzählung wird von einer anderen Liebesgeschichte unterbrochen, einer Episode mit einem jungen bezaubernden Geschöpf namens Rosa; er gibt uns eine leidenschaftliche Nacht in einer Mannschaftsstube in Orsay wieder, inmitten von sieben oder acht Kumpanen, die am Morgen der Leidenschaftlichkeit und Poesie ihrer Liebe etwas Abbruch taten, indem jeder von ihnen ausgiebig in seinen Nachttopf pißte, begleitet von einem dicken Furz ...

DEGAS, Edgar
1834–1917

12. FEBRUAR 1874

Gestern verbrachte ich den Tag in dem Atelier eines wunderlichen Malers namens Degas. Nach vielen Anläufen, Versuchen, entschlossenen Vorstößen in verschiedener Richtung, hat er sich ins Moderne verliebt und innerhalb des Modernen sein Auge auf die Wäscherinnen und Tänzerinnen geworfen. Im Grunde ist das gar keine so schlechte Wahl. Es ist das Weiß und das Rosa, die weibliche Haut in Leinen und Gaze, der reizendste Vorwand für zarte blonde Tönungen.

Der Maler führt seine Bilder vor; von Zeit zu Zeit erläutert er seine Deutung mimisch, indem er einen choreographischen Verlauf nachahmt, eine *Arabeske,* wie es die Tänzerinnen nennen. Und es ist wirklich sehr amüsant, ihm zuzusehen, wie er auf den Zehenspitzen steht, mit abgerundeten Armen, die Ästhetik des Tanzlehrers mit der des Malers verbindet und von dem *zarten Schmutzton* der Bilder von Velázquez spricht oder von den *silhouettenhaften* Bildern Mantegnas.

Ein origineller Kerl ist dieser Degas, kränklich und neurotisch, vor allem, was die Augen anbelangt, so daß er fürchtet zu erblinden; aber dadurch ist er eben auch ein höchst empfindungsfähiger Mensch, der den Widerhall des Wesens der Dinge auffängt.

14. MAI 1878

Degas klagte heute abend, als er von einer Einladung kam, daß es in der Gesellschaft keine Hängeschultern mehr gebe. Und er hat recht, es ist ein Zeichen physischen Adels, das bei den neuen Schichten der Frauen verschwindet.

DESLIONS, Anna
1820?–1873
Kurtisane

7. APRIL 1857

Rose hat bei der Portiersfrau das Nachtgewand oder meinetwegen auch das Morgengewand gesehen, das die Deslions durch ihr Dienstmädchen einem der Männer schickt, dem sie eine Nacht gewährt. Es scheint, daß sie für jeden ihrer Liebhaber ein solches Gewand in seiner jeweiligen Lieblingsfarbe besitzt. Dies war ein Morgenrock aus weißem Satin, wattiert und abgesteppt, dazu goldbestickte Pantoffeln in der gleichen Farbe – ein Morgenrock zu zwölf- bis fünfzehnhundert Franc –, ein mit Valenciennes-Spitzen verziertes Batisthemd mit bestickten Einsätzen zu dreihundert Franc, ein Unterrock mit drei Spitzenvolants zu drei- oder vierhundert Franc. Das macht insgesamt eintausendzweihundert Franc und wird in jedes Domizil getragen, in dem man es bezahlen kann.

15. APRIL 1857

Die Deslions, dieser Trampel auf unserem Treppenflur, wird von dem Börsen-Millionär und ehemaligen Seidenweber Bianchi und von Lauriston mit Gold überhäuft. »Ihr Spülstein in der Küche ist schwarz«, erzählte uns Rose, schwarz von ihren Walnußblatt-Spülungen.

8. JUNI 1857

Anna Deslions, Bianchis Ex-Mätresse und der Ruin von Lauriston: eine wunderbar üppige schwarze Haarflut; Samtaugen, die wie eine heiße Liebkosung sind, wenn man ihrem Blick begegnet; eine starke, aber fein gezeichnete Nase; schmale Lippen, ein volles Gesicht: ein prächtiger italienischer Jünglingskopf mit goldenen Lichtern wie von Rembrandt.

15. SEPTEMBER 1858

Heute morgen brachte uns der Bademeister ein Bad. Als er von Rose hört, daß Anna Deslions die Mätresse des Prinzen

Plonplon ist, sagt er zu ihr: »Er ist wahrhaftig nicht zimperlich, sie ließ Partikel ihres Körpers im Bad.«

16. MÄRZ 1862

Wir gehen in die Avenue des Champs-Élysées nahe beim Arc de Triomphe zur Besichtigung der zum Verkauf stehenden Möbel der Wohnung von Anna Deslions, der berühmten Mätresse zweier Zelebritäten: Prinz Napoléon und Lambert-Thiboust, jener Dirne, die so lange unsere Nachbarin war und die aus dem vierten Arrondissement unseres Hauses zu diesem Prunk, zu Reichtum und blendendem Ansehen aufgestiegen ist!

Alles in allem sind mir diese Dirnen gar nicht so unangenehm. Sie heben sich ab von der Eintönigkeit, der Rechtschaffenheit, der gesellschaftlichen Ordnung, der Vernünftigkeit und Regel. Sie bringen ein bißchen Tollheit in die Welt. Sie teilen Ohrfeigen mit Banknoten aus. Sie sind die losgelassene nackte, ausschweifende und siegreiche Laune inmitten einer Welt freudloser Notare und Sachwalter.

In ihrem Heim zeugt alles vom großen Prunk einer Unkeuschen: das geträumte und von einem Dekorateur realisierte Paradies, mehr nicht. Ein weißgoldener Salon, ein Schlafzimmer in rotem Satin, Boudoirs in gelbem Satin, alles reichlich mit Gold gehöht; entsetzlich überladene goldene Spiegel; eine ziemlich hübsche Toiletten-Garnitur, riesige Wasserschüsseln und Krüge aus graviertem gelben böhmischen Kristall. Bemühter Reichtum im Schlafzimmer: mit Chenillegarn bestickte kleine Sofas aus weißem Satin.

Als Kunstgegenstände gibt es Bilder ... o Ironie! Inmitten all der Seide an der Wand: ein Bonvin, der einen Mann bei Tisch in einem Kabarett vorstellt. Es scheint so, als sei das ein

Familienporträt, eine Spur der Herkunft, der Vater der Dirne, der den Kopf aus ihrem Reichtum herausstreckt!

Dann, an einer anderen Wand: ährenlesende und heuwendende Feldarbeiterinnen von Breton, gebeugt in der Mühsal und mit schwitzender Stirn, geben sie inmitten des Goldes in diesem Huren-Interieur ein Bild der Arbeit, der sonnengebräunten Landbevölkerung, die ihr Brot einer kargen Erde abringt.

In der Bibliothek – sie hatte nämlich eine Bibliothek! – sah ich neben den Brevieren des Gewerbes – *Faublas, Manon Lescaut, les Mémoires de Mogador* usw. – die *Fragen meiner Zeit* von Émile Girardin. Man stelle sich die *Triangulation der Gemalten* als Opfergabe für Venus Pandemos vor!

Bei den Juwelen, die eine ganze Vitrine füllen, handelte es sich um das Schmuckkästchen einer Faustine, blitzende dreihunderttausend Franc, die sie auf ihrer Ambrahaut spielen ließ. Während ich mich darüberbeugte und sie betrachtete, sah ich in ihrem Schimmer – wie in einem Aufleuchten der Vergangenheit – die Deslions wieder, wie sie einmal, als wir ein Abendessen gaben, unser Dienstmädchen bat, in unserer Abwesenheit um den gedeckten Tisch herumgehen zu dürfen, um ihre Augen mit ein wenig Luxus zu beglücken ...

Sie verkauft übrigens weder Kleider noch Kaschmirschals: ihr Werkzeug behält sie für sich.

22. APRIL 1862

Im Theater.
Ich sitze Seite an Seite neben der allzeit schönen Anna Deslions; sie hat einen bernsteinfarbenen Teint und ist gelassen und prachtvoll in der Art einer Io. Sie ist in tiefer Trauer wegen ihrer Mutter. In diesem Jahr ist unter den Müttern der

Huren eine richtige Epidemie ausgebrochen: Gisette, Lagier, Anna. Denn diese Frauen haben wie andere Frauen Mütter, die sterben. Es gibt in der Tat Schmerzen, die dazu angetan sind, zur Prostitution zu verleiten.

Wir plaudern. Sie ist sehr liebenswürdig, sagt, wie sie es bedauert, daß wir sie nicht kannten, als sie unsere Nachbarin war, denn als Schriftsteller, die wir sind, hätten wir Dinge bei ihr sehen können, die für uns durchaus kurios gewesen wären. Dann kommen wir auf ihren Verkauf. Ich finde ihren Waschraum zu schlicht, zu ärmlich. Sagt, daß sie ein herrschaftliches Haus bräuchte, daß sie gern ein Schwimmbekken aus Marmor hätte, in dem sie ihre Empfänge abhalten würde. Dann sagt sie mir, daß sie es immer vorhergesagt habe, wie sich nun ihr Traum von einem Mansardendach erfüllte; sie werde in Neuilly wohnen und ihre Zeit mit dem Weben von Tapisserien unter den Weiden verbringen: »Sie müssen nämlich wissen, daß ich alldem wahrhaftig nicht entgegengekommen bin. Es ist mir von selbst zugefallen. Ich war nicht darauf aus, reich zu sein. Als es mir zufiel, habe ich davon profitiert.«

Und das stimmt. Diese Frau hat die echte und eingefleischte Eigenschaft der Dirne: die Passivität. Unbewußt und unbekümmert, fügt sie sich in den Lauf ihres Lebens. Sie hat sich vom Glück anreden lassen wie von einem Passanten: wie etwas, das kommt, das man akzeptiert, das wieder weggeht und das man vergißt.

24. AUGUST 1867

Dieser Prinz Napoléon ist ganz entschieden der letzte der Geizhälse! Feydeau erzählte uns, daß er zur Zeit seines Bruchs mit Anna Deslions einen Domestiken zu ihr geschickt habe, der die Blaufuchsdecke wieder an sich nehmen sollte, die er ihr geschenkt hatte. Feydeau war anwesend. Er sagte zu Anna, daß er sie verachten würde, wenn sie sie zurückgäbe. Der Prinz gab sich nicht geschlagen durch den Polizeipräfekten Boitelle wollte er Anna schon dazu bringen, sie *auszuspucken*.

DENIS, Pélagie
1831 geboren, Dienstmagd der Goncourts von 1868 bis zum Tod von Edmond

24. MAI 1871
Der Brand gibt Paris ein Licht wie bei einer Sonnenfinsternis.

Die Beschießung setzt einen Augenblick aus. Ich nutze das, um Burty zu verlassen und zur Rue de l'Arcade zu gelangen. Dort finde ich Pélagie, die so tollkühn gewesen ist, gestern, mit einem großen Rosenstrauch von meinem *Gloire de Dijon*-Strauch im Arm, quer durch die ganze Schlacht zu dringen. Offiziere, die diese Frau bewunderten, die ohne Furcht mit ihren Blumen mitten durch Gewehrfeuer und Kugelregen schritt, gewährten ihr Schutz und Hilfe, indem sie sie in der Umgebung der Chapelle Expiatoire durch Gänge passieren ließen, die vom Pionierkorps gestochen worden sind.

Während wir das Haus inspizierten und als Pélagie mir das Essen servierte, erzählte sie mir, daß mein Nachbar César, der keinen Gewölbekeller hat, in einem der meinen untergebracht wurde, während sie mit dem Dienstmädchen des besagten César den anderen Keller in Besitz nahm, und da sie nichts weiter zu tun hatten, verbrachten sie die Tage mit

Kartenspielen – ihre Augen hatten sich bald daran gewöhnt, in der Dunkelheit zu sehen.

Sie erzählte auch von der Angst, als die Bombe in den Garten fiel, daß die Leute im Keller befürchteten, das Haus könnte einstürzen, mit solcher Wucht war die Erde aufs Dach geschleudert worden. Dann ihr Zank mit den Föderierten, die die Tür einschlagen wollten, um sich unter dem Vorwand, sie suchten Waffen und Männer, Zutritt zu verschaffen; und wie am Tag nach einem schrecklichen Streit, bei dem sogar Steine geflogen waren, sich zwischen ihr und diesen Männern ein Dialog entspann; es fehlte ihr an Brot, sie gaben ihr welches und sagten dazu: »Sie können es ruhig essen, es ist nicht gestohlen!« Dann erzählte sie, wie in der letzten Zeit so viele Kugeln das Haus durchschlugen, daß man auf allen vieren die Treppe hinaufstieg, die Gießkanne unter den Hahn in der Küche stellte und – egal wieviel Wasser überlief und sich ausbreitete – eine Flaute in der Schießerei abwartete, bis man die Gießkanne wieder mitnahm.

Die ganze Zeit über hat sie in Kleidern geschlafen, und für den Fall, daß das Haus in Flammen aufgehen sollte, hatte sie ein Paket mit ihren kostbarsten Klamotten zur Hand, auch das Silberzeug des Hauses lag bereit, um in den Taschen verstaut zu werden, und eine Matratze sollte – auf dem Rücken getragen – vor allen möglichen Dingen schützen, die einem draußen auf den Kopf fliegen könnten.

8. märz 1877

Als ich gestern nach Hause kam, bemerkte ich etwas Riesiges – allem Anschein nach einen Wagen, den ein Gespann Arbeiter durch das Tor schob. Pélagie, deren Neugier dadurch angestachelt wurde, erblickte den Schutzmann, der an ihrem

Fenster vorbeispazierte, und fragte ihn, was es damit auf sich habe. Der Schutzmann teilte ihr mit, daß mein Nachbar ein alter Seiltänzer sei, der ein großes Vermögen erworben habe; er sei dabei, es zu verprassen, und habe sich seinen alten Seiltänzerwagen kommen lassen, um sich wieder darin einzurichten, wenn er bei seinem letzten Tausender angekommen sein würde.

27. JUNI 1884

Frauen sind theatralisch von Natur, sie haben Gefallen an Effekten. Magie zum Beispiel ist die ergebene Dienstmagd *par excellence;* je nun! Wenn sie mir eine unangenehme Nachricht kundtun muß, dann läßt sie sich Zeit, und in der Pose des Verräters auf der Bühne verleiht sie der Sache mit der ganzen Macht ihres Blickes Nachdruck – dieses Unterstreichen einer schlechten Nachricht durch böses Aussehen kommt vor allem bei Frauen aus dem Volk, bei primitiven Frauen, vor.

18. JULI 1888

Pélagie hat einen Morgenrock, der auf schwarzem Grund mit leuchtenden Blumen aller Art übersät ist. Im Garten umgaukeln die Schmetterlinge dieses Gewand, und ein kleiner Spatz, der für einen Augenblick in die Küche kam, flatterte immer wieder zu dem Gewand hin, in dessen Falten er sich zu verkriechen liebte, als sei es ein Blumenbusch.

14. JANUAR 1889

Pélagie schämt sich insgeheim, mich zu bedienen, und konnte es sich gleichwohl nicht verkneifen, mir heute zu sagen: »Also wirklich, alle Leute in Auteuil finden, daß Ihr Stück[3] unschicklich ist!« Dieser Satz klingt aus ihrem Mund wie der Vorwurf, daß sie selbst gedemütigt worden sei. Ach, die armen Revolutionäre der Wissenschaften, der bildenden Künste und der Literatur, wenn sie nicht von ihren Frauen verachtet werden, dann von ihren Dienstboten!

13. JUNI 1891

Pélagie glaubt, die Katze wie ein Blitz über die Treppe huschen zu sehen; nach einem Weilchen geht sie gucken, wo sie sich versteckt haben kann, und findet sie vor einer Vitrine sitzend wieder, wie sie mit dem Schnurren einer Orgel die japanischen Tonwaren betrachtet.

23. OKTOBER 1891

Ein Neffe von Pélagie, ein junger Ehemann von etwa dreißig Jahren, der an der Schwindsucht starb und ein zweijähriges Kind zurückließ, sagte am Vortag seines Todes zu seiner Tante: »Ach, mir träumte dieser Tage etwas Ulkiges ... Ich hatte den Auftrag, sämtliche Kreuze des Friedhofs zu zählen!«

21. APRIL 1894

Als ich Pélagie heute fragte, was denn mit ihrer Tochter los sei, die ich heute morgen mit ganz eigentümlichem Gesicht gesehen hätte, antwortete sie mir: »Sie wollte nicht früh-

---

3 »Germinie Lacerteux« im Théâtre de l'Odéon.

stücken, sie weint in ihrem Zimmer ... Sie sagt, es sei Ihretwegen.«

– »Wegen mir?«

– »Ja, wegen dem, was Sie über sie geschrieben haben!«

Ich suche Blanche in ihrem Zimmer auf. Sie ist die Trübsal in Person! Als ich ihr sage, daß ihr Kummer mir ganz unbegreiflich sei, weil ich immer nur mit Zärtlichkeit von ihr gesprochen hätte, ruft sie schmerzlich aus: »Ach Sie haben mich so elend gemacht, so armselig, ... am liebsten würde man mir ein Stückchen Brot geben!«

29. AUGUST 1894

Mitunter sagt und macht das Volk einfach sehr schöne Dinge, die leider kein Historiker festhält. Pélagie erzählte mir, wie bei dem Tod ihres Vaters, der in einem Dorf in den Vogesen einen Tabakladen hatte, in dem auch Kurzwaren und Lebensmittel verkauft wurden, die Mutter ihre Kinder um sich scharte und ihnen sagte: »Hört zu! Hier sind zwei Bücher, in denen steht, was man uns schuldet. Im einen sind die schlechten Zahler: wenn ihr es erlaubt, dann werde ich es verbrennen. Diejenigen, die ehrlich sind und bezahlen können, werden es auch tun; was die anderen angeht, so möchte ich nicht, daß ihre Kinder, die nicht verantwortlich sind für die schlechten Geschäfte oder die Unehrlichkeit ihrer Eltern, eines Tages wegen ihrer Schulden von eurer Seite zu leiden haben.« Und das Verzeichnis wurde verbrannt.

DEMIDOFF, Anatole
Fürst von San Donato
1813–1870
Exgatte der Prinzessin Mathilde

25. JANUAR 1863

Flaubert erhielt vom Arzt des alten Demidoff folgenden Bericht über dessen Art zu vögeln. Demidoff in einem Sessel, hinter ihm zwei Lakaien – einer mit feuervergoldeter Zuckerzange, um ihm die Zunge wieder in den Mund zu schieben. (Die Duverger sagt von ihm: »Seine Zunge ragt immer heraus, sein Schwanz nie.«) Die Lakaien würdevoll und in Livree, ein Handtuch über dem Arm. Ein Arzt fühlt ihm den Puls. Vor ihm die nackte Duverger. Herein kommt ein großer Neufundländer, der die Duverger zu bespringen versucht. »Schnell, schnell!« schreit der Arzt in dem Augenblick, in dem Demidoff steif zu werden beginnt. Und die Duverger stürzt sich hinab und lutscht ihn.

DENNERY, Gisette
Frau von Alphonse Dennery
1811–1899
Dramatiker

24. DEZEMBER 1859

Da erscheint Gisette, strahlend und bezaubernd, den Kopf wie neulich in einer Wolke von Spitzen; zwei lange Locken fließen an ihrem Gesicht entlang auf herrlich modellierte, hinreißend weiße Schultern. Sie ist ganz in Weiß, trägt ein stark dekolletiertes weißes Kleid mit strohfarbig gestreiften Volants aus Seide. Sie ist wirklich wie verwandelt. Ihre leicht verschwommenen und zärtlich blinzelnden Augen, die bezaubernde Form ihrer Nase, all das macht aus ihr eine Frau, an der nichts mehr die böse Miene verrät, die sie bei unserer ersten Begegnung hatte.

Gisette trägt einen Ring mit einem Karneol, einem antiken gravierten Stein, der eine priapische Szene darstellt. Ihr schlagfertiger Geist, mit halben Sätzen, Witzeleien, Lächeln und Liedchen, wirkt wie ein gewisses schwaches Schwirren bei einem Federballspiel, bei dem man blitzschnell reagieren muß.

28. FEBRUAR 1860

Gisette, die eben aus Nizza zurückgekehrt ist, kommt in dieser besessenen fiebrigen Verfassung an, die für sie charakteristisch zu sein scheint und die einen zwingt dauernd auf der Hut zu sein und zu parieren – eine Verfassung, von der man am Tag darauf Kopfweh bekommt wie von jenem »Migräne« genannten Wein.

11. MÄRZ 1860

Bei Dennery.
Gisette setzt sich zu uns, spricht mit uns mit ihren seltsamen Augen, die zu lachen scheinen, wenn sie etwas Ernstes sagt, mit ihrem köstlichen Profil, ihrer so feinen Nase, dem so schön geschnittenen Mund, dem griechischen Kinn und der Frisur, die ihr diese kecke und betörende Anmut verleiht.

Alle Frauen sind rätselhaft, aber diese ist die unergründlichste von allen. Sie ist wie ihr Blick, der niemals ruht, der in einer einzigen Minute das ganze Spektrum weiblicher Blicke durchläuft, vom zornigen Blitzen zum Lächeln, von der Liebkosung zur Ironie. Alles ist unbegreiflich an dieser Frau, die sich selbst vielleicht auch nicht versteht. Die Beobachtung kann bei ihr nicht Fuß fassen, gleitet wie in einem Treibsand aus Kapricen. Ihre Seele, ihre Laune, das Pochen ihres Herzens scheinen mit Flügeln versehen und so flattrig wie der Puls des Wahnsinns. Man meint, eine Violante[4] vor sich zu haben, eine jener Kurtisanen des sechzehnten Jahrhunderts, triebhafte, regellose Wesen wie Fauninnen, die eine Maske des Entzückens tragen und deren Lächeln so undurchdringlich ist wie das der Gioconda. Alles an diesem glühenden Geschöpf ist unklar, gemischt, verworren und verschleiert. In manchen ihrer Scherze gibt es etwas, das nach Tränen klingt, am Schluß mancher rührenden Sätze ein scharfes Rrr, wie ein ironisches Schnurren.

Und nie weiß man, ob sie eine Frau ist, die Lust hat, mit einem zu schlafen, oder ob sie sich über einen lustig machen will. Eigentlich ist sie eine verdrehte, etwas verrückte, leicht hysterische Frau, die ihre unmittelbaren Affekte nicht beherrscht, für die die Vögelei etwas Bedeutungsloses ist und deren so scharfer wie raffinierter Verstand mitunter unanständige Sprüche liebt. Der Kopf vielleicht noch hysterischer als der Leib. Ihr einziger Lebenszweck: die Liebe der Leute genießen, der jüngsten und unbedeutendsten, die jedoch immer zu denen gehören, die etwas Staub aufwirbeln.

---

4 Venetianische Kurtisane, Modell von Tizian.

30. MÄRZ 1861

Im Theater.
Ich suche Gisette in ihrer Loge auf. Im Gegenlicht von einer Schönheit, als sei es der letzte schöne Tag ihrer vierzig Jahre, sagt sie zu mir mit ihrem diabolischen und sanften Blick: »Sehen Sie, Jules, heute abend habe ich schwache Nerven. Heute abend mag mich haben, wer will ... Egal wer, Julie[5] ...«

4. JUNI 1861

Lisette und Dennery, eine Verbindung, die auf dem gemeinsamen Wissen um *die Leiche im Keller* gründet, das heißt: Dennery läßt Gisette mit allen Leuten ins Bett gehen, die bereit dazu sind und von denen er sich einen Orden, ein Privileg, eine Gunst oder sonst irgend etwas verspricht.

11. JUNI 1862

Am Abend, nach elf Gläsern Portwein, ist Gisette beschwipst. Sie hat sich einen Rausch angetrunken, wie man sich mutwillig, mit Fleiß, ja Rage betrinkt, um etwas zu ertränken: in einer dieser Anwandlungen der Frau, die bestürzt wahrnimmt, daß sie altert, daß sich die Wangen rot verfärben, der Frau, die sich mühsam aus ihrer Kleidung schält, wenn sie sich auszieht, die sich Männer schnappt und sie nicht mehr auswählt. Das ist ein schrecklicher Augenblick im Leben dieser verwöhnten Frauen. Das Alter läuft ihnen kalt den Rücken hinunter.

---

5 Julie Charles-Edmond.

Sie leert ihr Glas gegen die Wand, zieht die Leute in eine Ecke, erzählt ihnen irgendwelche Brocken aus Romanen und betätschelt sie dabei. Sie steigert sich in die Dramen hinein, die sie ihnen zum besten gibt, spielt eine Komödie, von der sie nicht mehr lassen kann. Mit liebkosender und gleichsam zähflüssiger Gebärde, die Hand klebrig, teigig und weitschweifig gestikulierend; es ist die Affenkomödie eines Kindes, wie sie die Stimme eines geprügelten Mädchens nachahmt, garstig, erschreckend als Spracheigenheit eines so mächtigen, voluminösen Körpers. Ihr Blick wird immer flackernder, kaum kann sie ihren Leib noch beherrschen. Sie windet sich in Wallungen wie ein Tier, ihre Bewegungen sind lasziv, wild und linkisch.

Dennery will mit ihr nach Hause gehen, sie nennt ihn »alter Hahnrei«. Lind bleibt. Er, wiewohl gedemütigt, leichenblaß und frostig, kaut an seiner Schmach und bleibt da, als sei er in den Börsenkurs einer Zeitung versunken, deren Buchstaben er nicht sieht. Aus dem, was sich da kundtut, kann man auf die täglichen Plagen eines Mannes wie Dennery schließen, der dazu verurteilt ist, alles von dieser Frau zu schlucken und zu erdulden. Ihre Liebhaber sind noch das geringste Übel, aber ihre Launen, die Zurschaustellung ihrer Dominanz, ihre Verachtung seiner Person, die ganze Verbitterung, mit der sie ihn vor allen Leuten anspuckt! Solche Frauen schlürfen die schmachvolle Erniedrigung derartiger Männer wie ein Sorbet herunter.

14. DEZEMBER 1862

Heute abend dinieren wir bei Gisette. Immer die gleiche sonderbare Gesellschaft, die aus Familienmüttern, Kindern, jungen Mädchen besteht, vor denen man sich alles erlaubt:

man umarmt sich, schleckt sich ab, knutscht miteinander, vernascht sich gegenseitig von der Suppe an und wirft sich, mit der Mentalität von Schmierenkomödianten, zügellose Worte zu, lose Anspielungen, Argot-Ausdrücke, schmutzige Epigramme und die läppischen Entblößungen des niederen Journalismus. Es könnte einem Embryo die Unschuld rauben!

1. JANUAR 1867

Abendessen bei Gisette in dem prachtvollen Wohnsitz mit Treppe aus Marmor und poliertem Eisen, den Dennery dank seiner Goldgrube des Boulevard du Crime[6] erbaut hat. Immer die gleiche Gesellschaft: Couturier, Lieferant der Museen Südamerikas, dieser sonnenverbrannte anrüchige Trödler, verheiratete und ledige Huren, das Ehepaar Dugue, das Ehepaar Grangé; eine Gesellschaft, die einen bei Gekose und falscher Herzlichkeit mit ihrer schneidenden Hartherzigkeit verletzt. Diese Frauen, diese Samtroben, dieses Lächeln, diese Liebkosungen mit traurig zusammengezogenem Herzen hinterlassen, wenn man fortgegangen ist, einen galligen Geschmack im Mund, als habe man in eine schöne Frucht gebissen, die bitter, faulig und hohl ist.

---

6 Der Boulevard du Temple verdankte seinen Spitznamen *Boulevard du Crime* zwei Theatern, in denen blutige Melodramen gespielt wurden.

DIDOT, Ambroise-Firmin
1790–1876
Verleger

3. MÄRZ 1858

Ambroise-Firmin Didot, ein gutmütiger alter Kerl mit weißem Haar, gehört zu den Greisen, deren weißes Haar den Schwachkopf kaschiert. Sehr charmant. Spricht von unserem großen Ansehen, schließt den Vertrag, fast ohne darüber zu reden, und zeigt uns zum Schluß seine Inkunabeln. Endlich haben wir einen aufrichtigen Verleger.

11. APRIL 1858

Didot mit rotem Hals und weißem Haar, ein beschneiter Truthahn.

13. APRIL 1858

Gestern abend erhielt ich mit den Fahnen der *Marie-Antoinette* ein Briefchen des besagten Ambroise-Firmin Didot, in welchem er mir mitteilt, daß er sich – als Drucker des Instituts, der mit den bedeutendsten Literaten im Verkehr stand – verpflichtet fühle, mir einige Korrekturen nahezulegen. Selbige Korrekturen häufen sich auf sechs Seiten zu 119 an der Zahl. Wir waren ganz schön wütend, als uns dieses Unding widerfuhr: ein Drucker, der sich zum Zensor, ein Verleger, der sich zum Autor macht!

Heute ging ich zu Herrn Ambroise-Firmin Didot, Institutsdrucker, um ihm zu sagen, daß uns einige seiner 119 Korrekturen zumutbar erscheinen und der Rest unmöglich, daß wir alles wohl erwogen hätten und im schlimmsten Falle eher bereit wären, das Manuskript zurückzuziehen, als das Werk zu verstümmeln.

Hier die Szene: Er sitzt in seinem Büro neben dem Fenster, durch das man das Armenhaus sieht; er kehrt mir den Rücken zu, in seinem alten Überrock, aus dem ein Stück des kahlen Geierhalses hervorquillt, an dem seitlich weiße Federchen abstehen, die seiner schwarzen griechischen Samtkappe entschlüpft sind. Noch bevor ich das Wort ergreife, beginnt er mich mit seiner schmeichelnden Stimme, seinen Gesten und Worten einzuseifen, zieht mich in eine Auseinandersetzung um jede einzelne seiner Korrekturen. Wie er so Satz für Satz durchgeht, wird mir klar, daß die Vermessenheit dieses greisenhaften Schwachkopfs meine Vorstellungskraft bei weitem übersteigt: er maßt sich an, uns zu verstehen! Hin und wieder gibt er mit einer verzweifelten Geste ein »Das verstehe ich nicht« von sich; und ich, ganz trocken: »Tut mir leid, aber daran halte ich fest.« Und endlich gibt er mit der Bewegung eines sich die Hände waschenden Pilatus meinen Satz auf.

Drei Stunden dauerte der Kampf. Der verdammte Trottel wurde ziemlich sauer, ging taktlos von der Verurteilung zum Kompliment über, von einem vorwitzigen Wort, das ich rügte, zu einer Schmeichelei, die ich einfließen ließ. Gelangweilt von meinen Verweisen und Zitaten, die ihn festnagelten, machte er große Augen wie ein Stumpfsinniger, der es nicht fassen kann, daß man so an Dingen festhält, die dem Geschmack eines Institutsdruckers widersprechen. Fassungslos vor dieser Erklärung: »Es gibt Sätze, an denen ich ebenso festhalte wie an bestimmten Ideen. Ich würde sie Ihnen so wenig zum Opfer bringen wie meine Anschauungen. Glauben Sie mir, nie zuvor habe ich so bereut, ein literarisches Bewußtsein zu haben.«

16. NOVEMBER 1858

Wir werden das Geld für unsere erste Ausgabe der *Marie-Antoinette* erhalten, die in 1500 Exemplaren aufgelegt wurde und in vier Monaten vergriffen war. Wir hatten mit Didot vereinbart, den Gewinn zu teilen. Für die Druckkosten wie für Risiken und alle übrigen Schnurren zieht er uns mit einer Rechnung, an der es nichts auszusetzen gibt, so ganz und gar vernünftig kommt sie daher, 86 oder 87 Prozent ab ... Das bedeutet, daß wir für 1500 verkaufte Exemplare ganze 1125 Franc einnehmen. So also steht es um den Ertrag eines Buches, eines dicken noch dazu. Davon kann man in etwa das Holz, das Öl, das Schreibpapier und die Schuhe bezahlen, die man sich bei der Materialsuche abgelaufen hat!

DUMAS fils, Alexandre
1824–1895

1. FEBRUAR 1865

Er ist eine Art Riese mit grauen Negerhaaren, kleinen Nilpferdaugen, die hell und verschmitzt sind und selbst bei verschleiertem Blick noch wachsam bleiben; Züge wie im Zentrum eines riesigen Gesichts, das nach unten zerfließt. Er hat irgend etwas von einem Schausteller und von einem Handlungsreisenden aus Tausendundeiner Nacht. Er ist ein nüchterner Produzent, gleichsam ein Athlet des Feuilletons, trinkt keinen Wein, nimmt keinen Kaffee, raucht nicht.

Seine Rede ist wortreich, aber glanzlos, farblos, geistlos: mit heiserer Stimme angelt er auf dem Grund seines enor-

men Gedächtnisses nach Tatsachen. Mit der entwaffnenden
Eitelkeit eines Kindes redet er fast immer von sich.

DUMOLARD, Raymond-Martin
1812?–1862
Dienstmädchen-Mörder

JANUAR 1862

Vom moralischen Standpunkt aus ist es etwas Entsetzliches,
dieser Tod Dumolards, ein Tod von so seelenruhiger Rohheit, wie man es noch nie gesehen hat. Wie trostlos zu denken, daß das Bewußtsein ein Privileg ist, das nicht jedem
zukommt, daß es Menschen gibt, die von Natur aus so unbewußt sind, wie andere blind zur Welt kommen. Und wozu
die Haut eines Menschen auf dem Entwurf eines Tieres?7

---

7   Der Zeitpunkt dieser Bemerkung ist sonderbar: zwischen dem 29. Januar
und dem 4. Februar 1862. Dem Mörder bleibt noch ein ganzer Monat zu
leben. Martin Dumolard, ein Bauer aus Pagneux, tötete sieben Jahre lang
alle stellenlosen Dienstmädchen in seiner Reichweite, bis ein mißlungener Anschlag auf das Leben der Marie Pichon zu seiner Festnahme am
26. Mai 1861 führte. Der am 26. Januar 1862 begonnene Prozeß endete erst
am 1. Februar mit dem Todesurteil Dumolards. Die schauderhafte Kaltblütigkeit des Verurteilten im Augenblick seiner Guillotinierung rechtfertigt
übrigens das Erstaunen der Goncourts. In der Nacht der Urteilsverkündung
schlief er friedlich, und am 2. Februar sagte er zu Maître Ladière, seinem
Verteidiger: »Versuchen Sie doch zu bewirken, daß man mir die Ketten
abnimmt ... Sie drücken an meinen Füßen, und ich werde am Ende noch
krank davon.« (Anm. v. Robert Ricatte)

Als er am 28. Februar erfuhr, daß sein Kassationsgesuch abgelehnt worden war, aß er mit gutem Appetit die Blutwurst seiner Henkersmahlzeit, die er mit seiner Frau teilte, und als er aufs Schafott stieg, waren seine letzten Worte die Bitte an einen Gendarmen, »seine Frau zu erinnern, daß die Berthet ihnen noch 27 Franc schulde«.

DUSE, Eleonora
1858–1924

11. NOVEMBER 1894

Primoli plaudert über die Duse, mit der er gerade acht Tage in Venedig verbracht hat, die italienische Schauspielerin Duse, die im Gespräch war als Darstellerin für *La Faustin* in London oder in Deutschland; er meint, daß ihr zwar zur Schauspielerin einiges fehle, daß sie aber gleichwohl eine große Künstlerin sei. Er schildert sie als eine Darstellerin von großer Unabhängigkeit auf der Bühne, die sich nur den Szenen widmet, die ihrem Talent entsprechen, während sie in allen anderen, die ihr mißfallen, Trauben ißt oder sich sonst irgendwelchen Zerstreuungen überläßt. In einem Stück, in dem sie zu einer ungezogenen Tochter sagen sollte, daß sie *keine Tochter mehr habe,* sah er, wie sie sich bekreuzigte und ihrer wirklichen Tochter, die sie anbetet, eine Kußhand zuwarf, ohne sich ums Publikum zu kümmern.

EUGÉNIE, Kaiserin
1826–1920

21. JANUAR 1863

Die Kaiserin: ein wundervolles Diamantenkollier, ein weißes Mieder, eine Spitzenschärpe, ein roter Rock mit schwarzen Zwickeln und kleinen schwarzen Leisten untendran – ein Kostüm, das ihr gut steht, das wie für sie gemacht ist: die Aufmachung einer spanischen Zigeunerin, keine Spur kaiserlich, sondern eine leicht bohèmehafte Phantasie, die wunderbar zu ihr paßt; mit einem Wort die Aufmachung einer ausgehaltenen Frau mit Geschmack.

2. OKTOBER 1865

In Saint-Gratien.
»Nein«, fährt die Prinzessin fort, »unglücklicher als dieser arme Mann kann man nicht sein! Man kann sich gar keine Vorstellung davon machen ... Ach, diese Diners, bei denen sie nichts anderes im Sinn hat, als ihn zu schikanieren. Servietten wirft sie ihm an den Kopf ... Ich war selbst dabei, wie sie zu Canneau über die römische Frage derartige Schimpfworte sagte, daß der Kaiser seinen Sohn bei der Hand nahm und hinausging. Der arme Mann war ganz glücklich, daß der Kleine zu ihm gesagt hat: ›Papa, mir scheint, Mama hat ziemliche Dummheiten von sich gegeben ...‹ Dieser Mann ist wirklich von einer einzigartigen Gutherzigkeit! Einen Gatten wie ihn gibt es kein zweites Mal auf der Welt ... Mit allem muß sie ihn frotzeln! ... Er hat sich einen Hund zugelegt, um einen Freund zu haben.

Manchmal räumt er seinen Sessel, um ihn seinem Hund zu überlassen. Und sie? Sie macht ihm Szenen! Sie kann Hunde nicht ausstehen ... Und ihre Nervenzusammenbrüche! Eines Tages sagt er doch tatsächlich zu mir: ›Ich habe Angst, daß sie sich aus dem Fenster stürzt.‹ Ich konnte mir das Lachen nicht verkneifen ... Ständig wiederholt sie: ›Wenn er keine Mätresse hat, ist er unerträglich, und hat er Mätressen, dann zieht er sich eine Krankheit zu!‹ Einmal hat sie zu mir gesagt: ›Ach, wenn ich doch bloß eine Frau in Paris kennen würde, die ihm Vergnügen bereitet und mit der er nicht schläft, ich würde sie auf der Stelle kommen lassen!‹«

FLAUBERT, Gustave
1821–1880

NOVEMBER 1858

Flaubert: ein von de Sade besessener Kopf. Immer wieder kommt er auf ihn zurück wie auf ein verlockendes Geheimnis. Im Grunde ist es die Schändlichkeit, nach der es ihn gelüstet, die er sucht; er ist glücklich, wenn er einen Kloakenfeger sieht, der Kot frißt, und de Sade betreffend ruft er immer wieder aus: »Das ist der amüsanteste Blödsinn, dem ich je begegnet bin!« Im selben Atemzug richtet er seine groben pantagruelischen Ironien gegen die Gottesleugner. Jemand wird von seinem atheistischen Freund zum Angeln mitgenommen; sie fischen einen Stein, auf dem geschrieben steht: »Ich existiere nicht«, gezeichnet: *Gott*. »Siehst du wohl«, sagt der Freund.

Als Schauplatz für seinen Roman *Karthago*[8] hat er die verderbteste Zivilisation der Welt gewählt. In sechs Monaten hat er in zwei Kapiteln ein Knaben-Bordell und ein Söldnergelage beschrieben.

11. MAI 1859

Es läutet. Flaubert, dem Saint-Victor gesagt hat, daß wir irgendwo einen Streitkolben gesehen hätten, der ziemlich karthagisch sei, kommt, um uns nach der Adresse zu fragen. Verlegenheit seines Romans: es gibt nichts Karthagisches mehr; um es wiederherzustellen, muß er das Wahrscheinliche erfinden.

Er beginnt sich umzusehen, sich wie ein Kind am Anblick unserer Kartons, unserer Bücher, all unserer Sammlungen zu erfreuen. Er ähnelt ganz ungemein den Porträts des jungen, sehr großen, sehr fülligen Frédérick Lemaître, schwere vorspringende Augen, geschwollene Lider, volle Wangen, rauher hängender Schnurrbart, ein gehämmerter rotgeleckter Teint.

16. NOVEMBER 1859

Am Bahnhof begegnet mir Flaubert, der seine Mutter und seine Nichte begleitet, die den Winter in Paris verbringen werden. Sein karthagischer Roman ist halb fertig. Er spricht von den Schwierigkeiten, die er hat, die Arbeit, die es ihn allererst kostete, sich zu überzeugen, daß es so war, wie er sagt. Dann ist kein phönizisches Wörterbuch vorhanden,

---

8 Arbeitstitel von *Salammbô*.

was ihn zwingt, bei allen Benennungen auf Umschreibungen zurückzugreifen. In dem Maße, in dem er weiterkommt, wachsen auch die Schwierigkeiten. Er sieht sich gezwungen, sein Lokalkolorit wie eine Sauce zu verlängern.

12. JANUAR 1860

Da wir nun unter uns sind, beginnen wir übers Theater zu plaudern und *voilà*, Flaubert hoch zu Ross, auf dieser schönen Schindmähre: »Das Theater ist keine Kunst, das Theater ist ein Geheimnis. Ich habe das Geheimnis denen, die Bescheid wissen, entlockt. Hier das ganze Geheimnis. Zunächst muß man im Café du Cirque einige Gläser Absinth trinken, dann von jedem Stück sagen: ›Nicht schlecht, aber ... kürzen!‹ und wiederholen: ›Ja, es fehlt eben an Stücken!‹ Und vor allem ständig Pläne machen, aber niemals ein Stück ... Wenn man je ein Stück geschrieben hat oder gar einen Artikel im *Figaro*, dann ist man erledigt! Ich habe das Geheimnis bei einem Dummkopf studiert, der sich jedoch damit auskennt, bei La Rounat ... La Rounat ist es auch, von dem der famose Ausspruch stammt: ›Beaumarchais ist nur ein Vorurteil‹ ... Beaumarchais!« ruft Flaubert aus. »Sapperlot und Luzifer! Und wäre es nur die Figur des Cherubin, die soll er ihm erst einmal nachmachen!«

Nie wollte er eine Theaterbearbeitung der *Madame Bovary* zulassen, denn er findet, daß eine Idee nur für eine einzige Form geschaffen ist, daß sie nie zwei Zwecken dienen kann, und so wollte er sie nicht einem Dennery ausliefern: »Wissen Sie, was es braucht, um am Boulevard Erfolg zu haben? Das Publikum muß im voraus die Handlung erraten können. Ich bin einmal zufällig neben zwei Frauen gesessen, die sich – von Szene zu Szene – die jeweils folgende Handlung erzählten: was sie machten, war das Stück nach Maß.«

Dann lassen wir die Frauen vom Theater vor uns Revue passieren, die Grillenhaftigkeit dieser merkwürdigen Geschöpfe. Flaubert verrät sein Rezept, wie sie zu haben sind: sentimental muß man sein, und ernst muß man sie nehmen.

Und von den Frauen vom Theater kommen wir auf die Frauen überhaupt: »Ich habe ein einfaches Mittel gefunden, ohne sie auszukommen«, sagt Flaubert, »ich schlafe auf dem Bauch und in der Nacht ... ein unfehlbares Mittel.«

Dann sind wir allein, er und wir, in dem von Zigarrenrauch geschwängerten Salon; er geht mit großen Schritten auf dem Teppich hin und her, stößt mit dem Kopf an die Kugel des Lüsters, ausufernd mitteilsam wie unter Gleichgesinnten.

Er spricht von seinem zurückgezogenen, selbst in Paris ungeselligen, verschlossenen und verkrochenen Leben. Er haßt das Theater, kennt keine andere Zerstreuung als sonntags das Diner bei Madame Sabatier, der *Präsidentin*, wie man sie in Gautiers Kreisen nennt. Das Landleben findet er abscheulich. Zehn Stunden arbeitet er pro Tag, wobei er aber viel Zeit vergeudet, sich in Lektüre verliert und immer bereit ist, um die Arbeit an seinem Werk herumzuscharwenzeln. Wenn er sich mittags an die Arbeit macht, ist er erst gegen fünf Uhr abends richtig drin; auf das leere Blatt kann er nicht schreiben. Um es auszufüllen, muß er zunächst – wie ein Maler, der seine ersten Töne aufträgt – seine Gedanken darauf skizzieren.

Dann sprachen wir davon, wie wenig Leute sich dafür interessieren, ob eine Sache gut gemacht ist, für den Rhythmus eines Satzes, für etwas in sich Schönes: »Begreifen Sie den Schwachsinn dieser Arbeit, die darin besteht, die Assonanzen eines Satzes auszumerzen oder die Wiederholungen auf einer Seite? Für wen? ... Zudem ist der Erfolg, der einem zuteil wird, selbst dann, wenn das Werk gelungen ist, niemals der, auf den man aus war. Es sind die possenhaften Seiten an *Madame Bovary,* denen sich ihr Erfolg verdankt. Der Erfolg trifft immer daneben ... Ja, die Form, wer unter den Lesern findet Genuß und Erfüllung durch die Form? Nicht zu vergessen, daß es gerade die Form ist, die uns bei der Justiz, bei den Gerichten verdächtig macht, die knechtisch am Klassischen festhalten! Dabei gibt es keine acht Schriftsteller, die Voltaire gelesen haben, ich meine wirklich *gelesen.* Keine fünf, die auch nur die Titel der Stücke eines Thomas Corneille kennen ... Die Klassiker aber strotzen nur so von Bildern! Die Tragödie besteht nur aus Bildern. Niemals hätte ein Petrus Borel dieses aberwitzige Bild gewagt:

›Von stärkerem Feuer gebrannt, als ich es je entfacht‹. *L'art pour l'art?* Wo ließe sich dafür eine bessere Bestätigung finden als in der Académie-Rede eines Klassikers, nämlich Buffons: ›Die Art und Weise, in der eine Wahrheit ausgedrückt wird, ist nützlicher als die Wahrheit selbst.‹ Wenn das kein *l'art pour l'art* ist! Und La Bruyère sagt: ›Die Kunst zu schreiben ist die Kunst der Definition und der Schilderung.‹«

Dann nennt er uns seine drei Leitfäden des Stils: La Bruyère, ein paar Seiten von Montesquieu, ein paar Kapitel von Chateaubriand; und so, mit hervorquellenden Augen, brennendem Gesicht, die Arme erhoben wie zu einer dramatischen Umarmung, vom Umfang eines Antäus, holt er aus Brust und Kehle Bruchstücke des Dialogs zwischen Sulla und Eucrates, die er uns hinschleudert mit einem ehernen Dröhnen, das wie Löwengebrüll klingt.

Flaubert zitiert uns auch die hehre Kritik von Limayrac über *Madame Bovary,* die mit dem Satz endet: »Wie kann man sich einen derart gemeinen Stil erlauben, wenn auf dem Thron der erste Schriftsteller der französischen Sprache, der Kaiser, sitzt?«

Wir sprechen über seinen karthagischen Roman, in dem er mittendrin steckt. Er erzählt uns von seinen Forschungen, seinen Mühen, seiner Lektüre, einem Berg von Notizen, der den Grundstock für die Karriere eines Beulé bilden könnte, von der Schwierigkeit der Wortwahl, die ihn zwingt, alle Ausdrücke zu umschreiben. »Wissen Sie was mein ganzer Ehrgeiz ist? Ich wünschte, ein ehrlicher und intelligenter Mensch würde sich vier Stunden mit meinem Buch einschließen, und ich würde ihn in historischem Haschisch schwelgen lassen. Mehr will ich gar nicht ... Schließlich ist die Arbeit immer noch das beste Mittel, das Leben zu eskamotieren!«

25. JANUAR 1860

Und da sind wir nun am Boulevard du Temple in Flauberts Schreibstube, deren Fenster auf den Boulevard hinausgehen und deren Kamin in der Mitte eine vergoldete indische Göttin schmückt. Auf dem Tisch liegen Seiten seines Romans, die fast nur aus Streichungen bestehen.

29. JANUAR 1860

Plauderei über de Sade, auf den Flaubert wie gebannt immer wieder zurückkommt: »Das ist das letzte Wort des Katholizismus«, behauptet er, »will sagen: das ist der Geist der Inquisition, der Geist der Folter, der Geist der Kirche des Mittelalters, das Grauen vor der Natur. Nicht ein Baum, nicht ein Tier im ganzen de Sade.«

20. FEBRUAR 1860

Vor dem Kaminfeuer erzählt uns Flaubert seine erste Liebe. Er fuhr nach Korsika, hatte lediglich seine Unschuld mit dem Zimmermädchen seiner Mutter verloren. Er gerät in ein kleines Hotel in Marseille, wo Frauen, die aus Lima zurückgekehrt waren, ihr Mobiliar aus dem 16. Jahrhundert mitgebracht hatten, Möbel aus Ebenholz mit eingelegtem Perlmutt, die das Entzücken der Hotelgäste bildeten. Drei Frauen in Morgengewändern aus schwerer, über den Rücken bis auf die Absätze fließender Seide; und ein kleiner Mohr in gelber Baumwolle und Pantoffeln: Für unseren jungen Normannen, der bisher nur von der Normandie in die Champagne und von der Champagne in die Normandie gereist war, war das so exotisch wie verlockend. Es gab auch noch ein Patio voll exotischer Blumen, in dessen Mitte ein Springbrunnen plätscherte.

Eines Tages, als er eben von einem Bad im Meer zurückkehrte, voll frischen Lebens aus diesem Jungbrunnen, zog es ihn zu der Frau in dem Zimmer, einer prachtvollen Frau von fünfunddreißig Jahren. Er verpaßte ihr einen jener Küsse, in die man seine ganze Seele legt. Am Abend kam die Frau in sein Zimmer und begann ihn zu lutschen. Es wurde eine himmlische Vögelei daraus, dann gab es Tränen, dann Briefe und dann nichts mehr.

Mehrfach kam er nach Marseille zurück. Nie konnte man ihm sagen, was aus den Frauen geworden war. Wann immer er dort vorbeikam, suchte er das Haus wieder auf. Das letzte Mal – auf dem Weg nach Tunis wegen seines Karthago-Romans – konnte er es nicht mehr finden. Er schaut sich um, er sucht und entdeckt, daß es ein Spielzeugladen geworden ist. Im ersten Stock gibt es einen Perückenmacher: er steigt hinauf, läßt sich rasieren und erkennt die Tapete des Zimmers wieder.

16. MÄRZ 1860

Und heute kennen wir die Schranken zwischen Flaubert und uns. Im Grunde ist er provinziell und ein Effekthascher. Man ahnt, daß all diese großen Reisen, die er unternommen hat, auch ein wenig die Leute in Rouen zum Staunen bringen sollten. Sein Geist ist plump und teigig wie sein Leib. Erlesene Dinge scheinen ihn kalt zu lassen. Empfänglich ist er vor allem für Phrasendrescherei. Im Gespräch ist er ziemlich einfallslos, und seine Gedanken trägt er laut und feierlich vor. Er hat den Geist und die Stimme eines Prunkredners. Die Geschichten, die Figuren, die er entwirft, riechen nach Fossilien aus der Unterpräfektur. Er trägt weiße Westen von vor zehn Jahren, in denen Macaire Eloa den Hof machte. Gegen die Académie und den Papst ist ihm ein heftiger Zorn verblieben und eine Entrüstung, für die das gleiche gilt, was de Maistre über den Unglauben sagt: »Das ist pöbelhaft!«

Gestern hat er sich eine Menge Münzen in der Bibliothek angesehen; heute ging er zur mineralogischen Sammlung im Jardin des Plantes. Er las alle drei Bände von Fournel über algerische Bergwerke – Studien, von denen sich vielleicht nicht ein einziges Wort in seinem Roman finden wird: »Aber ich bin ein Mensch, der fünfzig Weinflaschen entkorken muß, um ein Glas roten Wassers zu trinken.«

Er ist ein maßloser Tolpatsch, schwerfällig in allen Dingen, im Scherz, in der Übertreibung, in der Nachahmung der Nachahmung von Monnier, an dem er gerade rücksichtslos herumfeilt. Seinem Büffel-Frohsinn geht jeglicher Charme ab.

10. APRIL 1860

Flaubert, der nach Croisset fährt, um seine Nichte zu verheiraten, kommt, um sich von uns zu verabschieden. Er erzählt uns ausführlich von einer Erfindung, die ihn in seiner frühen Jugend sehr beschäftigt hat. Gemeinsam mit einigen nahen Freunden, vor allem seinem Busenfreund und Schulkameraden Le Poittevin, einem sehr begabten Metaphysiker, dessen Wesen etwas trocken, dessen Gedankenflüge aber außerordentlich waren, hatten sie sich eine imaginäre Person ausgedacht, in deren Haut, Hemd und Stimme sie mit ihrem Sinn für Schabernack allmählich schlüpften.

Diese Person, die ziemlich schwer verständlich zu machen ist und die den Kollektiv- und Gattungsnamen *der Knabe* hatte, war ganz vom Typ eines Pantagruel. Er stellte den Schabernack des Materialismus und der Romantik vor, eine Karikatur der Philosophie von Holbach. Flaubert und seine Freunde hatten ihm einen vollständigen Charakter zugedacht, alle Eigenschaften eines Menschen, einer realen Person, verwickelt durch allerlei hinterwäldlerische Torheiten. Das ergab einen schwerfälligen, starrsinnigen, beharrlichen, fortgesetzten, heroischen, nie enden wollenden Scherz, eine Belustigung wie aus der Kleinstadt. Oder aus Deutschland.

Der Knabe hatte eigentümliche Gesten, die Gesten eines Automaten, ein abgehacktes, schrilles Lachen, das kein wirkliches Lachen war, eine enorme körperliche Kraft.

Nichts kann eine bessere Vorstellung von dieser seltsamen Schöpfung geben und von dem, was sie dabei in Wahrheit beherrschte, was sie erregte, als die Übertreibung, der man sich jedesmal hingab, wenn man an einer Kathedrale in Rouen vorbeikam. Sogleich rief einer aus: »Schön ist sie, diese gotische Architektur, sie erhebt die Seele.« Schon beeilte sich derjenige, der den *Knaben* spielte, mit seinem Lachen und seinen Gesten: »Ja, das ist schön ... und Saint-Barthélemy auch! Und das Edikt von Nantes und die Dragonaden sind ebenfalls schön!«

Den Gipfel der Beredsamkeit erreichte *der Knabe* mit einer Parodie von Sensationsprozessen, die im großen Billard-Zimmer von Vater Flaubert im Spital von Rouen gegeben wurde. Dabei wurden die drolligsten Verteidigungen der Angeklagten vorgetragen, Leichenreden auf lebende Personen gehalten und wahre Sturzfluten saftiger Plädoyers von drei Stunden Dauer.

Der Knabe hatte eine komplette Geschichte, zu der jeder seine Seite beitrug. Er machte Gedichte, und am Ende unterhielt er ein *Hotel der Farcen,* wo zur Zeit der Fäkalienabfuhr das »Fest der Scheiße« gefeiert wurde und wo man in den Korridoren folgende Befehle widerhallen hören konnte: »Drei Eimer Scheiße auf 14! Zwölf Godemichés auf 8!« So gesehen lief die Schöpfung auf de Sade hinaus. Erstaunlich, dieser de Sade, man begegnet ihm bei Flaubert an allen Enden, gleichsam als Horizont. Er versichert, ihn damals noch nicht gelesen zu haben.

Homais kommt mir vor wie eine auf die Erfordernisse des Romans zugeschnittene Version des *Knaben.*

29. NOVEMBER 1860

Flaubert platzt bei uns herein. Er ist hier wegen der Aufführung (von *L'Oncle Million*) seines Freundes Bouilhet im Odeon. Sitzt immer noch an seinem *Karthago,* führt das verkrochene Leben einer Kellerassel und arbeitet wie ein Ochse. Geht nirgends hin außer zwei Tage nach Étretat. Er ist jetzt in seinem Roman beim Vögeln angekommen, einer karthagischen Vögelei, und sagt: »Ich muß jetzt meinen Lesern etwas Hübsches vorflunkern: ich muß einen Mann, der glaubt, er treibe es mit dem Mond, eine Frau vögeln lassen, die meint, sie werde von der Sonne gevögelt.«

Dann gibt er uns den folgenden Ausspruch eines Strolchs wieder, der von einer schicken Schnepfe einen Sou erbat, als sie eben in die Kutsche stieg: »Ich habe kein Geld«, sagt die Schnepfe; und zum Kutscher: »Zum Bois!« – »Zum Bois? Zum bois de lit[9], du Wanze!« schrie ihr der Strolch zu.

Sodann erzählt er uns, welch gewaltigen Eindruck seinerzeit auf dem Gymnasium der *Faust* auf ihn machte, durch die erste Seite, der Lärm der Glocken, der den Anfang des Buches bildet: Derart hingerissen war er davon, daß er, anstatt zu Hause anzukommen, sich irgendwo in Rouen an einer Schießbude im strömenden Regen wiederfand.

10. DEZEMBER 1860

Flaubert erzählte uns, wie er gelitten habe, während er die Vergiftung von Madame Bovary beschrieb: es war, als läge ihm eine Kupferplatte im Magen, ein quälendes Gefühl, so daß er sich zweimal übergeben mußte; er erwähnte noch, als gehöre es zu seinen angenehmsten Eindrücken, wie er einmal, als er am Ende seines Romans arbeitete, gezwungen war, aufzustehen und ein Taschentuch zu holen, das er völlig durchnäßte! ... Und all dies, um irgendwelche Bürger zu unterhalten!

---

9 Bois de lit = Bettgestell.

17. MÄRZ 1861

Flaubert sagt zu uns: »Die Geschichte, das Abenteuer eines Romans, ist mir völlig gleichgültig. Wenn ich einen Roman schreibe, habe ich die Vorstellung, eine Farbe, einen Ton wiederzugeben. Aus meinem *Karthago*-Roman zum Beispiel will ich etwas Purpurnes machen. Das Übrige, die Personen, die Handlung, sind nunmehr Detail. In *Madame Bovary* hatte ich nur die Vorstellung, einen grauen Ton wiederzugeben, die Schimmelfarbe von Kellerasselexistenzen. Die Geschichte, die ich damit verknüpfen wollte, kümmerte mich so wenig, daß ich, noch wenige Tage bevor ich mich an die Arbeit machte, *Madame Bovary* ganz anders konzipiert hatte: es sollte – im gleichen Milieu und im gleichen Farbton – eine frömmelnde alte Jungfer werden, die nicht vögelt. Und dann wurde mir klar, daß das eine unmögliche Figur abgeben würde.«

Und mit seiner dröhnenden Stimme, in der sich das Rauhe der Stimme eines wilden Tieres mit dem dramatischen Schnurren einer Schauspielerstimme mischt, liest er uns das erste Kapitel von *Salammbô* vor. Eine erstaunliche Übertragung der Imagination in ein Land der Phantasie, eine Erfindung durch Wahrscheinlichkeit, eine kunstvoll angelegte Deduktion sämtlicher Lokalfarben antiker orientalischer Zivilisationen, die dank ihrer Überfülle von Tönen und Düften etwas Berauschendes hat. Aber es gibt mehr Details als Gesamtwirkungen; und zwei Dinge fehlen: die Farbe der Bilder von Martin und, was den Stil betrifft, der bronzene Satz eines Hugo.

7. APRIL 1861

Wir verbringen den Sonntagnachmittag bei Flaubert. In seinem Arbeitszimmer – heiter beleuchtet vom hellen Tageslicht des Boulevard du Temple, mit einem Brahma aus vergoldetem Holz als Pendüle, einem großen runden Arbeitstisch vor dem Fenster, einer großen Metallschale mit persischen Arabesken und, über dem großen Lederdiwan im Hintergrund, einem Gipsabguß der *Psyche* aus Neapel – taucht hin und wieder ein Greis mit rotem Fez und dem Aussehen eines Patriarchen auf, Lambert, die rechte Hand von Vater Enfantin, und der ehemalige Direktor der École Polytechnique in Ägypten; dann ist da der Bildhauer Préault mit seiner säuerlichen Stimme, seiner pfiffigen Miene und seinen dicken Froschaugen; ein oder zwei Unbekannte und ein sonderbarer Mensch, der Baron von Krafft, Sohn eines Kammerherrn von Kaiser Nikolaus und einer preußischen Mutter; von Geburt der griechisch-orthodoxen Religion zugehörig, erzogen vom Ordensgeneral der Jesuiten und gegenwärtig Mohammedaner, *hadji* – denn er ist in Mekka gewesen; unter einem Käppchen und der europäischen Frisur verborgen, trägt er die in einen Kamin gesteckte Locke der Gläubigen; er ist Mitglied der Bruderschaft der Issawa, bei der er den Rang eines Kamels einnimmt, was bedeutet, daß er während seiner Konvulsion Feigen voller Stacheln aus der Berberei ißt; nachdem er seinen Sitz im preußischen Herrenhaus eingenommen hat, dem er von Geburt angehört, kehrt er nach Tripolis zurück, wo er lebt und ein europäisch ausgestattetes Haus besitzt. Ein Mann, der über keine persönliche Sprache verfügt, dessen Denken sich unterschiedslos in allen Idiomen ausdrückt. Ein ungewöhnlicher junger Mann, mit guten Manieren und erlesener Kleidung, der etwas Verwirrendes hat, ja sogar ein wenig Angst macht, als nicht einzuordnende Person, ein Schattenwesen, das bei Licht besehen nicht recht greifbar wird, ein scheeler Mensch wie eine Chimärengestalt aus einem Roman von Eugène Sue.

Nachdem alle gegangen sind, bleiben wir, um noch ein bißchen mit Flaubert zu plaudern. Er erzählt uns von seiner Manie, im Laufe des Schreibens inbrünstig seinen Roman zu spielen und zu deklamieren, wobei er sich so heiser schreit, daß er ganze Kannen voll Wasser leertrinkt; er berauscht sich dermaßen am eigenen Lärm, daß eine der hiesigen vergleichbare Metallschale zu vibrieren anfängt; das geht so weit, daß er eines Tages in Croisset fühlte, wie in ihm etwas Heißes vom Magen hochstieg, und er Angst bekam, Blut erbrechen zu müssen.

9. APRIL 1861

Flaubert ist wirklich ganz besessen von de Sade. Er zerbricht sich den Kopf, um in diesem Irren einen Sinn zu finden. Er macht aus ihm eine Inkarnation der *Antiphysis* und in einem seiner schönsten Paradoxe geht er so weit, zu behaupten, de Sade sei das letzte Wort des Katholizismus, der Haß des Fleisches.

Dann erzählt er uns von dieser scheußlichen Versuchung, über die eine Frau schließlich triumphierte. Eine anständige Frau, verheiratet, Hausfrau und Mutter, die in ihrem Heim, von Hysterie befallen, neben ihrem Mann und ihren Kindern zwanzig Jahre lang überall Phallen sah, in den Armleuchtern, den Beinen der Möbel, in allem, was sie umgab; und so, berauscht, erstickend, übermannt von diesen Bildern, sagte sie sich mit einem Blick auf die Uhr: »In einer Viertelstunde, in zehn Minuten, werde ich auf die Straße hinuntergehen, um mich zu prostituieren.«

3. MÄRZ 1862

Bei Gautier.
Das Gespräch kommt auf Flaubert, auf sein merkwürdig gewissenhaftes, geduldiges Verfahren, sieben Jahre lang an einem Buch zu arbeiten. »Stellen Sie sich vor, neulich hat er zu mir gesagt: ›Es ist fertig. Etwa zehn Sätze habe ich zwar noch zu schreiben, aber ich weiß schon den Ausklang jedes einzelnen!‹ Er hat also schon die Musik, das Finale der Sätze, die er noch gar nicht geschrieben hat, er hat ihren *Ausklang* ... Das ist doch komisch, wie? Meiner Ansicht nach muß ein Satz vor allem einen Rhythmus haben, der ins Auge springt. Zum Beispiel darf ein Satz, der zu Beginn weit ausholt, nicht knapp und unvermittelt enden, es sei denn, man beabsichtige damit eine bestimmte Wirkung. Ein Buch wird doch nicht geschrieben, um laut gelesen zu werden ... Und außerdem erschließt sich Flauberts Rhythmus sehr häufig nur ihm selbst, während er sich uns entzieht. Er brüllt sich das selber vor. Wissen Sie, es gibt bei ihm sogenannte *Brüllarien,* Sätze, die ihm sehr harmonisch vorkommen; aber man müßte lesen wie er, um die Wirkung seiner *Brüllarien* zu erzielen ... Schließlich gibt es bei uns Seiten, bei allen beiden, bei Ihnen in Ihrem *Venedig* ... Nun wohl! Das ist genauso rhythmisch wie all das, was er geschaffen hat, und ohne daß wir uns derartig abmühen mußten! ...

Es gibt einen Gewissensbiß, der sein Leben vergiftet, der ihn noch ins Grab bringen wird: er hat in *Madame Bovary* zwei Genitive aneinander gehängt, *une couronne de fleurs d'oranger.* Das bringt ihn zur Verzweiflung; aber wie man es auch dreht und wendet, es läßt sich nun mal nicht anders sagen ...«

29. MÄRZ 1862

Flaubert sitzt auf seinem großen Diwan, die Beine wie ein Türke gekreuzt. Er redet von seinen Träumen den Romanen, die er schreiben will. Er gesteht uns seinen heftigen Wunsch – einen Wunsch, den er sich nicht versagt –, ein Buch über den modernen Orient zu schreiben, den Orient im schwarzen Kleid. Die Vorstellung all der krassen Gegensätze, die er fähig wäre, dort auszumachen, beflügelt ihn: Szenen, die in Paris, in Konstantinopel und auf dem Nil spielen, Szenen europäischer Heuchelei und wüste Szenen hinter verschlossenen orientalischen Türen – einem jener Schiffe vergleichbar, auf denen vorne an Deck ein Türke in Dusautoy-Kleidern ist und hinten unter Deck der Harem dieses Türken. Er erzählt uns von Köpfen, die wegen eines bloßen Verdachts, einer Laune, rollen müssen.

Er freut sich auf die Schilderung des europäischen, jüdischen, moskowitischen und griechischen Gesindels; er läßt sich des langen und breiten über die befremdlichen Widersprüche aus, die sich mit der Zivilisierung im Orient hin und wieder zeigen würden, während der Europäer wieder verwildere, so wie dieser französische Chemiker, der am Rande der Wüste Libyens von den Gewohnheiten und Sitten seines Landes nichts bewahrt hat.

Von den Umrissen dieses Buches geht er zu einem anderen über, mit dem er – wie er sagt – schon lange liebäugle, einem unabsehbaren Roman, einem gewaltigen Bild des Lebens, zusammengehalten durch eine Handlung, die in der gegenseitigen Vernichtung der Menschen bestünde, innerhalb einer Gesellschaft, die auf der Vereinigung der Dreizehn gründe und die dafür sorgt, daß der vorletzte ihrer Überlebenden, ein Politiker, von dem Übriggebliebenen, der ein Staatsanwalt wäre, auf die Guillotine gebracht wird, und das wegen einer Wohltat.

Außerdem würde er gern zwei oder drei kleine Romane schreiben, ohne jede Nebenhandlung, ganz schlicht, in denen es nur um den Gatten, die Frau und den Geliebten geht.

Am Abend bei Gautier in Neuilly.

Man bittet Flaubert, »*den Idioten der Salons*« zu tanzen. Er fordert Gautiers Anzug, nimmt den Hemdkragen ab, und ich weiß nicht, was er mit seinen Haaren, seiner Figur, seinem Gesicht anstellt, aber plötzlich hat er sich in eine fabelhafte Karikatur des Stumpfsinns verwandelt.

21. MAI 1862

Flaubert ist als Mensch seinen Büchern weit unterlegen, und er wäre die beste Bestätigung für den Satz von Buffon: »Was das Genie ausmacht, ist die Geduld.«

3. DEZEMBER 1862

Ich las im *Figaro* eine Attacke gegen Flaubert, die mit folgendem Satz endet: »Das gehört zum epileptischen Genre!« Es hat sich herumgesprochen, daß Flaubert Epileptiker ist: von daher das Vergiftende dieser Infamie! O wie geschickt sie doch sind, die Literaten, in der Kunst des Folterns! Der Neid, der unter ihnen herrscht, ist grenzenlos. Der mit »Darüs« gezeichnete Artikel stammt, laut Lévy, von Lescure. Ein solcher Satz verurteilt den, der ihn schrieb.

6. DEZEMBER 1862

Über die Liebe, von der er häufig spricht, hat Flaubert allerlei spitzfindige, raffinierte Thesen, Thesen, die so geziert wie geckenhaft sind. Im Grunde hat dieser Mensch etwas von einem Schönredner und Sophisten. Seine Obszönitäten sind grob und gesucht zugleich. Innerhalb der Erregung, die er den Frauen verdankt, stellt er tausend Unterabteilungen auf, indem er von der einen behauptet, sie löse in ihm nur das Verlangen aus, ihr die Augenbrauen zu küssen, bei einer anderen sei es die Hand, bei wieder einer anderen der Wunsch, ihr das Haar glattzustreichen. Er macht aus diesen einfachen Dingen etwas Gesuchtes und Kompliziertes, macht sich stark für ihre Inszenierung und Anordnung – zum Beispiel erzählt er uns von seiner Vögelei mit der Colet, die sich abzeichnete, als er sie in der Droschke nach Hause geleitete; er schilderte sich als denjenigen, der ihr gegenüber die Rolle des Lebensüberdrüssigen einnahm, des Umdüsterten, der sich nach dem Tode sehnt, eine Rolle, die zu spielen ihn derart amüsierte und die ihn innerlich so belustigte, daß er von Zeit zu Zeit die Nase aus dem Wagenschlag hielt, um nach Herzenslust lachen zu können.

Beiläufig versicherte er uns, daß ihn die heutige Zeit langweile, anöde und mit Abscheu erfülle; für sein Gefühl gebe es nichts, was ihn mit diesen Leuten, die vorübergehen, verbinde; so habe er auch nicht das Verlangen, in ihrer Haut zu stecken, um einen Roman daraus zu machen; jede Rothaut sei ihm hundertmal näher, rühre ihn unmittelbarer als all diese Leute, die wir auf dem Boulevard sähen.

11. JANUAR 1863

Flaubert erzählt uns, wie er sich als Kind derart in die Lektüre vertiefte, sich dabei eine Locke um den Finger wickelte und sich auf die Zunge biß, so daß er gelegentlich glatt auf die Erde plumpste. Eines Tages zerschnitt er sich die Nase, als er gegen eine Scheibe des Bücherschranks fiel.

26. JANUAR 1863

Flaubert erzählte mir dieser Tage, daß sein Großvater väterlicherseits, ein guter alter Arzt, festgenommen worden war und kurz davor stand, dem Revolutions-Tribunal von Paris übergeben zu werden, weil er in einem Gasthaus weinte, als er in der Zeitung las, daß Ludwig XVI. hingerichtet worden war; er wurde jedoch von seinem Sohn gerettet, der damals sieben Jahre alt war und dem die Großmutter eine pathetische Rede beigebracht hatte, die er mit dem größten Erfolg vor der *Société populaire* von Nogent-sur-Seine vortrug.

29. OKTOBER 1863

In Croisset bei Rouen.
In der Ankunftshalle treffen wir Flaubert mit seinem Bruder, dem Chefchirurgen des Spitals von Rouen, einem ellenlangen und satanischen Kerl mit einem gewaltigen schwarzen Bart, mager, das Profil gestanzt wie der Schattenriß eines Gesichts, der Körper in sich ausgewogen, biegsam wie eine Liane ... Wir fahren in einer Droschke bis nach Croisset, einem hübschen Wohnsitz mit Louis-XVI.-Fassade, am Fuß eines Abhangs gelegen, am Ufer der Seine, die sich hier wie der Zipfel eines Sees ausnimmt und deren leichte Wogen ans Meer erinnern.

Da sind wir nun in dieser Stube, in der so beharrlich und ohne Unterlaß gearbeitet wird, die so viel Mühsal gesehen hat und aus der *Madame Bovary* und *Salammbô* hervorgegangen sind.

Zwei Fenster gehen zur Seine hinaus und geben den Blick auf Wasser und vorüberziehende Kähne frei; drei Fenster blicken auf den Garten, wo eine prächtige Weißbuchenlaube den Hügel abzustützen scheint, der hinter dem Haus ansteigt. Kasten-Bücherschränke aus Eichenholz, mit gewundenen Säulen zwischen den Fenstern, schließen sich an die große Bibliothek an, die den geschlossenen Hintergrund des Zimmers bildet. Gegenüber der Gartenaussicht vor weißer Holzvertäfelung: ein Kamin, der eine väterliche Stutzuhr aus gelbem Marmor mit einer Bronzebüste des Hippokrates trägt. Daneben ein schlechtes Aquarell, das Porträt einer kleinen schmachtenden und kränklichen Engländerin, die Flaubert in Paris kannte. Außerdem Schachteldeckel mit indischen Zeichnungen, die wie Aquarelle gerahmt sind, und eine Radierung von Callot, eine *Versuchung des Heiligen Antonius,* die hier gleichsam das Abbild der Begabung des Meisters sind.

Zwischen den beiden Fenstern, die zur Seine hinausgehen, steht auf einem mit Bronze bemalten Postamentwürfel die weiße Marmorbüste seiner verstorbenen Schwester von Pradier, mit zwei langen Korkenzieherlocken und einem reinen unerschrockenen Gesicht, einem griechisch anmutenden Gesicht, wie man es in einem Album mit gestochenen Porträts wiederfindet. Daneben ein Schlafdiwan aus einer mit türkischem Stoff bezogenen Matratze, die mit Kissen beladen ist. In der Mitte des Zimmers – neben einem Tisch samt einer farbig gemusterten Schatulle aus Indien mit einem vergoldeten Idol darauf – steht der Arbeitstisch, ein großer, runder Tisch mit einer grünen Decke. Die Tinte entnimmt der Schriftsteller einem Tintenfaß in Form einer Kröte.

Lustiger bemalter Kattun, altmodisch und leicht orientalisch, mit großen roten Blumen, schmückt Türen und Fenster. Hier und da, auf dem Kamin, auf dem Tisch, in den Fächern der Bücherschränke, an Haken baumelnd oder an der Wand angebracht: orientalisches Klimbim, Amulette mit grüner Patina aus Ägypten, Pfeile, Waffen, Musikinstrumente, eine jener Holzbänke, auf denen die Stämme Afrikas schlummern, sitzen und ihr Fleisch schneiden, Kupferschalen, Glasperlenhalsbänder und zwei Mumienfüße, die er den Grotten von Samoun entrissen hat und die inmitten der Verzierungen mit ihrer florentinischen Bronzehaut und dem erstarrten Leben ihrer Muskeln prangen.

Dieses Interieur entspricht ganz dem Mann, seinem Geschmack, seinem Talent: seine eigentliche Leidenschaft gilt dem plump Orientalischen, seine Künstlernatur hat einen barbarischen Kern.

30. OKTOBER 1863

Er liest uns sein eben beendetes Feenstück *Das Schloß der Herzen* vor, ein Werk, das ich ihm in meiner Hochachtung nicht zugetraut hätte. Sämtliche Feenstücke gelesen zu haben, um schließlich das allervulgärste zu schreiben!

Er lebt hier mit seiner Nichte, der Tochter jener verstorbenen Schwester, deren Büste er besitzt, und mit seiner Mutter, die – 1793 geboren – sich die Vitalität des Menschenschlags jener Zeit bewahrt hat und unter den Zügen einer alten Frau die Würde großer ehemaliger Schönheit.

Es ist ein ziemlich strenger, sehr bürgerlicher und ein wenig knausriger Haushalt. Spärliche Feuer im Kamin und die Teppiche reichen nicht über die Fliesen. Normannische Sparsamkeit bis hin zum Essen, mit dem man in der Provinz gewöhnlich so großzügig ist. Kein anderes Metall als Silberzeug, das ein bißchen frösteln macht, wenn man bedenkt, daß man sich in dem Haus eines Chirurgen befindet: vielleicht ist die Suppenterrine der Preis für ein abgeschnittenes Bein, und für die Silberplatte wurde eine Brust abgenommen?

Mit dieser Einschränkung, die ich eher dem Normannischen als dem Haus zuschreiben möchte, sind sie herzliche, freimütige und zuvorkommende Gastgeber. Das arme Mädchen, das in der Klemme zwischen dem Arbeitseifer ihres Onkels und der Greisenhaftigkeit ihrer Großmutter lebt, hat eine liebenswürdige Sprache, hübsche blaue Blicke und einen niedlichen Schmollmund, wenn sie um sieben Uhr, nach dem »Gute Nacht, meine Liebe!« Flauberts zu seiner Mutter, von ihrer alten Großmama in ihr Zimmer gebracht wird, damit sie zeitig schläft.

1. NOVEMBER 1863

Wir sind den ganzen Tag drinnen geblieben. Das behagt Flaubert, der Spaziergänge zu verabscheuen scheint und den seine Mutter unaufhörlich mahnen muß, damit er wenigstens einen Fuß in den Garten setzt. Wenn sie nach Rouen gehe, so sagte sie uns, finde sie ihn bei ihrer Rückkehr häufig noch am selben Platz und in der nämlichen Haltung, so daß sie über seine Unbeweglichkeit fast erschrecke. Keinerlei Bewegung, er lebt in seinem Manuskript und in seinem Kabinett. Kein Pferd, kein Boot.

Den ganzen Tag hat er uns, ohne sich auszuruhen, mit donnernder Stimme in der Lautstärke eines Boulevardtheaters seinen ersten Roman vorgelesen, den er noch zu Schulzeiten geschrieben hat und der auf dem Umschlag nur mit »Fragmente irgendeines Stils« betitelt ist. – Das Thema ist der Verlust der Unschuld eines jungen Mannes mit einer *idealen Hure*. Der junge Mann hat viel von Flaubert, seine Hoffnungen, seinen Ehrgeiz, seine Melancholie, seine Misanthropie, seinen Haß auf die Massen. Mit Ausnahme der nicht vorhandenen Dialoge zeugt es insgesamt von einer für sein damaliges Alter erstaunlichen Kraft. Da gibt es auch schon im kleinen Landschaftsdetail die feinfühlige und bezaubernde Beobachtung wie in *Madame Bovary*. Die Beschreibung herbstlicher Trauer, mit der dieser Roman beginnt, ist etwas, das seinen heutigen Stempel tragen könnte. Mit einem Wort, es ist, trotz seiner Mängel, sehr stark.

Vor dem Abendessen wühlte er zur Erholung in seinem Sammelsurium aus Kleiderplunder, Kostümen und Reiseandenken. Mit Wonne setzte er seinen ganzen orientalischen Mummenschanz in Bewegung; und da verkleidet er uns und sich; herrlich steht ihm der Turban, ein wunderbarer Türkenkopf, mit seinen schönen fetten Zügen, seinem blutvollen Teint und seinem hängenden Schnauzbart. Zuguterletzt zog er seufzend die alte Lederhose seiner weiten Reisen hervor und schaute sie an mit der Rührung einer Schlange, die ihre abgestreifte Haut betrachtet.

Als er seinen Roman suchte, stieß er auf ein Zettel-Allerlei, aus dem er uns heute abend vorliest.

Da ist die eigenhändig geschriebene Beichte des Päderasten Chollet, der seinen Geliebten umbrachte und in Le Havre hingerichtet wurde, mit allen Einzelheiten seiner Leidenschaft.

Da ist der Brief einer Hure, die einem *Bubi* ihre schmutzigen Liebkosungen anbietet.

Da ist der entsetzliche und grauenerregende Brief jenes Unglücklichen, dem als Dreijährigem vorn und hinten ein Buckel wächst, der dann von Scharlatanen wegen einer entzündlichen Flechte mit Säuren und Kanthariden geätzt wird, später zu hinken anfängt und schließlich als beinamputierter Krüppel endet. Ein klagloser und eben darum so schrecklicher Bericht von einem Märtyrer der Fatalität, ein Dokument, das überdies den schwerwiegendsten Einwand gegen die *Vorsehung* und die Güte Gottes vorstellt, dem ich je begegnet bin.

Und ganz berauscht von diesen nackten Wahrheiten, diesen Abgründen des Tatsächlichen, sagten wir uns: Welch schöne Publikation könnte man daraus machen, für die Philosophen und Moralisten, eine Auswahl derartiger Dinge, die die »Geheimen Archive der Menschheit« ergäben.

In den Garten zu gehen schafften wir mal so gerade eben und entfernten uns nicht weiter als zwei Schritte vom Haus. Die Landschaft wirkte in der Nacht wie eine Landschaft aus Haar.

2. NOVEMBER 1863

Den ganzen Tag über liest er uns aus seinen Reisenotizen vor, und während des ganzen Abends spricht er darüber. Am Ende dieses Stubenhocker-Tages sind wir so erschöpft, als hätten wir wirklich alle beschriebenen Länder und Landschaften durchquert. Zur Erholung gönnte er sich nur einige Pfeifen, die er hastig rauchte, während er immerfort über die Literatur redete; er sagt, man müsse sich an die ewig gültige Literatur halten, und indem man sich spezialisiere, verfehle man gerade dieses Ewigwährende; das Besondere und Lokale könnte das wahrhaft Schöne nicht erzeugen. Und als wir ihn fragen, was denn seines Erachtens das Schöne sei, antwortet er: »Das, was mich auf eine unbestimmte Weise erhebt!«

Es läutet Mitternacht. Eben hat er seine »Rückkehr aus Griechenland« zu Ende gelesen. Er will uns noch nicht loslassen, will noch plaudern, weiter vorlesen; sagt, daß er um diese Stunde erst anfange, richtig aufzuwachen, und daß er sich um sechs Uhr hinlegen würde, wenn wir keine Lust hätten zu schlafen.

Gestern sagte Flaubert zu mir: »Von meinem zwanzigsten bis zu meinem vierundzwanzigsten Lebensjahr habe ich nicht gevögelt, weil ich mir vorgenommen hatte, nicht zu vögeln.« Darin offenbart sich der Mann und sein Geheimnis. Ein Mann, der sich selbst Enthaltsamkeit auferlegt, ist kein triebhafter Mensch, keiner, der auf natürliche Weise redet, lebt und denkt. Er formt und gestaltet sich nach gewissen Einbildungen, einem bestimmten inneren Dünkel, gewissen heimlichen Theorien, einer gewissen Menschenscheu.

18. JANUAR 1864

Im Magny.
Mit brennendem Gesicht, blökender Stimme, die aufgedunsenen Augen rollend, legt Flaubert los und behauptet, daß die Schönheit nicht erotisch sei; die schönen Frauen seien nicht dazu da, gevögelt zu werden, sie seien eher geeignet, Statuen zu inspirieren; der Stoff der Liebe sei vielmehr jenes Unbekannte, das Erregung hervorrufe, was der Schönheit doch nur sehr selten gelinge. Er entfaltet sein Ideal, das sich als das Ideal der gemeinen *Hippe* erweist. Man macht sich über ihn lustig. Da sagt er, daß er noch nie mit einer Frau wirklich gevögelt habe, daß er jungfräulich sei, daß er aus

allen Frauen, die er besaß, nur die Matratze einer anderen, erträumten Frau gemacht habe.

Flaubert, der heute noch etwas redseliger ist als sonst, hat nicht die Gautiersche Leichtigkeit eines indischen Jongleurs, wenn er mit Paradoxen um sich wirft, vielmehr ist er peinlich darauf bedacht, sie im Gleichgewicht zu halten, wie ein Kirmes-Herkules oder eher noch ganz einfach wie ein aufgebrachter Provinzler. Er beteuert, daß der Koitus keineswegs für die Gesundheit des Organismus notwendig sei; er sei ein Bedürfnis, das einzig unsere Einbildungskraft erzeuge. Taine macht ihn darauf aufmerksam, daß er, der wirklich kein großer Vögler sei, dennoch, wenn er sich alle vierzehn Tage oder drei Wochen einem Koitus hingebe, von einer gewissen Unruhe, einer gewissen Besessenheit erlöst sei und den Kopf viel freier für die Arbeit habe. Darauf versetzte Flaubert, daß er sich irre, ein Mann brauche nicht den Samenerguß, sondern das nervliche Verströmen, und da er, Taine, im Bordell vögle, könne er ohnehin keinerlei Erleichterung verspüren, weil es dazu der Liebe bedürfe, der Ergriffenheit, der Erschütterung bei einem Händedruck. Wir machen ihm klar, daß nur sehr wenige unter uns das Glück haben, dergleichen zu empfinden, wenn man sich vor Augen hält, daß diejenigen, die sich nicht im Bordell befriedigen, eine alte Geliebte haben, irgendwelche Eintagsfrauen oder eine Ehegattin, Frauen, in deren Nähe es weder Ergriffenheit noch Erschütterung gibt. Also müssen drei Viertel der Menschheit ohne nervliches Verströmen auskommen und dürfen sich glücklich schätzen, wenn es ihnen in ihrem ganzen Koitusleben drei Monate lang widerfährt.

Während des ganzen Diners wird darüber gestritten; die ganze Welt wird durchstreift mit dieser Frage. Flaubert versichert, die Wilden seien Päderasten und Zoophile, wohingegen die Zivilisierten Onanierer und Godemichierer seien, wobei das Godemichieren die höchste Gottesliebe der Frau darstelle.

9. MAI 1865

Beim Verlassen des Magny sagte Flaubert zu uns: »Als ich jung war, bin ich dermaßen eitel gewesen, daß ich in dem Bordell, das ich mit meinen Freunden besuchte, immer die Häßlichste wählte und darauf bestand, sie vor aller Augen zu vögeln, ohne von meiner Zigarre zu lassen. Es bereitete mir nicht das geringste Vergnügen, es war reine Spiegelfechterei.«

23. MAI 1869

Flauberts Buch, sein Pariser Roman, ist fertig. Wir sehen das Manuskript auf dem Tisch mit dem grünen Tuch; es liegt in einer *ad hoc* eigens hergestellten Mappe und trägt den Titel, den er sich in den Kopf gesetzt hat: *Lehrjahre des Herzens;* und als Untertitel: *Die Geschichte eines jungen Mannes.*

Er wird es einem Kopisten zuschicken, denn mit einer Art Gläubigkeit behält er seit jeher das unsterbliche Monument seiner eigenhändigen Abschrift bei sich.

17. JULI 1869

Heute abend besuchte uns Flaubert, blühender Gesundheit, vor Kraft strotzend und überschwenglicher denn je. Von der tödlichen Krankheit Bouilhets redete er mit der Unbekümmertheit eines Kerngesunden und verletzte uns durch die leichtfertige, unverbindliche Art, mit der er uns zu trösten und zu stärken suchte. Und als er wegging, rief der dicke Mensch aus: »Ist das nicht verblüffend? Im Augenblick kommt es mir so vor, als erbte ich von all meinen kranken Freunden den *Mumm!*«

10. JUNI 1871

Abendessen mit Flaubert, den ich seit dem Tod meines Bruders nicht mehr gesehen habe. Er ist nach Paris gekommen, um etwas für seine *Versuchung des Heiligen Antonius* zu ermitteln. Er ist ganz der Alte, Schriftsteller vor allem anderen. Dieser Umsturz scheint an ihm vorübergegangen zu sein, ohne ihn auch nur ein Quentchen von der unbeirrbaren Erzeugung seines Schmökers abzubringen.

18. OKTOBER 1871

Ich stoße auf Flaubert, der sich gerade auf den Weg nach Rouen macht. Unter dem Arm hält er eine Ministermappe mit dreifachem Verschluß, in der seine *Versuchung* eingeschlossen ist. In der Droschke erzählt er mir von seinem Buch, von all den Prüfungen, die er seinen Einsiedler in der Wüstenei durchmachen läßt und aus denen dieser als Sieger hervorgeht. Dann, in der Rue d'Amsterdam, gesteht er mir, daß die Niederlage des Heiligen am Schluß sich der *Zelle* verdanke, der Zelle im naturwissenschaftlichen Sinn. Seltsamerweise schien er über mein Staunen zu staunen.

21. JUNI 1872

Ich esse heute abend im Café Riche mit Flaubert, der über Paris kommt, um sich zur Einweihung der Statue Ronsards ins Vendôme zu begeben.

Wir speisen wohlgemerkt in einer *Chambre séparée,* weil Flaubert kein Getümmel will, er mag nicht irgendwelche Individuen neben sich haben, und außerdem möchte er sich beim Essen seiner Jacke und seiner Stiefel entledigen.

Wir plaudern über Ronsard. Unterdessen fängt er ganz plötzlich zu brüllen an, über die Politik, die Literatur, über die Widerwärtigkeiten des Lebens, während ich eher darüber seufze.

Im Hinausgehen stoßen wir auf Aubreyt, von dem wir erfahren, daß Saint-Victor zur Einweihung kommt: »Na gut, dann gehe ich eben nicht ins Vendôme«, sagt Flaubert zu mir, »nein, die Empfindlichkeit hat wirklich einen derart krankhaften Grad bei mir erreicht, ich bin dermaßen angegriffen, daß allein der Gedanke, das Gesicht eines unangenehmen Herrn in der Eisenbahn vor mir zu haben, mir hassenswert und unerträglich ist. Früher wäre mir das egal gewesen. Ich hätte mir gesagt: ›Ich werde es so einrichten, daß ich in ein anderes Abteil zu sitzen komme.‹ Wäre es mir indessen nicht gelungen, dem unangenehmen Herrn auszuweichen, so hätte ich mir Erleichterung verschafft, indem ich ihn beschimpft hätte. Jetzt hingegen nichts von alledem ... Allein von der Sache zu hören verursacht mir schon Herzklopfen ... Da ist ein Café, gehen wir hinein, ich werde meinem Domestiken schreiben, daß ich bereits morgen wiederkomme.«

Und dort, vor einem Glas Champagner mit Strohhalm: »Nein, ich bin nicht mehr in der Lage, irgendeine Widerwärtigkeit zu ertragen ... Die Notare von Rouen sehen mich an, als wäre ich nicht ganz richtig im Kopf! Sie müssen sich vorstellen, daß ich ihnen bei der Teilung sagte, sie könnten alles haben, was sie wollten, sofern sie mich mit Reden verschonten: lieber soll man mich bestehlen, als daß man mich anödet! Und das gilt für alle, auch die Verleger ... Ich empfinde gegenwärtig eine namenlose Trägheit zu handeln. Die Arbeit ist die absolut einzige Tätigkeit, die mir geblieben ist.«

Nachdem er den Brief geschrieben und zugemacht hat, ruft er aus: »Ich bin so glücklich wie einer, der einen Blödsinn gemacht hat! Warum? Können Sie mir das sagen?«

Dann begleitet er mich zur Eisenbahn, und den Ellbogen auf die Schranke gestützt, an der wir Schlange stehen, um die Billets zu kaufen, spricht er über seinen tiefen Kummer, sagt, wie ihn alles entmutige, wie er sich danach sehne, tot zu sein – und tot ohne Seelenwanderung, ohne irgendeine Form des Überlebens, ohne Auferstehung, einfach ein für allemal seines *Ichs* entledigt zu sein.

26. FEBRUAR 1873

Flaubert äußerte sich heute in ziemlich pittoresker Weise: »Nein, was mich aufrecht hält, ist einzig und allein die Empörung! Für mich ist die Empörung das, was der Stock bei den Puppen ist, der Stock, den sie im Hintern haben und der sie aufrecht hält. Wenn ich nicht mehr empört wäre, dann würde ich flach fallen!« Und er zeichnete die Silhouette eines auf dem Parkett gescheiterten Polichinelle.

17. DEZEMBER 1873

Die Marotte Flauberts, immer Ungeheuerlicheres gemacht und erduldet zu haben als die anderen, ergab heute abend das letzte an Narretei. Er zankte sich heftig mit dem Bildhauer Jacquemart und hätte sich fast mit ihm geprügelt, um zu beweisen, daß er in Ägypten mehr Flöhe gehabt hatte als Jacquemart, daß er ihm an Ungeziefer überlegen war.

Er hat gut gegessen und bläht sich in kindischer Weise mit seiner Lesung im Vaudeville auf. Er ist tölpelhaft glücklich; nahezu an mich hingesunken, schlägt er mir mit den Fingern an die Brust – was sich anfühlt wie die Schläge eines Rapierknopfs – und versucht, mir zu beweisen, daß kein Mensch auf der Welt je so verliebt gewesen ist, wie er es dereinst war. Er nutzt die Gelegenheit, um eine Geschichte breitzutreten, die er mir bereits erzählt hat, eine Geschichte, bei der er am Abgrund einer Steilküste sein Leben riskierte, um einen Neufundländer, der auf den Namen *Thabor* hörte, an einer bestimmten Stelle zu küssen, der Stelle, an der seine Herrin einen Kuss zu placieren pflegte ... Eine Leidenschaft, die ihn in der Quarta erfasste und die er – dem Bordell und allen banalen Liebschaften zum Trotz – bis zu seinem zweiunddreißigsten Lebensjahr in seinem Innersten bewahrte. Die Auflösung dieser Leidenschaft vollzog sich auf eine Weise, die sich in dem tragikomischen Leben meines Freundes ziemlich häufig wiederholt. Eines Tages, in dem Augenblick, als er fühlte, daß die so lange schon angebetete Frau weichwurde, daß sie die Seine war – im selben Augenblick verlangte es ihn, sich von dannen zu machen ...

28. JANUAR 1874

Flaubert ruft aus: »Es gibt keine Kaste, der ich so mißtraue wie der der Mediziner, ich, der ich aus einer Ärztefamilie komme, vom Vater auf den Sohn einschließlich der Vettern, denn ich bin der einzige Flaubert, der kein Mediziner ist ... Wenn ich jedoch von meinem Mißtrauen gegen die Kaste spreche, dann nehme ich meinen Papa davon aus. Ich habe ihn gesehen, wie er hinter dem Rücken meines Bruders, als dieser seine Approbation erlangte, ihm die geballte Faust zeigte und sagte: ›Wenn ich an seiner Stelle gewesen wäre, in seinem Alter, mit dem Geld, das ihm zur Verfügung steht, ich hätte meinen Mann gestanden!‹ Sie können daran seine Verachtung für die raubgierigen Praktiken der Medizin ablesen.«

Und Flaubert fährt fort mit der Schilderung seines sechzigjährigen Vaters, der des Sonntags an schönen Sommertagen zu seiner Frau sagte, er würde einen Spaziergang aufs Land machen und der durch eine Hintertür entwischte, um zur *Leichenwäscherei* zu laufen und wie ein Medizinstudent zu sezieren. Er zeigt ihn uns auch als einen, der zweihundert Franc für die Kutsche zahlt, um in irgendeinem Winkel des Departements eine für die Wissenschaft bedeutsame Operation vorzunehmen, eine Operation bei einer Fischhändlerin, die ihn mit einem Dutzend Heringen bezahlte.

1. SEPTEMBER 1876

Flaubert erzählte, daß ihn in den zwei Monaten, in denen er in seinem Zimmer eingeschlossen geblieben war, die Hitze in eine Art Arbeitsrausch versetzte und daß er täglich fünfzehn Stunden gearbeitet habe. Er legte sich um vier Uhr morgens schlafen und staunte selbst, sich manchmal um neun Uhr wieder am Arbeitstisch zu finden. Eine Plackerei, die nur vom abendlichen Bad in der Seine unterbrochen wurde.

Und das Ergebnis dieser neunhundert Stunden Arbeit ist eine Novelle von dreißig Seiten.[10]

17. SEPTEMBER 1879

Flaubert gibt mitunter amüsante Grobheiten von sich. Gestern beim Abendessen fiel es diesem Lästermaul von Blanchard, diesem ewigen Schmähredner, ein, mit seiner stockenden Stimme zu sagen, daß Cuvillier-Fleury ein häßliches Galgengesicht habe: »Aber nein, aber nein«, begann Flaubert auffahrend vor Ärger, den er empfand, seit der andere sprach, und indem er sich hinter den Stuhl der Prinzessin beugte, der ihn von dem Naturforscher trennte, warf er ihm an den Kopf: »Alles in allem ist er auch nicht häßlicher als Sie!«

CROISSET, 28. MÄRZ 1880

Maupassant kommt uns (Daudet, Zola, Charpentier und Goncourt) in Rouen am Bahnhof abholen, und da sind wir nun, empfangen von Flaubert mit Kalabreserhut, einer runden Jacke, seinem dicken Hintern in einer Faltenhose und seinem vortrefflichen liebevollen Kopf.

Sein Anwesen ist wirklich sehr schön, und es war mir nur einigermaßen unvollständig in Erinnerung geblieben.

---

10 *Un Cœur simple* entstand zwischen März und August 1876.

Diese unermeßliche Seine, auf der die Masten der Schiffe, die man nicht sieht, vorübergleiten wie in einem Bühnenhintergrund, diese schönen großen Bäume, deren Kronen die Meereswinde durchwühlen, dieser Park mit seinen Spalierbäumen, diese lange Terrassenallee, diese peripatetische Allee: im Grunde ist dieses Haus Flauberts – nachdem es im achtzehnten Jahrhundert das Haus eines Benediktinerordens gewesen war – ein wirkliches Schriftstellerhaus.

Das Diner ist ausgezeichnet; es gibt eine Sahnesauce vom Steinbutt, die ein wahres Wunderwerk ist. Es werden alle möglichen Weinsorten in großen Mengen getrunken, und der ganze Abend wird mit dem Erzählen schlüpfriger Geschichten verbracht, über die Flaubert in ein Gelächter ausbricht, das an das *prustende* Lachen der Kindheit erinnert. Er weigert sich, aus seinem Roman vorzulesen, er kann einfach nicht mehr, er ist *völlig erledigt*. Und so begibt man sich zum Schlafen in die ziemlich kalten und mit Familienbüsten bevölkerten Zimmer.

Am nächsten Morgen wurde spät aufgestanden, und man beschränkte sich aufs Plaudern im Haus, da Flaubert erklärte, ein Spaziergang sei eine überflüssige *Strapaziererei*. Dann wurde zu Mittag gegessen und man reiste wieder ab.

8. MAI 1880

»Gehen Sie am Sonntag zu Monsieur Flaubert?« sagte Pélagie gerade, als die Kleine eine Depesche auf den Tisch legte, eine Depesche mit diesen zwei Worten: *Flaubert tot!*

Für eine Weile war ich in meinem ganzen Sein so erschüttert, daß ich nicht mehr wußte, was ich tat und in welcher Stadt ich da im Wagen fuhr. Ich fühlte, daß ein manchmal nachlassendes, aber doch unentwirrbar verschlungenes

Band uns insgeheim aneinander gebunden hatte. Und heute entsinne ich mich mit einer gewissen Rührung der zitternden Träne, die an der Spitze einer seiner Wimpern hing, als er sich vor sechs Wochen von mir verabschiedete und mich dabei umarmte.

Im Grunde waren wir die beiden alten Verfechter der neuen Schule, und heute stehe ich ziemlich allein da.

11. MAI 1880

Gestern bin ich mit Popelin nach Rouen gereist. Um vier Uhr waren wir in Croisset, in diesem traurigen Haus, in dem ich nicht den Mut aufbrachte, zu Abend zu essen.

Madame Commanville sprach von dem lieben Verstorbenen, von seinen letzten Augenblicken, seinem unvollendeten Buch, an dem, wie sie meint, etwa zehn Seiten fehlen.

Dann, mitten in einem Gespräch, das unterbrochen und nicht mehr weitergeführt wurde, erzählte sie uns von einem Besuch, den sie letzthin unternommen hatte, um Flaubert zum Gehen zu zwingen, einem Besuch bei einer Freundin, die am anderen Ufer der Seine wohnt und die an jenem Tag ihr Neugeborenes in einer entzückenden kleinen rosa Hängewiege auf den Tisch des Salons gestellt hatte – ein Besuch, nach welchem Flaubert auf dem Rückweg in einem fort wiederholte: »Ein kleines Wesen wie dieses in einem Haus, das ist das einzige, was zählt auf der Welt.«

Heute morgen zog mich Pouchet in eine abgelegene Allee und sagte zu mir: »Es hat ihn nicht der Schlag getroffen, er ist an einem Epilepsie-Anfall gestorben ... Sie wissen ja, daß er in seiner Jugend solche Anfälle hatte ... Die Orientreise hat ihn gewissermaßen davon geheilt ... Sechzehn Jahre lang blieb er frei davon. Aber mit dem Verdruß über die

Angelegenheiten seiner Nichte kehrten sie wieder ... Und am Samstag ist er an einem epileptischen Anfall mit Blutstauung gestorben ... Ja, mit allen Symptomen, mit Schaum vor dem Mund ... Stellen Sie sich vor, seine Nichte wünschte, daß man einen Gipsabguß seiner Hand mache: es war nicht möglich, weil sie in einem so schrecklichen Krampf erstarrt war ... Wenn ich dagewesen wäre, hätte ich ihn vielleicht retten können, indem ich ihn eine halbe Stunde lang zum Atmen gebracht hätte ...«

»Dessen ungeachtet war es verdammt eindrucksvoll, in dieses Kabinett zu treten ... Sein Taschentuch auf dem Tisch neben seinen Papieren, sein Tabakspfeifchen mit der Asche auf dem Kamin, der Corneille-Band, in dem er am Vorabend einige Passagen gelesen hatte und den er schief in das Fach des Bücherschranks zurückgestellt hatte.«

Der Trauerzug setzt sich in Bewegung, wir steigen über einen staubigen Abhang zu einer kleinen Kirche empor – die Kirche, in der Madame Bovary im Frühling beichten geht und wo einer der von dem Priester Bournisien gescholtenen Spitzbuben dabei war, auf der Mauerkrone des alten kleinen Friedhofs herumzuturnen.

Das Empörende bei diesen Beerdigungen ist die Anwesenheit der ganzen Reporter-Bande mit ihren Zetteln in der hohlen Hand, auf die sie aufgeschnappte Namen von Leuten und Lokalitäten kritzeln, und noch empörender ist die Gegenwart dieses Lafitte vom *Voltaire*[11], der mit 40.000 Franc in der Tasche den Leichnam eskortiert, um sein Geschäft damit zu machen. Unter den Journalisten, die heute morgen eingetroffen sind, bemerke ich Burty, der sich bei dieser

---

11 Tageszeitung.

Beerdigungsfeier einschleicht, wie er sich bei allen Angelegenheiten des Lebens einschleicht, die etwas abwerfen. Es ist ihm sogar gelungen, für einige Augenblicke eine der Quasten des Leichenwagens halten zu dürfen – er lieh sich dafür einen meiner schwarzen Handschuhe aus.

Man verläßt die kleine Kirche und erreicht über eine nicht enden wollende Straße in der Sonne den monumentalen Friedhof von Rouen. In der unbekümmerten Menge, der die Beerdigung lang wird, beginnt sich die verlockende Vorstellung eines kleinen Festes breitzumachen. Man spricht von normannisch zubereitetem Glattbutt und jungen Enten mit Orangen von Mennechet, und Burty spricht das Wort *Bordell* mit dem Augenzwinkern eines verliebten Matrosen aus.

Man kommt am Friedhof an, einem vom Duft des Weißdorns erfüllten Friedhof, der hoch über der Stadt liegt, die, in violette Schatten gehüllt, wie eine Stadt aus Schiefer aussieht.

Und kaum ist die Bahre mit Weihwasser besprengt, da strömt schon die durstige Gesellschaft mit erregten Gesichtern witzereißend der Stadt zu. Daudet, Zola und ich reisen wieder ab – wir weigern uns, bei der Schlemmerei mitzumachen, die für heute abend vorbereitet wird, und kehren in andächtigem Gespräch über den Verstorbenen heim.

14. MAI 1880

Ach, welch trauriges und jammervolles Begräbnis wurde Flaubert am Dienstag zuteil – und was noch darauf folgen wird ... Sein Schwiegerneffe, der Flaubert ruiniert hat, ist nicht nur geschäftlich gesprochen ein unredlicher Mensch, sondern ein Gauner, der eine Zwanzig-Franc-Münze unterschlägt, die der Verstorbene ihm auftrug, zum Schlosser zu bringen – ja, ein Dieb und Falschspieler. Und von seiner

Nichte, die Flauberts ein und alles war, könne er sich kein rechtes Bild machen, sagt Maupassant. Sie war, ist und wird immer ein unbewußtes Instrument in den Händen dieser Kanaille von einem Gatten sein, der eine Macht über sie ausübt, wie nur die Schurken sie über ehrbare Frauen haben.

Dies also hat sich seit Flauberts Tod ereignet. Commanville sprach ununterbrochen von dem Geld, das man aus den Werken des Verstorbenen herausholen könnte; die befremdliche Weise, in der er immer wieder auf die Liebeskorrespondenz des armen Freundes zurückkam, legte den Gedanken nahe, daß er fähig wäre, den überlebenden Liebhaberinnen Geständnisse abzupressen. Forcierte Schmeicheleien gegenüber Maupassant, gemischt mit einer Schnüffelei, die von der Wachsamkeit eines echten Polizeispitzels zeugte. So ging es bis zum Montag, als er verschwand, weil er unbedingt nach Rouen mußte, während Maupassant gemeinsam mit Pouchet den bereits in Verwesung begriffenen Körper Flauberts in den Sarg legte. Am Abend der Beerdigung, gleich nach dem Essen, bei dem auch Heredia und Maupassant dabei waren und bei dem sich Commanville nebenbei gesagt sehr geschickt sieben Scheiben vom Schinken abschnitt, führte er Maupassant in den kleinen Gartenpavillon und hielt ihn dort eine gute Stunde fest, indem er ihn bei den Händen nahm und mit geheuchelter Zärtlichkeit überschüttete – ihn, den geriebenen Kerl, den es fortdrängte, weil er den Braten roch. Währenddessen nahm Madame Commanville Heredia beiseite und sagte ihm auf einer Gartenbank, daß ihr Maxime du Camp nicht einmal ein Telegramm geschickt habe, daß d'Osmoy ein Elefant im Porzellanladen sei, daß Zola und Daudet sie nicht leiden könnten, und was mich beträfe, so halte sie mich zwar für einen Mann von feiner Lebensart, kenne mich aber nur dieser traurigen Umstände halber; sie bedürfe jedoch der Ergebenheit eines Mannes von Welt, der sich an ihre Stelle versetzen und gegen die Familienangehörigen verteidigen könne; und diese Frau, die Maupassant nicht ein einziges Mal weinen sah, war im Begriff, sich voll zärtlicher Hingabe in Tränen aufzulösen, was ihren Kopf so seltsam nahe an Heredias Brust rückte, daß er sagte, es sei ihm der Gedanke gekommen, wenn er in diesem Augenblick irgendeine Bewegung gemacht hätte, würde sie sich ihm in die Arme geworfen haben. Und die Szene ging noch weiter: die Frau streifte ihre Handschuhe ab und ließ zu, daß er ihre Hand nahm, die auf der Riickenlehne der Bank so nahe an Heredias Mund lag, daß sie um einen Kuß zu bitten schien. Sollte das die wahre Liebe sein, eine Liebe, die plötzlich in der zerrissenen und mürben Seele einer Frau für einen Mann aufkeimt, den sie seit einer Weile sieht und um den sie buhlt? Sollte es sich nicht vielmehr um eine Liebeskomödie handeln, die der Gatte seiner Frau vorschrieb, um eine aufrichtige junge Seele in seine Gewalt zu bringen, die sich durch die Aussicht, sie zu besitzen, dazu verleiten ließe, bei der Gaunerei gegen die übrigen Erben mitzumischen?

Ach, mein armer Flaubert! Was für einen schönen Roman aus der Provinz hättest du aus den Machenschaften und Zeugnissen der Menschen machen können, die deinen Leichnam umgaben!

FÉLIX, Dinah
1836–?
Schauspielerin und Soubrette

21. NOVEMBER 1859

Abendessen bei Lia Félix.
Dinah hat das Schlangenköpfchen einer Faustine, dazu Augen wie schwarzer Samt und Haare, die sich zu kleinen Korkenziehern ringeln, was bei Frauen auf finstere Leidenschaften hindeutet.

22. DEZEMBER 1859

Im Theater.
Auf dem Balkon sitzt Dinah mit ihrem Schlangenköpfchen, an ihrer Seite: Mutter Félix mit schönem Äußeren und mit einem hübschen weißen Muff, gleichsam die bürgerliche Karikatur ihrer Tochter.

20. AUGUST 1860

Dinah aber, denkt man sich das Gesicht weg, ist von den Händen bis zu den Füßen, dem schmalen Hals, der Aufmachung, der Figur, ihrer Art, das Brot zu nehmen, eine Schere zu halten, zu reden, zu schweigen, zu lachen und sich lustig zu machen, ganz das verblüffende lebende Porträt von Blanche[12]. Es würde mich nicht überraschen, wenn sie sich in ihrem Wesen nicht minder ähnlich wären. Ich glaube, daß

---

12 Blanche Passy.

Ähnlichkeiten der Gesichtszüge kaum Charakterähnlichkeiten sind. Aber ich glaube unbedingt an seelische und geistige Analogien, daran, daß die physischen Ähnlichkeiten Ähnlichkeiten der Ausstrahlung, der Gesten, des Gebarens und aller Erscheinungsformen sind, die das Innere einer Frau nach außen kehren.

Sie klagt über Migräne-Anfälle und Neuralgien, die so heftig sind, daß sie alle Dinge nur halb wahrnimmt: »Was die Liebe ziemlich schmälert!« Und alles lacht ...

7. NOVEMBER 1861

Im Theater.
Man spricht von Dinah, die gegenüber sitzt: »Stellen Sie sich vor«, sagt Nelly, »neulich hat sie Delahante in die Loge von Saint-Victor geführt, noch dazu eine Loge im zweiten Rang! Sie wartet auf Lias Tod, um sich Saint-Victor zu schnappen, wie sie es schon einmal gemacht hat ... Es gibt eine Bezeichnung für sie, eine vernichtende Bezeichnung für eine Frau ...« – »Ja«, sagt Gisette[13], »aber sie lebt davon!« – »Man sagt, das sei eine Friedhofsfliege ... Diese Bezeichnung ist abscheulich!« fügt Nelly hinzu, nachdem sie es ausgesprochen hat.

25. JULI 1885

Heute abend kehre ich aus Saint-Gratien mit Dinah zurück, die im Wagon bald in Tränen zerfließt, während sie mir sagt, daß sie jeden Tag zum Grab von Delahante geht und mit Ent-

---

13 Gisette Dennery.

setzen daran denkt, daß sie fünfundzwanzig Jahre jünger ist als er und deshalb vielleicht verurteilt, noch fünfundzwanzig Jahre zu leben. Und sie beginnt, von dem Verstorbenen zu sprechen wie eine Liebende von einem ganz jungen Mann. Das ist unheimlich und rührend zugleich, diese Leidenschaft und diese Klagen um einen siebzigjährigen Mann ...

Ganz zärtlich hatte sie meinen Arm genommen, um sich zu Tisch zu begeben, worüber ich ein wenig erstaunt gewesen war: Sie sagt, sie sei glücklich gewesen, mir anzusehen, daß ich sie verändert, gealtert fand. In der Tat hatte ich sie im ersten Augenblick nicht wiedererkannt.

FRANCE, Anatole
1844–1924

19. DEZEMBER 1894

Heute abend traf ich bei der Prinzessin Anatole France. Er ist sehr gesprächig, spricht mit der Redseligkeit eines von der Gesellschaft geschätzten Mitglieds der Akademie – was er noch nicht ist –, jedoch bemüht um paradoxale, antibürgerliche Gedanken in der Art von Renan, was seine Konversation vergnüglich macht.

Außerdem hat er nicht mehr das gimpelhafte Aussehen seiner frühen Jahre: sein kurz geschorenes graues Haar, seine etwas kräftiger gewordenen Züge geben seinem Kopf das wahrhaft Männliche, das die harmlose Gimpelhaftigkeit seiner Adoleszenz hinter sich gelassen hat.

Ausführlich und geistreich erläutert er ein Weilchen die Suche der Politiker nach dem dümmsten Militär in der

Armee, um ihn zum Kriegsminister zu machen, weil die Politiker die Erfahrung machen, daß auf jeden Fall der Tag kommt, an dem derselbe Kriegsminister versucht ist, die Zivilisten – ihre Kollegen – über den Haufen zu rennen, eine Versuchung, der alle Kriegsminister nacheinander zu einem bestimmten Zeitpunkt erlegen sind, wenn auch zaghafter als der General Boulanger, da sie weder über seine Konstitution noch über seine Popularität und auch nicht über sein schwarzes Pferd verfügten.

GAUTIER, Judith
1850–1917
Schriftstellerin

28. DEZEMBER 1873

Beim Trauergeleit für François Hugo wurden Flaubert und ich am Ausgang des Père-Lachaise von Judith angesprochen. Theos Tochter in einem Federfell ist wunderschön, von einer seltsamen, fast erschreckenden Schönheit. Das fast vollkommen Weiße, kaum Rosige ihres Teints, ihr Mund, der wie der Mund auf den Bildern der Primitiven geschnitten ist, über dem Elfenbein der großen Zähne, ihre reinen, gleichsam schlummernden Züge, ihre großen Augen, deren harte Wimpern – die Wimpern eines Tieres, die wie kleine schwarze Nadeln aussehen – mit keinem Halbschatten den Blick mildern, all das gibt dem lethargischen Geschöpf das Unergründliche und Geheimnisvolle einer Sphinx; es ist, als sei ihr Nervenkostüm aus einem anderen Stoff als dem der Zeit.

Und durch die Gegensätze an der Seite der jungen Frau wird ihre blendende Jugend noch hervorgehoben: auf der einen Seite der Chinese Tsing mit seinem flachen Schlitzaugengesicht und auf der anderen ihre Mutter, die alte Grisi, ein altes zusammengeschrumpftes Mütterchen, das wie ein schwindsüchtiger alter Affe aussieht.

GAUTIER, Théophile
1811–1872
Schriftsteller und Kunstkritiker

3. JANUAR 1857

Gautier: ein massiges Gesicht mit erschlafften Zügen, teigigen Linien, schläfrigem Ausdruck, ein in einem Faß voll Materie untergegangener Verstand, die Müdigkeit eines Nilpferds; zuweilen setzt das Verständnis aus: die Begriffsstutzigkeit eines Tauben, der hinter sich horcht, wenn man von vorn mit ihm spricht.

Ganz vernarrt in ein Wort, das Flaubert zu ihm gesagt hat, oberster Grundsatz der ganzen Schule, den er angeblich in die Wände eingravieren will: *Aus der Form entsteht der Gedanke*.

Sein Schweifwedler, ein Wechselagent mit einer Schwäche für Ägypten, der immer mit irgendwelchen Gipsfiguren ägyptischer Basalte unter dem Arm daherkommt, würdevoll, mit sehr würdevollen Phrasen, ein Philister, der nach Champollions Vorbild sein Arbeitssystem Europa und seinen Zuhörern darlegt: um acht Uhr schlafen gehen, um drei aufstehen, zwei Tassen schwarzen Kaffee trinken und bis um elf mit der Arbeit weitermachen.

Hier hebt sich Gautier empor wie ein Wiederkäuer aus dösender Verdauung und unterbricht Feydeau: »Oh, das würde mich rasend machen! Ich wache morgens überhaupt nur auf, weil ich träume, daß ich Hunger habe. Ich sehe rotes Fleisch vor mir, riesige Tafeln mit Fressalien, gamacheartige[14] Festgelage. Das Fleisch richtet mich auf. Wenn ich gefrühstückt habe, rauche ich. Ich stehe um halb acht auf, derweil geht es auf elf. Dann schleife ich einen Sessel her, stelle Papier, Federn und Tinte auf dem Tisch bereit – der Folterbank für die Tortur. Und wie mich das langweilt! Zu schreiben hat mich immer gelangweilt, und außerdem ist es so überflüssig! ... Da schreibe ich dann so vor mich hin, ganz gemächlich, wie ein öffentlicher Schreiber. Ich komme langsam, aber stetig voran, Sie müssen nämlich wissen, daß ich nie nach dem besten Wort suche. Ein Artikel, eine Seite muß auf Anhieb sitzen. Es ist wie bei einem Kind: entweder ist es entstanden oder es ist nicht entstanden. Ich denke nie an das, was ich schreiben werde. Ich nehme meine Feder und schreibe. Ich bin Schriftsteller, ich muß mein Handwerk verstehen. Da sitze ich nun vor dem Blatt gleichsam wie der Clown auf dem Trampolin ... Und außerdem habe ich eine wohlgeordnete Syntax im Kopf. Ich werfe meine Sätze in die Luft wie Katzen – ich bin sicher, daß sie wieder auf ihre Tatzen fallen. Das ist ganz einfach: man muß nur eine gute Syntax haben; ich mache mich anheischig, wem auch immer das Schreiben beizubringen. Ich könnte einen Feuilleton-Kursus mit fünfundzwanzig Lektionen eröffnen. Schauen Sie, eines meiner Manuskripte: keine einzige Verbesserung! ...«

---

14 Gamache = Figur im *Don Quijote*.

1. MAI 1857

In der Redaktion von *L'Artiste* Gautier gesehen. Sitzt auf seinen Ohren; ein sanftes, freudestrahlendes Lächeln in den Augen und auf den Lippen; eine saumselige Redeweise; eine schlecht intonierte und zu schwache Stimme im Verhältnis zum Leibesumfang, die indes fast harmonisch und wohlig klingt, hat man sich einmal an sie gewöhnt. Eine einfache, unumwundene Plauderei, die, unbelastet von Metaphern, ohne Hast, aber auf direktem Wege ihre Gedanken zum Ausdruck bringt; was er sagt, zeugt von großer Klugheit und Folgerichtigkeit: hier und da Durchblicke von großem Kenntnisreichtum eröffnend, den er sichtbar werden läßt, ohne ihn herauszukehren; ein erstaunliches Gedächtnis von photographischer Genauigkeit.

3. MÄRZ 1862

Wir stoßen die Tür eines weißgetünchten Hauses auf und befinden uns beim Sultan des schmückenden Beiwortes. Ein Salon mit roten Damastmöbeln; vergoldetes Holz, schwere venezianische Formen. Alte Gemälde aus der Schule von Andrea del Sarto, mit schönen gelblichen Fleischpartien. Eine durchsichtige Spiegelscheibe über dem Kamin, verziert mit farbigen Arabesken und persischen Schriftzeichen, *genre café turc*. Ärmlicher Prunk und Okkasionen, wie das Interieur einer alten Schauspielerin im Ruhestand, die nur dank der Pleite eines Direktors in Italien oder der zerrütteten Verhältnisse eines Patriziers in Venedig an Gemälde geraten ist.

Wir fragen ihn, ob wir stören: »Ganz und gar nicht, ich arbeite nie zu Hause; ich arbeite nur im *Moniteur,* in der Druckerei. Man druckt nach und nach, was ich schreibe. Der Geruch von Druckerschwärze ist das einzige, was mich auf Trab hält. Und zudem gibt es das Gebot der Dringlichkeit. Es ist unausweichlich, ich muß einfach mein Manuskript fertigstellen ... Nur dort kann ich arbeiten ... Heute könnte ich einen Roman auch nur auf diese Weise zustande bringen, wenn alle zehn Zeilen jeweils gleich gesetzt würden ... Man beurteilt sich dann anhand der Fahnen. So wird das Geschriebene unpersönlich; das Manuskript hingegen, das sind Sie selbst, Ihre Handschrift, etwas, woran man mit jeder Faser hängt, was Teil von einem ist. Ich habe mir immer Plätze für die Arbeit herrichten lassen. Sei's drum, ich konnte dort einfach nie arbeiten! Ich brauche Leben um mich herum. Am besten gelingt mir die Arbeit mitten im Höllenspektakel, wohingegen mich die Einsamkeit, wenn ich mich irgendwo zur Arbeit zurückziehe, einfach trübsinnig macht ... Sehr gut arbeitet es sich auch in einer Dienstbotenkammer mit Fledermausfenster, einem Tisch aus blankem Holz und einem Nachttopf in der Ecke, damit man zum Pissen nicht runtergehen muß, und auf grobem blauem Papier zu sieben Sous.«

12. FEBRUAR 1871

Ich steige zu Gautier hinauf, der aus Neuilly nach Paris, Rue de Beaune, in eine Arbeiterwohnung im fünften Stock geflüchtet ist.

Ich durchquere ein kleines Zimmer, in dem seine beiden Schwestern auf dem Fensterbrett sitzen, die in ihren zerlumpten Kleidern, mit ihren weißen Haarschwänzchen und ihrem um den Kopf geschlungenen Tuch aussehen wie Parzen der Markthalle.

Die Mansarde, in der Théo sich aufhält und die er – klein und niedrig, wie sie ist – vollständig mit seiner Zigarre zuqualmt, enthält ein Bett mit schmutzigen Laken, einen alten Armsessel aus Eiche und einen Strohstuhl, über den magere Katzen streichen, auf dem sie ihre Glieder strecken, halbverhungerte Katzen, Schatten von Katzen. Zwei oder drei Skizzen hängen schief an der Wand, und einige Bücherbände liegen durcheinandergeworfen auf Brettern aus weißem Holz, die in aller Eile angebracht wurden.

Théo trägt eine rote Kappe mit venezianischen Hörnern, einen Samtrock, der ehedem zur kleinen Aufmachung in Saint-Gratien bestimmt gewesen war und der jetzt so mit Flecken übersät, so speckig ist, daß er sich ausnimmt wie die Jacke von einem neapolitanischen Koch. Und so macht der charmante und wohlbeleibte Meister der Schrift und der Rede den Eindruck eines lächerlichen Dogen, eines armen schwermütigen Marino Faliero, gespielt im Theater von Saint-Marcel.[15]

GAVARNI (Guillaume-Sulpice Chevalier)
1804–1866
Lithograph

26. APRIL 1860

Gavarni: Bart und Haare grau meliert, von der Farbe des Staubs, in der das Weiße untergeht. Eine mächtige volle Stirn, begrenzt von den hervorspringenden Knochen der Schläfen. Die dichten Brauen rechtwinklig geknickt. Ein von der ange-

---

15 »Marino Faliero«, Tragödie von Casimir Delavigne (1829).

spannten Aufmerksamkeit zusammengezogener Blick; eine dadurch entstandene harte Falte an der Nasenwurzel, eine Falte, die die volle Backe vom Unterlid des Auges trennt, eine Rille im Gesicht. Unter den Augen, oberhalb der Backenknochen, metallische Reflexe, von der Weiße weißglühenden Eisens. Eine starke, dicke und fleischige, an der Spitze gekrümmte Nase, kräftige fleischige Lippen, faltige Augenlider, der Augenbogen ziemlich ausgeprägt. Geschwollene, vorstehende, leicht gelbliche Augäpfel mit grauer Pupille.

Der Körper von robuster, vierschrötiger, pöbelhafter Gestalt. Gesicht und Miene wirken im Ruhezustand hart, aber das Lächeln der einschmeichelnden, charmanten Augen sowie das des Mundes erfüllen das Antlitz mit Sanftheit.

8. FEBRUAR 1868

Diese ganze Woche über in Gavarnis Leben vertieft.
Was für ein Schürzenjäger! Welch leidenschaftliche Jagd nach dem Unbekannten in der Frau! Allen Frauen, die er sah, ist er nachgestiegen! Und wie viele Rendezvous! Und im Grunde ist da irgend etwas Finsteres und Machiavellistisches, das zu erfahren für uns neu und schmerzlich ist; eine Bösartigkeit wie die der *Liaisons dangereuses,* die nach grausamen Experimenten giert, ein rüdes Spiel mit weiblichen Schwächen.

Zudem läßt dieser Mann, der vor sich selbst und vor anderen immer die Wahrheit im Munde führte, alle möglichen Seiten erkennen, die das Gegenteil von Ungezwungenheit, Klarheit und Freimütigkeit sind; in seiner Seele, in seinem Kopf hausen verschrobene Gedanken und Phrasen, eine Philosophenkrittelei, aus der niemals die unmittelbare Regung eines herzlichen Gedankens spricht.

Und die Frau, immer die Frau, in allem, was er tat, in all seinen Schriften; auch wenn er ihr hinterrücks eins auswischt, kommt er doch immer wieder auf sie zurück. Es gibt bei ihm eine fast moralische Besessenheit vom Geschlecht, von der Möse. Das ist es, was ihn fasziniert, und er ist davon wie geblendet. Seine Abschweifungen, seine Gedankensysteme, seine Philosophie drehen sich unaufhörlich um diesen Punkt, wie um einen Nabel der Welt, zentriert auf die Spalte, aus der die ewige Folge der Generationen kommt.

Alles in allem setzte sich dieser Mann aus vielen Menschen zusammen, Menschen, die ganz anders waren als der Mann, den wir kannten!

GREFFULHE, Gräfin
1859–1952
Hauptvorbild der Madame de Guermantes von Proust

17. FEBRUAR 1890

Die Gräfin Greffulhe: was für eine vornehme Exzentrikerin! Fast kommt sie mir vor wie das Weibchen zu dem wunderlichen Kauz, der sich Montesquiou-Fezensac nennt. Man plauderte heute abend über eine Guttapercha-Büste von ihrem Rumpf, die der Bildhauer Franceschi modelliert hat, eine Büste, die ihr ermüdende Kleiderproben erspart und die sie in einem verschlossenen Zimmer aufbewahrt, damit die getreue Abbildung ihres Körpers nicht unter der Indiskretion profaner Blicke zu leiden habe.

25. APRIL 1891

Gestern bat mich die Gräfin Greffulhe, ihr am Abend einen Besuch abzustatten, da sie den Wunsch hege, ein bißchen mit mir allein zu plaudern.

Man führte mich hinauf in einen großen Salon mit vergoldeter Holztäfelung, dem die wunderschönen Möbel aus Beauvais mit ihren flirrenden Blumenbuketts auf cremefarbenem Grund eine heitere Note geben, ein Mobiliar, das aus einer unglaublichen Vielzahl von Stühlen, Sesseln, großen Kanapees und kleinen Plandersofas besteht. Bald erscheint die Gräfin in einer schwarzen dekolletierten Robe mit einer Art flatterndem Flügel hinter sich in dem taghell erleuchteten Raum; ihr ganz nach oben frisiertes Haar wird auf dem Kopf von einem hohen Kamm aus blondem Schildpatt überragt, dessen Krone aus Kugeln gleichsam einen heraldischen Kamm bildet. Hier, inmitten dieses Mobiliars aus einem anderen Jahrhundert, bekommen das feine Oval ihres bleichen Gesichts, ihre tiefen und sanften schwarzen Augen, ihre schlanke längliche Gestalt etwas Geisterhaftes, etwas wie die Erscheinung eines verführerischen und lächelnden Phantoms.

1. MÄRZ 1892

In ihrer liebenswürdigen Aufmerksamkeit, in ihren Geschenken hat die Gräfin Greffulhe wirklich etwas von der Hoheit großer Damen von einst. Als ich gestern nach Hause kam, fand ich eine geflochtene Schale mit zehn Kaninchen, welche zwischen drei Körben stand, die mit japanischen Stoffen drapiert waren: eine seltene Azalee, eine große Magnolie mit purpurroten Blüten und eine bizarre Orchidee.

GUILBERT, Yvette
1864–1944
Sängerin

28. JUNI 1893

Nein, schön ist sie nicht! Ein flaches Gesicht, eine Stülpnase, Augen von fadem Blau, leicht satanisch hochgezogene Augenbrauen, der Kopf umrankt von blondgefärbtem Haar, das wie Flachs aussieht, ein Oberkörper mit sehr tief ansetzenden Brüsten: Voilà, Yvette Guilbert!

Allerdings hat diese Frau mit der fiebrigen Lebhaftigkeit ihres Körpers und der Munterkeit ihrer Sprache etwas überaus Amüsantes. Sie kommt herein und beschreibt das berühmte *Rougon-Macquart*-Essen[16] im Bois de Boulogne; sie gibt ein Bild der diversen Kategorien *verblüffender* Frauen, die erschienen waren, von den grotesken Silhouetten der Redner, die das Wort ergriffen haben, von dem faselnden, aufgeregten Zola: ein so drollig ausgefallener Bericht, daß er in einer Zeitung den größten Erfolg gehabt hätte. Das Originelle an ihrer spöttischen Verve sind die Epitheta symbolistischer und dekadenter Dichter, mit denen sie ihre modernen Possen schmückt, archaische Ausdrücke, veraltete Verben wie *lustwandeln,* die sie wieder auffrischt: ein Mischmasch, ein Potpourri aus Pariser Redensarten der Stunde und der schnurrigen altertümlichen Sprache eines Panurge von Rabelais.

---

16 Großes Bankett am 21. Juni 1893 im *Chalet des Iles* anläßlich des Erscheinens von *Le Docteur Pascal,* des letzten der Rougon-Macquart-Romane von Zola.

Dieser Frau, die ein verarmter italienischer Prinz aus dem Schuhladen im Kaufhaus Printemps entführt hat, dem sie unverbrüchlich treu ist, dieser Frau fehlt im Grunde das Feuer der großen Künstlerin, aber sie hat den Ehrgeiz, einen Haufen Kohle zu machen – sie verdient über hunderttausend Franc im Jahr – und sich in zwei Jahren zurückzuziehen, »um sich selbst traurige Romanzen vorzusingen«, wie sie sagt.

30. SEPTEMBER 1893

»Was sie singt«, sagt Lorrain, »ist auf so traurige Weise schweinisch, daß es an obszöne Vespern erinnert, an ein Klagelied über Kaliumjodid[17] ... Ja, in ihrem weißen Kleid, mit den schwarzen Handschuhen, dem Kopf einer Verrückten nimmt sie sich aus wie ein närrisches Wesen, das sich in einer Ätherflasche verflüchtigt ...«

GUYS, Constantin
1802–1892
Zeichner

23. APRIL 1858

Bei Gavarni begegnen wir Guys, dem Zeichner der englischen *Illustration,* dem Meister der Tuschtechnik, der auf Bordellszenen versessen ist, dem moralischen Physiognomisten der Prostitution dieses Jahrhunderts.

---

17 Kaliumjodid wurde zur Behandlung der Syphilis verwendet.

Er ist ein erstaunlicher Mann, der sein Leben durch alle Höhen und Tiefen geschleift hat, den die Jagd nach dem Glück um die Welt trieb, der seine Gesundheit in allen Breiten und bei allen Liebschaften verstreute, ein Mann, der die Absteigequartiere von London, die Schlösser der *fashion*, die Spieltische in Deutschland, die Schlachtfelder in Griechenland, die Stammtische in Paris, die Redaktionsstuben der Zeitungen, die Schützengräben von Sebastopol, die Behandlung mit Quecksilber, die Pest, die Hunde im Orient, der Duelle, Huren, Gauner, Wüstlinge, Wucher, Armut, Spelunken und Elendsviertel hinter sich gebracht hat, Elendsviertel, in denen sich alle gescheiterten Existenzen wie in einem Meer tummeln, all diese Namenlosen und Barfüßigen, diese verkommenen und schauderhaften Typen, die niemals in einem Roman auftauchen.

Ein kleiner Mann, der alldem mit Energie entkommen ist, mit einer furchtbaren Energie hinter seinem grauen Schnurrbart; seltsam, abwechslungsreich, vielfältig, Stimme und Aussehen ändernd, sich vervielfachend und sich erneuernd, läßt er für eine Weile den alten Haudegen vergessen, den man vor sich hat, und schlüpft – von der eigenen Rede fortgerissen, mit seiner sich wandelnden Miene, die Maske wechselnd und abermals wechselnd – in alle Personen, die er schildert; so humpelt er die Straße entlang und stößt einen an, vom Wind geschoben, klappt er unaufhörlich mit einem Ruck seiner flachen trockenen, sehnigen Hand die Ärmel an seinen knochigen Armen zurück, weitschweifig und redselig, mit ausufernden Einschüben, im Zickzack von Gedanke zu Gedanke springend, entgleisend, sich verirrend und wieder fangend, unsere Aufmerksamkeit ständig in Schach haltend und uns allemal in Bann schlagend mit seiner eindringlichen, bildhaften Rede, deren Getümmel uns gleichsam wie auf einem Gemälde vor Augen steht. Eine wortreiche, einzigartig begnadete Beredsamkeit; sobald sich unsere Aufmerksamkeit zerstreut, klaubt er sie im Nu mit einem Bild aus der Gosse, mit einer Argot-Metapher wieder auf; dann wieder blitzt in dem schillernden Wirrwarr das große Wort eines Denkers deutscher Sprache auf; oder ein Gegenstand wird unversehens mit einem *terminus technicus* der Kunst erfaßt wie ein Flachrelief von Lord Elgin.

Und tausenderlei ist es, was er so heraufbeschwört bei dieser Promenade der Erinnerungen, die er von Zeit zu Zeit üppig mit Ironie spickt, mit Skizzen, Reminiszenzen, Landschaften, Gemälden, Profilen, Straßenansichten, Wegkreuzungen und Trottoirs, auf denen die Pantoffeln der *Tippelmädchen* klacken; Physiognomien von Städten, die von Kanonenkugeln durchlöchert sind, zerfetzt, geplündert, Feldlazarette, in denen es von Ratten wimmelt. Und dann, als Kehrseite davon – wie in einem Album, in dem auf der Rückseite einer Zeichnung von Decamps ein Gedanke von Balzac steht –, entschlüpfen dem Mund dieses Mannes soziale Schattenrisse, Aperçus über die französische und die englische Spezies, die ganz neuartig sind und noch in keinem Buch Schimmel angesetzt haben, eine vergleichende Philosophie über das Wesen der einzelnen Völker, Satiren von zwei Minuten, Pamphlete aus einem einzigen Wort.

Da ist das eroberte Janina und jener von Hunden aufgewühlte Bach, der zwischen den Beinen von Guys dahinfließt.

Nunmehr ist er Dembinski im blauen Hemd, der sein letztes Hemd verspielt, einen Louisdor auf den grünen Filz wirft, seinen letzten Louisdor, und ihn, ohne zu erbleichen, auf vierzigtausend Franc setzt.

Dann ein englisches Schloß, der Hochwald, die Jagd, dreimal täglich Garderobenwechsel und jeden Abend ein Ball:

das Leben eines Kaisers, geführt, dirigiert und bezahlt von einem gewissen Herrn Simpson oder Thompson. Oder die aufdringlich zur Schau gestellte Auslandsreise jenes Pariser Kaufmanns, dessen achtzehnjähriger Sohn die achtzehn Schiffe seines Vaters im Mittelmeer inspiziert von denen keines weniger als zweitausend Tonnen hat: »Eine Flotte«, sagt Guys, »wie selbst Ägypten sie nie gesehen hat.« Uns aber vergleicht er mit den Engländern: »Sind Sie je in London einem Franzosen begegnet, der müßig war, der nur da war, um Geld auszugeben und in aller Seelenruhe in einem schönen Wagen zu kutschieren? Ein Franzose reist, um sich von einem Liebeskummer abzulenken oder weil er Pech beim Spiel hatte oder weil er gemusterte Stoffe aus Rouen losschlagen will ... Aber einfach so, ein Franzose in einer Kalesche, ein Franzose, der weder Schauspieler noch Botschafter noch Koch ist, mit einer Frau, einer Frau, wie unsere Mutter oder unsere Schwester, einer Frau, die weder Hure noch Schauspielerin noch Schneiderin ist, das hat man noch nie erlebt!«

Dann kommt er mit einem Mal auf die Malerei zu sprechen, erzählt uns von Malern, redet über Landschaftsmaler, über jene zahllosen Darstellungen unbelebter Natur, über die Liebe zum Schmalzigen: »Den Italienern kommt überhaupt kein Verdienst zu! Sie lieben die Musik nicht, sie lieben die Pferde nicht – weil sie keine haben. Nur die Sonne, das Land und abermals das Schmalz!«

22. APRIL 1895

Ich habe heute die beiden Guys-Ausstellungen gesehen, die Ausstellung in der Rue Laffitte und die Ausstellung bei Petit.

Die zeitgenössische Kritik möchte aus ihm einen bedeutenden Mann machen. Aber nein, Guys ist ein plumper Zeichner und der schmuddeligste Kolorist der Welt.

In Wahrheit zeichnet er sich einzig und allein dadurch aus, daß er der Maler der gemeinen Hure ist, die mit tiefem Dekolleté und hochgezogenen Strümpfen auf dem Trottoir promeniert. Er hat das animalisch Aufreizende ihres Gesichts wiedergegeben, ihre Stirn, die fast unter der Last des gescheitelten Haars verschwindet, ihre laszive ungeschnürte Taille, das Schlingern der Hüften beim Gehen, das bauschige Hochraffen des Rocks, das Versinken der Hände in den Taschen der kleinen Schürze, das sich lösende Band zwischen Hut und Dutt, die Geilheit ihres Rückens und ihrer nackten Arme, umhüllt von weichen, schlaffen Stoffen – und all dies in grünlichen Wasserfarben, in Aquarelltönen aus dem Leichenschauhaus.

HERZEN, Alexander
1812–1870
Schriftsteller

8. FEBRUAR 1865

Bei Charles Edmond zum Abendessen mit Herzen. Eine sokratische Maske, das warme und durchsichtige Inkarnat der Porträts von Rubens, ein rotes Mal zwischen den beiden Augenbrauen, wie das Brandmal eines Brenneisens, Bart und Haar grau meliert. Er plaudert, und alle Augenblicke steigt ein ironisches Lachen in seiner Kehle auf und versinkt wieder. Die Stimme ist weich und schleppend, ohne eine Spur von Grobheit, die man bei dem mächtigen Nakken des Mannes erwarten könnte; seine Gedanken sind tief, einfühlsam, scharfsinnig, mitunter subtil, aber gleichwohl bestimmt, erhellt durch Worte, die auf sich warten lassen und sich doch immer glücklich in die Wendungen eines beachtlichen Geistes, eines französisch sprechenden Fremden fügen.

Er erzählt von Bakunin, von seinen elf Monaten im Kerker, in Ketten an eine Mauer geschmiedet, von seiner Flucht in Sibirien über den Amur, von seiner Rückreise über Kalifornien, seiner Ankunft in London, wo er, nachdem er Herzen verschwitzt umarmt und feucht abgeschmatzt hatte, als erstes sagte: »Gibt es hier Austern?«

Seiner Ansicht nach droht Russland der baldige Zerfall. Er sagt, der Zar Nikolaus sei nur ein Korporal gewesen, und er führt Züge von ihm an, die ihn in *unseren* Augen zu einem Helden der Autokratie, zu einem Märtyrer der Dienstvorschrift machen, diesen Zaren, von dem viele Leute behaupten, er habe sich nach dem Desaster des Krim-Kriegs vergiften lassen. Er schildert ihn uns, wie er nach der Eroberung von Eupatoria nachts im Palast umherwanderte mit dem steinernen Schritt, der ihm eigen war, dem Statuenschritt des Komturs; er ging auf einen Wachtposten zu und brüllte ihn an: »Auf die Knie!« Kniete ihm gegenüber selbst nieder und sagte zu ihm: »Beten wir für den Sieg!«

Über die Sitten in England, das er als ein Land der Freiheit liebt, führt er uns merkwürdige Anekdoten an. Ein Lakai, den Turgenjew im Haushalt der Viardots untergebracht hatte und den er fragte, warum er dort weggegangen sei, gab ihm diese schöne Antwort: »Das sind keine feinen Leute: nicht nur die Frau, sondern sogar der Gatte redet mit mir bei Tisch.« Dann die Geschichte, die einem seiner reichen englischen Freunde passiert ist, dem am nämlichen Tag der Kammerdiener, der Kutscher und der Groom kündigten. Er wendet sich an die Haushälterin, die zu ihm sagt: »Wäre nicht ein halbes Jahrhundert verstrichen, seit ich bei Ihnen bin, so wäre auch ich gegangen. Schauen Sie sich doch das Kuddelmuddel in der Küche an ...« Und sie führt ihn in einen ganz ordentlichen Raum: »Nun? Fällt Ihnen nichts auf? Dieser Tisch ist rund. Das bewirkt, daß sich bald der Kutscher, bald der Groom neben mich setzt; wohingegen an einem viereckigen Tisch der Kammerdiener immer am richtigen Platz, nämlich an meiner Seite, sitzen würde.« – »Das Schönste dabei ist«, sagte Herzen, »daß der Groom seinen Dienst quittiert hatte, weil er voraussah, daß in zwanzig oder fünfundzwanzig Jahren, wenn er selber Kammerdiener geworden wäre, ein anderer Groom den Platz usurpieren könnte, den er usurpierte.«

Und da wir versuchen, die Charaktere der beiden Völker, des englischen und des französischen, zu unterscheiden, sagt Herzen zu uns: »Hören Sie, es gibt einen Engländer, der hat das ziemlich gut resümiert: ›Die Franzosen erwärmen sich für kaltes Kalbfleisch, während wir eiskalt unser heißes Rindfleisch essen.‹«

HOPPE
?–1855
holländischer Bankier

11. MÄRZ 1860

Flaubert erzählte mir neulich dieses Bruchstück aus den »Memoiren« von Hoppe, die ein Notar verwahrt und die fünfzig Jahre nach seinem Tod veröffentlicht werden sollen, ein Bruchstück, das ihm der Notar erzählt hatte

Monsieur Hoppe begegnet in der Gesellschaft einer Frau, die er zu seiner Geliebten macht, die er jedoch nach Lust und Laune genießen möchte, wann immer es seine Zeit erlaubt. Seine Nachforschungen ergeben, daß sie die Gattin eines Obersten ist, eines verschuldeten Spielers. Schickt eine Kupplerin zum Oberst, die ihm die Sache verklickert, ihm sagt, daß Hoppe seine Frau liebe, seine Schulden bezahlen würde und ihm 50.000 Franc pro Jahr zur Verfügung stelle. Der Oberst setzt die Kupplerin an die Luft; acht Tage später schickt er seine schriftliche Zustimmung.

Hoppe verlangt eine Einladung vom Oberst, der ihn seiner Frau als einen Freund vorstellt. Hoppe vögelt und widmet seine Tage dem Oberst. Bangigkeit der Frau, die von dem Handel nichts weiß und die Eifersucht des Gatten fürchtet. Kurzum, eines Nachts, als Hoppe mit ihr im Bett liegt, langweilt sie ihn so sehr mit ihren Befürchtungen, daß er – nachdem er vergeblich versucht hatte, sie zu beschwichtigen – sie schließlich in alles einweiht. Die Frau glaubt es nicht. Hoppe klingelt, sagt dem Zimmermädchen, es solle dem Oberst ausrichten, er möge herunterkommen; fordert ihn auf: »Nicht wahr, Oberst? Es ist alles abgemacht, sagen Sie Madame, daß ich Ihnen soundso viel gegeben habe.«

Und da der Oberst, den brühwarmen Ehebruch vor Augen, zögert, streckt Hoppe seine Hand zum Nachttisch vor und hält ihm eine Brieftasche hin: »Da, nehmen Sie, das sind 500.000 Franc. Um bei Madame jeglichen Zweifel auszuräumen, werden Sie mir jetzt vor ihr den Schwanz lutschen.« Und der Oberst schluckte das.

Kein Gehirn eines römischen Imperators hat jemals einen derartigen Beweis menschlicher Erbärmlichkeit ersonnen noch die Schändlichkeit bis in solche Abgründe des Schmutzes durchwühlt. Man kann sich einen hohen Begriff von diesem Bankier machen, der das Geld zum zynischen Münzprüfer der äußersten menschlichen Niedertracht gemacht zu haben scheint. Dereinst werden wir uns einen Phantasie-Kaiser ausdenken müssen, der von der Neugier beseelt ist zu erfahren, wie weit die Geschmacklosigkeit des Menschen geht, indem er von jedem seiner Senatoren Infamie fordert und von seinen Staatsräten die Anbetung seiner Exkremente.

6. OKTOBER 1866

Eine Idee, die uns heute abend kam: ein Stück über einen jungen Hoppe, einen Aufschneider, der mit Geld Versuche bei Menschen anstellt; Staunen, daß sich in all dem Unrat auch ein wenig Lauterkeit findet.

HUGO, Victor
1802–1885

NOVEMBER 1870

Ich gehe Hugo einen Besuch abstatten, um ihm für den mitfühlenden Brief zu danken, den der erlauchte Meister mir anläßlich des Todes meines Bruders zu schreiben geruhte.

Er wohnt in der Avenue Frochot – bei Meurice, glaube ich. Man läßt mich in einem Eßzimmer warten, wo in dem Trödel an Glaswaren und Porzellan die Überbleibsel eines aufgetragenen Essens herumliegen. Ich werde in einen kleinen Salon geführt, dessen Decke und Wände mit alten Tapeten bespannt sind.

Seitlich des Kamins zwei Frauen in Schwarz, deren Züge man im Gegenlicht nur verschwommen wahrnimmt. Um den halb auf dem Diwan liegenden Dichter Freunde, unter denen ich Vacquerie erkenne. In einer Ecke läßt der fette Sohn von Victor Hugo in der Uniform der Garde Nationale ein kleines Kind mit blondem Haar und kirschrotem Gürtel, von Damen umringt, auf einem Schemel spielen.

Nachdem er mir die Hand gegeben hat, nimmt Hugo wieder vor dem Kamin Platz. Im Halbschatten des Mobiliars aus altem Plunder, in diesem Herbstlicht, das durch die alt gewordenen Farben der Wände noch düsterer wirkt und sich von den Schwaden der Zigarren bläulich färbt, inmitten dieses Dekors aus einer anderen Zeit, in der alles ein wenig verschwommen und unbestimmt ist – die Dinge wie die Menschen –, findet Hugos Kopf im vollen Licht seinen angemessenen Rahmen und fällt prächtig in die Augen. Sein Haar ist von schönen weißen widerspenstigen Strähnen in der Art der Propheten von Michelangelo durchzogen; und sein Gesicht strahlt eine seltsame, fast verzückte Sanftmut aus. Ja, eine Verzückung, in der jedoch von Zeit zu Zeit das schwarze Erwachen des Auges eine Färbung annimmt, die, wie mir scheint, ich weiß nicht welchem Ausdruck böser List entspricht.

Hugo zeigte sich bei diesem Besuch als liebenswürdiger, einfacher, guter Kerl, der nicht im mindesten sibyllinisch ist noch ein *Verfüger von Worten*.

Man ist ihm dankbar für seine Höflichkeit, die etwas kühl ist, etwas junkerhaft, der man aber in diesen Zeiten banaler Ergüsse gern begegnet, heute, wo man von den großen Zelebritäten gleich bei der ersten Zusammenkunft mit einem »Sieh an, du bist's, alter Freund!« empfangen wird.

17. MAI 1871

Kuriose Details über Hugos jüngsten Aufenthalt in Paris, die von Madame Meurice kommen. Hugo ist der Typ des Sechzigjährigen, der von heftigem Priapismus befallen ist, ein wirklicher Hulot von Balzac. Jeden Abend gegen zehn Uhr verließ er das Hotel Rohan, wo er Juliette einschloß unter dem Vorwand, er gehe seine Enkelkinder hüten; und so kehrte er zum Hause Meurice zurück, wo ihn bis zu drei Frauen erwarteten, an denen sich die aufgescheuchten Mieter im Treppenhaus stießen. Diese Frauen gehörten den verschiedensten Klassen an, von den erlauchtesten bis zu den allerschmutzigsten. Und durch das Fenster im Erdgeschoß, in dem Zimmer, das Hugo sich ausgesucht hatte, sah das Dienstmädchen von Madame Meurice, wenn sie morgens oder abends im Garten herumstrich, nackte Partien seltsamer Priapfeste. Das scheint Hugos Hauptbeschäftigung während der Belagerung gewesen zu sein.

HUYSMANS, Joris-Karl
1848–1907

23. JANUAR 1884

Zola zeichnet ein kurioses Porträt von Huysmans, bei dem von den Familienpflichten bis zur Reinschrift und Durchsicht der Manuskripte alles streng geregelt ist, festgesetzt für einen im voraus fixierten Zeitpunkt, alles ist sozusagen *bürokratisiert*.

9. OKTOBER 1889

Poictevin hat gerade eine zehntägige Reise mit Huysmans in die Bretagne unternommen, der sich, wie mir scheint, damit vergnügt hat, ihn auf haarsträubende Weise zu foppen; er suchte in den Latrinen ich weiß nicht welchen Schlosses nach den Gebeinen kleiner Kinder, die Gilles de Rais erwürgte, und hob in Ermanglung der Gebeine das *Caecum* eines Priesters auf dem Friedhof eines alten Klosters auf, um es seinem Andenken-Beinhaus einzuverleiben.

15. MÄRZ 1891

Man plaudert im *Grenier* über Huysmans, der sich für krank hält; er ist beunruhigt von einer Art frigider Berührungen an seinem Gesicht entlang; er fühlt sich von etwas Unsichtbarem umgeben – eine Ahnung, die ihn nahezu ängstigt. Sollte er etwa zufällig das Opfer jenes *Sukkubats* sein, das er gerade in seinem Roman beschreibt? Außerdem peinigt ihn insgeheim, daß seine Katze, die auf seinem Bett zu schlafen pflegte, nicht mehr hinaufspringt, ihren Herrn zu fliehen scheint.

Der Domherr von Lyon, der ihm Auskünfte über die *Schwarze Messe* gab, hat ihm geschrieben, daß ihm solche Dinge widerfahren würden, und meldet ihm täglich, was am nächsten Tag folgen wird, begleitet von anti-satanischen Verordnungen, um sich davor zu schützen.

Lorrain, der diese Details über Huysmans zum Besten gab, behauptete, der Autor von *La-Bas* trage jetzt ein Skapulier, das eine blutgetränkte Hostie enthalte, die ihm der besagte Domherr zukommen ließ.

15. APRIL 1894

Man beklagt sich darüber, daß man Huysmans nicht mehr sieht, und bestätigt die Sonderbarkeit seiner Person; Raffaelli macht auf seine kärgliche, verkrampfte Miene, auf seine manischen Gebärden aufmerksam. Er sagt, daß er ihn dieser Tage auf der Straße gesehen habe, wie er auf eine ganz eigenartige Weise seinen Schirm schloß und danach – halb wie ein Priester, halb wie ein Irrer – an seinem oberen Brustkorb eine kleine Friktion mit den Händen vornahm. Dann ließ er sich über die Krümmung seines Handgelenks aus und über seinen Gang, der nicht dem üblichen Ausschreiten entspricht, sondern wirkt, als würden seine Schritte von Ketten behindert.

JACQUEMIN, Jeanne
1863–1938
Malerin

8. JULI 1893

Zu Besuch bei Lorrain sah ich neulich im Vorbeigehen Madame Jacquemin, und sie schien mir von einer ganz und gar raffinierten Lieblichkeit.

Als ich heute auf die Malerin zurückkam – ich sprach von dem Blau ihrer Augen, einem grünlichen Meerblau, von ihrer mystischen Stirn und ihrem sinnlichen Mund, der den Kontrast dazu bildet, kurzum: von der oberen Partie ihres seraphischen Kopfes und der unteren bacchantischen ihres Gesichts –, da erzählte mir Lorrain ihre Geschichte.

Sie sei von ihrem Vormund unter ganz ähnlichen Umständen vergewaltigt worden wie in der naturalistischen Anekdote von Manet.[18] Dann habe sie einen Musterzeichner geheiratet, einen Alkoholiker, der sie – mit der Ausschmükkung eines Schlosses im Süden beauftragt –, bewußtlos, wie er war, der züchtigen Pflege von Léonide Leblanc anvertraute. Das habe Cazin alarmiert, der ihren Vater gekannt hatte; entsetzt über die spießige Pension, die der Dekorateur für seine Frau ausgesucht hatte, sei er in das Landhaus von Léonide in Meudon gekommen, um sie von ihr zurückzufordern, von Léonide, die ihm 1600 Franc für die zwei Monate

---

[18] Manet erzählte heute abend bei Nittis einen schönen Anfang für einen realistischen Roman. Ein Mädchen, das ihm Modell steht, hat ihm erzählt, daß man ihr mit dreizehn Jahren, als sie ihre Großmutter verloren hatte, auftrug, in den einzigen Trauerwagen mit einem alten Verwandten zu steigen, und daß sie dieser Alte auf dem Weg zum Friedhof entjungferte.

abverlangte, die sie bei ihr in Pension verbracht hatte. Nachdem sie glücklich wieder herausgefischt worden war, habe sie einige Dichter als Liebhaber gehabt und lebe jetzt mit einem Stecher, dessen *Süppchen* der Gatte bezahle, der jeden Sonntag zum Abendessen komme

Man könnte eine Novelle à la Poe über diese Frau schreiben, eine Frau mit verführerischem Kopf und einem Körper, aus dem man alle weiblichen Organe entfernt hat, einem leeren Körper, wie ein zum Pökeln ausgenommener Fisch.

KANN, Madame, geb. Marie Warchawska
mondäne Freundin von Maupassant

7. DEZEMBER 1885

Madame Kann sitzt lässig auf einem Kanapee, mit ihren großen umrandeten Augen, den schmachtenden Augen einer Brünetten, ihrem Teerosen-Teint, ihrem Schönheitsfleck auf einer Wange, ihrem hochgezogenen Spöttermund, ihrem Ausschnitt mit der weißen Brust einer Lymphatikerin, ihren trägen, gebrochenen Gebärden, in die sich für Augenblicke etwas Fiebriges schleicht. Der Zauber dieser Frau ist in ganz einzigartiger Weise welk und ironisch zugleich, hinzu kommt noch das besonders Verführerische der Russinnen: die intellektuelle Perversität der Augen und das unbefangene Gezwitscher ihrer Stimme. Dann und wann wird die zarte Person mit der schmachtenden Anmut von einem kleinen trockenen Husten geschüttelt.

Sie spricht wirklich sehr die amouröse Wißbegierde an, diese Frau; und dennoch – selbst wenn ich noch jung wäre und noch auf Liebe aus –, ich würde mich mit ihrem Kokettieren begnügen: wenn sie sich mir hingeben würde, käme es mir vor, als tränke ich auf ihren Lippen etwas vom Tod. In manchen Augenblicken zieht sie ihre Arme so eng an sich, daß ich an einen geknebelten Leib in einem Sarg denken muß.

LABICHE, Eugène
1815–1888

12. FEBRUAR 1874

Bei Prinzessin Mathilde.
Der Autor des *Chapeau de Paille d'Italie* ist ein großer, schwerer, fetter, unbehaarter Mann, dessen sinnlich-schwellende Nase etwas wie das Trugbild der Fratze des Hyacinthus über sein sanftmütiges fleischiges Gesicht legt. Besagter Labiche macht komische Sprüche, Witze, über die man lacht und die er mit unerbittlichem Ernst, ja dem fast grausamen Ernst der Komiker des 19. Jahrhunderts, von sich gibt. Ansonsten muß man zugeben, daß er mit größtem Erfolg von seiner Ernennung zum Bürgermeister erzählte – anscheinend ist er Bürgermeister eines Ortes in der Sologne; und zwar wurde er ernannt, nachdem er seinem Präfekten berichtet hatte, daß er der einzige Mann seiner Gemeinde sei, der sich in ein Taschentuch schneuze.

LAGIER, Suzanne
1833–1893
Schauspielerin

1854

Die Lagier. Lorsay schläft mit ihr. »Ich lang dir eine, wenn du nicht machst, daß es mir kommt.« Um drei Uhr sagt sie zu ihm: »Und jetzt verschwinde. Schlafende Männer sind abscheulich. Ich brauchte nur morgen früh vor dir aufzuwachen, dann würde ich dich schnarchen oder eine Grimasse schneiden sehen. Und außerdem stinken Männer morgens aus dem Mund. Zwar stinke ich auch, aber selber riecht man das nicht.« Zwei Tage später kehrt er auf eine Verdauungsvisite zu ihr zurück. Sieht einen Kopf zwischen den Beinen der Frau und weiß nicht, ist es ein Mann, ein Hund oder ein Weib? Sie erhebt sich. Es war ein Mann. Nimmt den Mann bei der Hand und sagt zu Lorsay: »Darf ich dir meinen Geliebten vorstellen? Da ihr nun Brüder-im-Loch seid, müßt ihr euch auch kennenlernen.« Gibt ihnen ihre Personalien an, Vorname, Name, Merkmale usw.

Wenige Tage später sagt die Lagier zu Lorsay: »Ein verdammt hübscher Kerl, der junge Mann von neulich ...« – »Ja.« – »Und außerdem sehr vornehm, mit Manieren ...« – »Ja.« – »Und intelligent!« – »Ja.« – »Er ist Zuhälter!« – »Ach? Ach so! Na, du mußt ja eine schöne Meinung von mir haben, da ich es nicht bin.« – »Du? Du bist nicht hübsch, hast keinen Schneid, sonst würdest du von deiner Jugend profitieren.«

Sieht Lafontaine im Gymnase[19] und sagt zu Lorsay: »Auch

---

19 Theater.

wenn er ein Schwachkopf ist, ich will ihn mir *verpassen*.«
Schreibt ihm eine Liebeserklärung.

»Ich bin nämlich keine Krämerin wie Madame Doche. Das ist eine Frau mit festen Preisen. Ihre Wade, ihr Schenkel, ihr *Moos*, die nicht vorhandenen Titten, alles ist mit Preisschildchen versehen. Ich könnte nicht einmal Backpflaumen verkaufen, wie käme ich dazu, meine Semmel zu verhökern?«

Dieser Tage schrieb eine Frau beim Nachtmahl dem Mann, der sie aushält: »Ich habe Lust zuzusehen, wie Pianori guillotiniert wird. Dazu müßte ich um vier Uhr aufstehn; das ist mir nicht möglich ... Rechne also nicht mit mir.« Lorsay begleitet sie am Morgen nach dem Nachtmahl. In dem Augenblick, in dem der zum Tode Verurteilte auf der Guillotine erscheint, ruft sie aus: »Oh, wie wohl es mir täte, mir den Pianori *zu verpassen!*«

Sagt zu Lorsay: »Mit dem Soundso würde ich zu gerne schlafen.« – »Na und was ist mit mir?« – »Ach du! Du bist Nebensache!«

Das Dienstmädchen der Lagier: »Madame ist ein Mann, dem er immer steht ... Madame macht Worte, aber kein Geschäft!«

Lagier zu Lorsay: »Gehst du oft ins Bordell?« – »Hm, na ja, so ...« – »Ich schon! Mir macht das Spaß ...«

18. APRIL 1858

Abendessen bei Uchard. Wir sind zu elft. Als einzige Frau: die Lagier, eine dicke Mama mit dröhnender Stimme vom Typ eines braven neufundländischen Hundes, die ihren Arsch wie eine abgegriffene Münze reihum gehen läßt.

22. DEZEMBER 1859

Plötzlich bricht aus dem anfänglichen Stimmengewirr die Ausgelassenheit und der Witz der Lagier hervor, die, berauscht von zwei Glas Wasser und der Nähe frischen Fleisches, das ich darstelle, sich über den Knoten einer Vierzigjährigen beklagt, der bei ihr schon mit achtundzwanzig Jahren am Hals entsteht; fällt über Scholl her, den sie zum Rubempré von Bordeaux ernennt; zerpflückt die Doche; äfft die Duverger nach; mimt eine schweinische Szene; stellt die Männer bloß, die sie kannte; erzählt, daß Séjour wütend sei, weil er sie in der Gondel, in der sie auf die Bühne gezogen wird, Wurst essen sah; redet von *Fummeltrinen,* wie sie eine sei; sagt, daß sie froh sei, wenn sie mal zehn Franc in der Tasche habe, sie, die achthunderttausend verpraßt habe; erzählt von der Nacht, die sie – durch ein Laken getrennt – mit Marchal verbrachte; vergleicht einen von uns beiden mit einem dieser hübschen Zeichenlehrer irgendeines Pensionats, den sie einen »Haarspalter der Mädchenschlafsäle« nennt; duzt alle Welt und schließt mit folgendem frommen Bekenntnis über ihre Ehe mit Sari: »Sie haben vollkommen recht, meine Liebe! Wenn's hoch kommt, hatten Sie zwei Liebhaber. Ich hingegen hundert, hundertfünfzig, was weiß ich! Um mich zu lieben, hätte ein Mann mir zuviel vorzuwerfen ... Er aber läßt mir meine Freiheit, er macht Seitensprünge, erlaubt mir, ihm ebenfalls Hörner aufzusetzen, solange ich es nicht gegen Bezahlung tue. Er kommt für meine Verpflegung, meine Wäsche, meinen Unterhalt auf. Was will ich mehr? Die sechstausend Franc, die ich verdiene, sind für meine Mutter ... Aber selbst wenn ich hunderttausend Franc hätte, gäbe ich sie im Handumdrehn für Nippes aus. Sie sehen, ich bin wie ein Mann. Na ja, wir sind sehr glücklich! Diese ganzen Männerpossen sind ja doch bloß lästig ...«

Und all das sagt sie mit ihrem guten dicken, milchigen und sanften Gesicht, dem ein Männerkragen über einer weißen Krawatte so gut steht, und mit diesen großen Augen, die zugleich schmeichelnd und gescheit, zärtlich und ironisch blicken, wie auch ihr Lächeln von Witz und liebenswürdiger Offenheit zeugt. Und das Mundwerk! Sie rührt in allen Argot-Töpfen, verschwenderisch mit grellen Farben, ihre Schlagfertigkeit ist unerschöpflich, Anekdoten wie von Rabelais gepökelt, ein unverhohlener Zynismus, der so ungebändigt daherkommt, daß er einem nicht zuwider ist, ganz unverhüllt dargebotene strahlende Mädchenlaunen. Keine zeitgenössische Komödie kann da mithalten, keine Belustigung ist so amüsant wie diese ulkige Nudel, dieses vergnügliche Großmaul, gleichsam der schönste Gang eines Nachtmahls, eine Frau, die man wie eine Mätresse der Regence auf einem Kressebett servieren sollte.

31. MÄRZ 1861

Mittagessen bei Flaubert mit dem seltsamen Paar Sari und Lagier.
Ein hübscher Scherz der Lagier über eine Frau mit üblem Mundgeruch: »Man stopft ihr das Maul ...«

An das Thema der Gerüche schließt sich eine lange Erörterung über den Geruch im Theater an, in dessen betörendem Aroma die flüchtigen Bestandteile des Holzgeruchs der Beleuchtungsrahmen, des Staubgeruchs der Kulissen und des Geruchs der Leimfarben sich mischen. Dann plaudert man von den Schwaden, die im Theater aufsteigen, wenn sich der Vorhang hebt, von dieser ganzen Atmosphäre einer künstlichen Welt, in der alles dazu angetan ist, eine Benommenheit zu erzeugen, die die Schauspielerin hinter dem Vorhang aus vollen Nüstern wiehern läßt, wenn sie auf die Bühne zurückkehrt.

Die Lagier erzählt von den Loddeln, die man in der Reine Blanche[20] mit Salatschüsseln voll Glühwein anmacht.

Wenn die Lagier sich gekämmt und frisiert hat, sagt sie nicht: »Ich bin fertig«, sondern: »Auf zur Attacke!«

30. MAI 1861

Ein sublimer Scherz der Lagier. Ein Fräulein Defodon von ich weiß nicht welchem Theater war dabei, sich den Hintern an einem Ofen für Schauspieler zu wärmen, indem sie ihr Kleid hochraffte. Sagt die Lagier zu ihr: »Wenn es für mich ist, dann bitte nicht zu durch!«

1. DEZEMBER 1861

Wir betreten die Loge, in der sich die Lagier ankleidet. Im Hintergrund sitzen zwei Männer, anrüchige Gestalten, deren rötliche Ausstattung das Anrüchige noch unterstreicht. Vor dem Spiegel mit zwei Lampen steht die Lagier in langen Unterhosen, mit nackten Armen – ihre Unterarme sind so dick wie die einer algerischen Jüdin – und schüttet Reispuder auf die Fettpolster, die überall hervorquellen. Die große magere Garderobiere mit den verschwommenen Gesichtszügen belgischer Köpfe, einem Teint wie Braunbier mit Spucke und einem herabhängenden Lästermaul setzt

---

[20] Populärer Tanzsaal.

ihr eine Louis-XV.-Perücke auf und hüllt sie in das Kostüm eines Louis-XV.-Kavaliers: man könnte glauben, der leibhaftigen Hektik zuzusehen, wie sie der Elefantiasis persönlich ins Kleid hilft.

20. FEBRUAR 1862

Herein tritt eine verschleierte Frau in Trauer, die Flaubert uns mitbringt. Es ist die Lagier, die vor kurzem ihre Mutter verloren hat, von der sie uns zwei Stunden lang erzählt – und von ihrer Möse, über die sie immer noch zu Gunsten von nicht wenigen verfügt. Ihre Mutter oder ihre Möse, ihre Möse oder ihre Mutter, ihre Mutter oder ihre Möse: so oszilliert ihre Rede zwischen Rührendem und Schweinischem. Eine unerhörte Profanierung ... In der Antike sammelte man seine Tränen in einer Glasflasche, die Lagier scheint um ihre Mutter in ein Kondom zu weinen.

23. MÄRZ 1862

Die Lagier spielt in *La Tour de Nesle*[21]. Wir erreichen die Kulissen über total verpestete Korridore, verrußte, von brennendem Petroleum verqualmte Gänge. Es riecht nach Funzeln, Staub, Wärme, Fett und Kleister, eine Menge Gerüche, an denen Flaubert sich berauscht. Die Lagier ist auf der Bühne. Durch eine Tür sehen wir die Tänzerinnen vorbeidefilieren. Eine von ihnen schreit in ihrem Zigeunerkostüm, indem sie die Stimme eines Zeitungsverkäufers nachahmt, der die

---

21 Ein Zugstück von Dumas.

Neuigkeit des Tages verkündet: »Vormarsch und Rangordnung des Festochsen, die Ortschaften, durch die er zieht ...«

Dann gehen wir runter auf die Bühne, entlang der Kulissenstützen, die über und über mit alten Plakaten bedeckt sind, unter ausgeschnittenen, von hinten erleuchteten Himmeln, hinter den Rücken der guten Bürger und Bürgerinnen des Mittelalters, die – als seitliches Dekor der Bühne – auf einem Podest stehen.

Die Lagier kommt von ihrem Auftritt in einem prächtigen Kostüm als Margarete von Burgund zurück, schleppt ihr Fett und ihre Hoheit, trägt ihren Busen und ihren Rock. Nun macht sie sich ans Entkleiden. »Muß man das wegräumen?« fragt ihre Zofe, eine kleine Engländerin, die sie Ketty nennt und die wie eine Maus trippelt, ohne auf mich zu treten – ich sitze nämlich auf dem Fußboden. Kanapee und Stühle quellen über von Kostümfetzen, den Fähnchen der Königswürde und Spannkraft der Lagier, die ihre Eingeweide ausbreitet und ihren Arsch. »Das ist mir scheißegal«, antwortet die Lagier.

Da ist sie im Hemd, sodann im schlichten Korsett. Sie läßt ihre Achselhöhlen – eine Bärenfellmütze – reihum gehen, setzt sich auf meinen Schoß und verpaßt mir *Zungen:* »Ich finde dich kalt ...« Zündet sich eine Zigarette an, setzt sich rittlings auf einen Stuhl, zeigt ihr vom Rheumatismus geschwollenes Knie und verkündet: »Ah! Was gäbe ich darum, wenn ich jemanden lieben könnte! Ich würde mir so gern mit der Hand durchs Haar fahren und mir sagen: ›Ich liebe!‹ Aber wie könnte ich mir das sagen, wenn ich mich im Spiegel betrachte, ohne daß mein Bewußtsein mir ins eigene Gesicht lacht!«

Sie sagt das, indem sie sich mal am einen, mal am andern reibt: »Ich hätte heulen können, so eine Lust hatte ich heute, eine Nummer zu schieben. Dreimal hab' ich gewichst, mich meiner rechten Hand bedient, damit sie meine linke führt.« Und sie geht vom einen zum andern, wirft sich wieder auf Edmond, den sie »einen großen Angelutschten« nennt, auf Flaubert, auf mich, zu dem sie sagt: »Du bist einer, der in irgendwelchen Ecken eine Frau aus der lymphatischen Welt fickt.« Nach diesen Pasiphae-Avancen wirft sie uns schließlich hin: »Aha, sieh mal einer an! Ihr seid euch wohl alle drei zu fesch! ... Kannst mir trotzdem glauben, heute Nacht würde sich's lohnen. Es wär die beste Nummer, die du je geschoben hättest ...«

Stellen Sie sich Susanne zwischen den drei Greisen vor; oder besser noch: eine zynische Schmierenkomödiantin, eine Art hysterische Kuh, der die Begierden durch die Rolle der Margarete von Burgund vom Arsch in den Kopf gestiegen sind, die sich mit etwas frischem Fleisch belohnen will, mit einer Tour-de-Nesle-Imitation, indem sie – entflammt durch die Prosa Dumas' – mit Tiraden und Augengefunkel, als wüste Verkörperung der Person, die sie eben spielte, nach Männern verlangt! Etwas Grauenvolles, Abstoßendes und Eisiges! Sie nahm sich aus wie eine Menschenfresserin auf dem Strich ...

6. APRIL 1862

Mittagessen bei Flaubert. Die Lagier erzählt von ihrer Liebschaft mit dem Bankier und Abgeordneten des *Corps législatif* Koenigswarter, die in der Eisenbahn auf der Strecke von Paris nach Ville d'Avray ihren Anfang nahm. In Versailles ging sie mit einer Menge Offizieren ins Bett. Sie machte sich ein Vergnügen daraus, die Früchte anzuknabbern und zur Hälfte aufzuessen, die der Ehemann für seine Gattin in Körben mitbrachte, so daß er gezwungen war, sie wegzuschmeißen, bevor er nach Hause kam.

Da sie dieser Tage nach Lille fährt, wollte sie gleich wissen, ob das eine Garnisonstadt ist. Sie liebt die Offiziere. Zum einen als Frau, wegen der Uniform; zum andern als Dirne, die die Offiziere, weil sie allein sind, ernst nehmen. Außerdem haben Offiziere für sie noch folgenden Reiz: sie haben immer Kekse, Schokolade von Menier, einen Morgenrock mit Rückenklappen und bestickte Pantoffeln im Schrank. Und dazu noch die Aufmerksamkeiten: einer hatte für sie immer Kosmetik von Lubin, an die sie sich gewöhnt hatte. Dann die Zerstreuungen: »Laß uns runtergehen und nach Cocotte schauen.« Das ist das Pferd. »Gehen wir, mein Täubchen ... Hier, du kannst ihr ohne weiteres ein Stück Zukker geben ... François, man wird sich um dieses Pferd hier kümmern müssen, das Stroh wegräumen. Und außerdem reißen sie sich wirklich die Beine für dich aus! ... Ich bin für Phoebus!«

Zu Flaubert: »Du bist der Abfallkorb meines Herzens, ich vertraue dir alles an ... Wird jetzt gegessen? Einen Appetit habe ich, der könnte einen achtzehnjährigen Jüngling desillusionieren ... Na ja, Schwamm drüber! Du weißt schon, die Liebe, wenn man jung ist ... man legt getrocknete Blumen in ein Buch, Lesezeichen aus Blättern, die man in Tälern gepflückt hat ...«

11. JUNI 1862

Wie ich nach Hause komme, höre ich – das Dachfenster meiner Wohnung liegt gegenüber dem Appartement der Lagier –, wie sie Sari mit der Stimme und den Worten einer abgelebten Winkelhure hinter einem Holzstapel eine Eifersuchtsszene macht. In dem Streit entschlüpft ihr ein Satz über ihre Rivalin. Es war einer dieser Sätze, in denen sich der ganze Abgrund solch geschäftlicher Bindungen auftut: »Das ist eine Frau, die dir in keinster Weise von Nutzen sein kann.«

23. NOVEMBER 1862

Bei Flaubert. Die Lagier wird monströs. Sie sieht aus wie jemand, der unter seinem Kleid drei Riesenkürbisse durch den Zoll schmuggeln will: ihre beiden Titten und ihren Bauch. Sie erläutert uns ihre transzendentalen Theorien über die Lust. Ihr zufolge kann eine Frau die Lust nur mit Menschen niedrigeren Standes genießen, denn mit einem anständigen Mann bleibe immer ein Rest von Schamhaftigkeit, das Bedachtsein der eigenen Pose, die Besorgnis um die Lust des *Partners*. Das alles geniere, mache befangen, beunruhige und störe, wohingegen man einem Schuft, einem Nichtsnutz, das Vögeln so unbeschwert anschaffe wie das Holzspalten. Er ist ein Werkzeug, ein Godemiché auf zwei Beinen. So erklärt sich die Liebe von ihresgleichen für den Schmierenkomödianten, den Mann, den man hinterher abfertigt, wie man ein Bidet leert, indem man sagt: »Na mach schon, zieh Leine!«

Über die lesbische Liebe gibt sie wenig preis. Sie sagt uns nur, daß sie die Frauen liebe, um in den verschiedenen Vierteln von Paris auf ihre Kosten zu kommen, wenn Not am Mann ist; und da wir nicht locker lassen, verrät sie uns, daß die Lust der Frauen mit den Frauen daher rühre, daß sie so ungeniert miteinander seien, daß es unter Lesbierinnen eine Freiheit des Umgangs gäbe, die derjenigen der Männer ungefähr vergleichbar sei, wenn sie etwa voreinander furzen.

22. FEBRUAR 1863

Die Lagier bei Flaubert, das heißt: eine zotige Plauderei über die skatologische Ästhetik. Von Schauspielerinnen mit unpäßlichem Leib ist die Rede, von Pißnelken, Kackspechten, *Diarrhösinnen*, Frauen, die *ihr Gemüse verlieren*, wie sie sich ausdrückt. George, Rachel und Plessy sind die drei Glorreichen dieser Kategorie.

Dann wühlt man im Dreck von Frédérick, bei dem sich die Unflätigkeit mit der Tücke des Irren verbindet – er spült sich den Mund mit Wein und spuckt ihn wieder aus, sobald er ihn nicht mehr halten kann; hat immer eine Flasche Bordeaux in der Tasche; ein Schauspieler der Rülpser und Fürze; spuckt auf alles, auf seine weißen Satinkostüme ... Er hatte einen Diener, ein Leporello namens Victor, stets so besoffen wie sein Herr, der eines Tages zur Lagier, die auf Frédérick wartete, diese hübschen Säuferworte sagte: »Dieses Pendel soll mir als Giftspritze dienen, wenn Monsieur nicht bald kommt!«

Diese Frau ist mit allem in Berührung gekommen, was es in Paris an Schmutzigem, Zwielichtigem, Anrüchigem und Grausigem gibt. Ihr heimliches Reich ist ein tiefer Morast. So verkehrt sie mit einem Päderasten namens André, der als Strichjunge während seiner Saison der Opernbälle 1800 Franc verdient. Und sie erzählt uns, wie sich diese Männer einen Busen zum Befummeln basteln: sie nehmen Kalbslunge, kochen sie und schneiden sie als Brüste zurecht. Neulich abends war André wütend: »*Un putain* de chat«[22], wie er sich in seinem deutsch-französischen Dialekt

---

22 Wörtlich: *ein* Hure von einer Katze.

ausdrückte, hatte ihm eine Brust aufgefressen, die er in der Dachrinne seiner Mansarde abkühlen ließ.

Man redet übers Theater, und die Lagier definiert es ganz unverblümt mit einem Wort: »Es ist der Absinth des Bordells.«

27. FEBRUAR 1863

Suzanne Lagier gibt in ihrer neuen Wohnung in der Rue Saint-Georges ein Abendessen für Flaubert, Saint-Victor, Cavé, Sari, Gautier und uns. Die Wohnung befindet sich in einem Haus für ausgehaltene Frauen, in dem sich auf jedem Treppenflur Tür an Tür reiht – ganz wie ein *Kolumbarium* der Prostitution.

Die Einrichtung der Lagier: das Mobiliar zeugt von einem Geschmack, den man »Dirnen-Renaissance« nennen könnte, ein Henri II. des Bordells, das Schloß von Blois in einem Bidet.

Diese Dirne, die sich zum Elefanten, zur schönen Austernhändlerin entwickelt, ist immer voll Verve und spricht diese drastische Sprache, die wie Loddel-Rabelais klingt. Über den Hals von Nestor Roqueplan sagt sie: »Dein Hals ist von einer Seidigkeit! Wie Satin um achtzehn Franc. Mein Arsch kommt nur auf vierzehn!«

Auf dem Kamin stehen die typischen Frauen- und Boudoirkerzen, durchscheinende Kerzen von einer fast rosigen Transparenz, englische Kerzen, gemacht, um vor dem Laster und der Ausschweifung zu brennen.

Das Essen serviert uns ein kleines Dienstmädchen, eine echte Eingeborene der fernen Philippinen. Eine flatternde Haube krönt ihr Haar, sie ist geschminkt und alterslos. Aus der Nähe hat sie ein faltiges Gesicht, wie ein alter Affe oder ein kleiner Groom.

25. MÄRZ 1863

Eben sah ich in einem der letzten Akte[23] die Lagier als Statue mit Leichenfalten, die Hände auf einem Grab ineinandergefügt, in der Haltung der totenhaften Gestalten flämischer Kunst. Beim Hinuntergehen höre ich auf der Treppe eine Frau mit heiserer Stimme einen Rüpel anschnauzen, der ihr aufs Kleid getreten ist. Das ist sie! So geht's im Theater.

19. APRIL 1863

Vor dem Abendessen begegne ich der Lagier – Sainte-Beuve hat es mir aufgehalst, sie zum Essen einzuladen. Sie ist ohne Theaterengagement, in der düsteren Stimmung einer Dirne, die kein Geschäft macht und das Gefühl hat, allmählich zu abgehangen für die Liebe zu sein; verschlampt, im weißen Morgenrock, sagt sie zu mir: »Ich hätte Lust, nach Turin zu gehen ... ich könnte es vielleicht dem König machen!«

2. MAI 1863

Mit Sainte-Beuve und Gavarni im Vefour.
Endlich erscheint sie mit schwarzem Schleier, einer roten Piquérose im Haar und in einem schwarzen Kleid: dieser Kampfanzug gibt ihr das Aussehen einer Elefantiasis, die Bolero tanzen geht.

Ständig diese deftige Sprache, die Gosse an ihrer Quelle, das ist die Lagier. Von einer ihrer Freundinnen, mit der sie

---

23 *Don Juan de Maraña* von Dumas.

es treibt, sagt sie: »Ihre Nase ist bei meiner Möse in Pension!« Von ihren sechs treuen und besonnenen Jahren mit Sari sprechend, sagt sie: »Sari ist vor allem ein Mann! Einer, wie die Strolche sagen, der es wert ist, daß man ihn sich genehmigt und dabei draufgeht! ... Ich hatte Stiefeletten, in denen das Wasser hochstieg, ich wusch mir die Hände mit Kernseife, Sie wissen schon, eine blaue Seife, während ich auf die Seife aus Lederzucker wartete; und Pomade kaufte ich auf Spielkarten ...«

Sie setzt sich ans Klavier, singt, tanzt, küßt Sainte-Beuve auf die Stirn, nimmt den Blumenstrauß, den Sainte-Beuve galanterweise als Tischdekoration bestellt hatte, und verschwindet zum Concert Pleyel, um einen sechzehnjährigen Knaben wiederzusehen, der noch ins Internat geht.

MAI 1866

Die Lagier an einem unserer Sonntage bei Flaubert: diese Frau übertrifft uns alle mit der malerischen Bildlichkeit, ihrer Ausdrucksweise, ihrem Einfallsreichtum, ihren verblüffenden Wendungen.

Sie kommt herein und sagt: »Willst du meine Nervensäge sehen?« Und sie zeigt auf ihren Sohn, der unten im Wagen auf sie wartet.

Nachdem die Klagen über ihren Sohn erschöpft sind, geht sie zu ihren Liebschaften über – zur Zeit liebt sie einen Arzt. Er hat ihre Gebärmutter untersucht: »Schau her, so ist meine Gebärmutter!« Und sie rudert mit den Armen wie ein Telegraphist, der das Gleichgewicht verliert: »Ja, wie ein Papagei auf der Stange an Deck eines Schiffes im Sturm.«

Und über einen Mann, der ihr gefolgt war, als sie aus ihrem Eldorado kam: »Dieser Typ, na danke! Ich hab sofort gesehen, was das für einer war: zahlt zehn Franc und will alles wegessen!«

13. FEBRUAR 1876

Die Lagier entwickelt sich allmählich zur drolligen Romanfigur. Ihre wilde Ehe mit dem Chirurgen Deplats, ihre Genossenschaft mit den republikanischen Theorien ihres Liebhabers, seine Unterwanderung mit allen Thesen über den Adel, die guten Manieren, die Würde, die er ihr ununterbrochen herbetet, hat aus der Zynikerin eine rigorose Anhängerin aller Belange des bürgerlichen Daseins der Menschen gemacht, die, wie sie meint, zum Leben nicht mehr bräuchten als ihre vier Sous fürs tägliche Brot. Und ihr hartes, erbarmungsloses Urteil über die einen und die anderen vermischt sich in ihrem Mund mit Geschichten über Hurerei und Tribadie, die sie ganz natürlich findet, als würden sie in keinster Weise die Strenge der erhabenen und sublimen Moral aushöhlen, die sie neuerdings heraufbeschwört.

20. FEBRUAR 1876

Nachdem sie mehrere Jahre in der Versenkung verschwunden war, taucht die Lagier wieder regelmäßig am Sonntag bei Flaubert auf.

Sie hat noch immer das gleiche zynische Mundwerk, das von Rabelais oder Jean Hiroux abzustammen scheint. Heute widmete sich Suzanne der Erzählung der Prügel, die sie in ihrem Leben von all ihren Liebhabern bezogen hat. Geistreich und fachmännisch erzählte sie von den Fußtritten, die ihr Alexandre Dumas in den Hintern verpaßte, der ihr seine Proletenliebe bezeugte, indem er sie windelweich schlug. Sie erzählte von den Fausthieben, mit denen Sar. ihren Kopf bedachte, Hiebe von niederschmetternder Wucht. Schließlich schilderte sie noch sehr hübsch die schwungvollen Schläge mit der Reitpeitsche von Didier, die sie – nach ihren eigenen Worten – zum Hüpfen brachten wie einen Pudel im Zirkus.

Das Entsetzen, das sich vor der Darstellung dieser Gewalttätigkeit von Rüpeln auf unseren Gesichtern abzeichnete, hemmte das abgefeimte Geschöpf nicht im mindesten, das schwärmerische Lied von der bitteren Lust zu singen, die Frauen wie sie empfinden, wenn sie geschlagen werden, von der grenzenlosen Wollust, die ihnen die drastischen Male und die Widerwärtigkeiten einer eifersüchtigen Liebe verschaffen.

Diese ganze Litanei trug sie mit seltener Nachsicht vor, mit der Bereitschaft, alle Brutalitäten zu entschuldigen, von denen sie meinte, daß sie sie um ihrer schlimmen Streiche willen verdient habe und wegen der ihr eigenen Halsstarrigkeit, der provozierenden und schikanierenden Art, durch die sie die Männer zwinge, sie zu schlagen.

5. APRIL 1892

Heute morgen platzt die Lagier bei mir herein, die ich seit etwa fünfzehn Jahren nicht mehr gesehen habe, eine monströs fett gewordene Lagier. Sie kommt, meine Fürsprache beim *Echo de Paris* zu erbitten, damit der Redakteur der *Lettres de l'Ouvreuse*[24] ihren jungen Mann, den jungen Sänger

---

24 Der Redakteur der »Lettres de l'Ouvreuse« beim *Echo de Paris* ist niemand anderes als Henry Gauthier-Villars.

Dufriche, verschont, der Nachfolger des Arztes, von dem sie sich scheiden ließ.

Sie hat noch immer ihr rabelaissches Mundwerk. Von Bauërs Geliebter, der Dorsy, sprechend, sagt sie zu mir, daß sie so großzügig sei wie »ein Puff für Invaliden«, und als sie mir von dem kranken Bauer in Neapel erzählt, der nicht scheißen kann, legt sie mir ausführlich die »Kacke-Konserven« dar, die er in seinem Blinddarm speichere.

Dann plaudern wir über unsere Toten, über alle, die seit der Zeit, als wir uns am Boulevard du Temple bei Flaubert trafen, verstorben sind, und sie fragt mich nach dem Befinden von Maupassant.

Und zu Maupassant fällt ihr ein, wie dieser sie eines Tages gefragt hatte, wie sie es fertiggebracht habe, daß ihr Doktor sie heiratete: »Das ist ganz einfach«, hatte sie ihm geantwortet. »Wenn er Beefsteak aß, konnte ich mich nicht mehr lassen vor Bewunderung über den Schick, mit dem er es aß ... Wusch er sich den Schwanz, war ich außer mir vor Begeisterung über die Schönheit seines Glieds ... Schließlich sagte ich ihm, daß er ein Mann sei, der besser vögle, besser furze, überhaupt alles besser mache als irgendein anderer Mensch auf der Welt ... Nun setzte er mir aber viele Hörner auf, und da die Frauen, mit denen er es trieb, der Meinung waren, daß er esse, vögle und furze wie alle Welt, kehrte er zu der Frau zurück, der alles an ihm wie ein wahres Wunder vorkam ... Dazu meinte dieses Schlitzohr von Maupassant: ›Das ist nicht schlecht verfaßt, was du mir da erzählst, du solltest morgen kommen und es wiederholen ...‹ Und später fand ich meine Tirade in *Fort comme la Mort* wieder. Ach! Damals war er noch nicht verrückt, er kapierte sehr wohl!« sagte sie, indem sie sich erhob mit dem schrecklichen Blick einer Beichtenden in ihrem Altweibergesicht.

LEBLANC, Léonide
1842–1894
Schauspielerin

10. MÄRZ 1862

Scholl führte mir heute abend dieses kleine Wunder der Natur und der Prostitution vor: Léonide Leblanc. Sie füllte mein Zimmer mit ihrer Seidenrobe, meinen Spiegel mit den Strahlen ihrer Diamanten. Geziertheiten eines Vogels, Lächeln eines Vogels, Küsse eines Vogels und nicht mehr Hirn als ein Vogel. Geeignet, in einem Harem im Käfig gehalten zu werden! »Man sollte Ihr Porträt von Vidal machen lassen«, sagte ich zu ihr. – Sie glaubte, es sei ein Fhotograph. Solche Frauen sind hübsche kleine Tierchen, die es manchmal bis zur Intelligenz des Affen bringen.

22. MÄRZ 1883

Bei dem Schnepfenschneider Pingat.
Da kommt Léonide Leblanc mit gelangweiltem Wiegen der Hüften hereingeschlenkert. Sie drückt allen Gehilfen *à l'anglaise* die Hand, und quirlig, auf den Griff ihres Schirms gestützt, verkündet sie: »Ich brauche ein Kleid für den Tanz. unbedingt ... Es muß etwas ganz und gar Vortreffliches sein.« Indes läßt sie sich auf ein Kanapee fallen, das neben ihr steht, und fügt hinzu: »Eigentlich bin ich erledigt! ... Sie werden sich demnächst genötigt sehen, Blumen auf mein Grab zu bringen, Monsieur Pingat.«

Ach, sie ist rasend häßlich geworden, diese einst so hübsche Frau. Wie niedlich war sie damals, als Scholl sie in die Rue Saint-Georges brachte! Freilich ist das ganz schön lange her ...

28. MAI 1885

Ein Haus, das an den Park Monceau grenzt, ein Haus, das gerade umgebaut wird, mit ganz leeren Zimmern; nur ein Eßzimmer ist bewohnbar, das bis unter die Decke mit englischem Silbergeschirr angefüllt ist. In einem Gärtchen steht das Eisengerippe eines Wintergartens, in dem sechs oder sieben Handwerker arbeiten. Inmitten der Trümmer ein verstörter flatternder Storch, schmutzig schwarz von der Lauberde, die unterhalb des Glashauses einen kleinen Berg bildet. Und im Hintergrund des Gärtchens eine Frau, die mit einem Käscher in der Hand auf dem Grund einer Tonne, die in der Mitte durchgeschnitten ist, kleine Weißfische angelt und sie *Lucia* zuwirft – das ist der Name des Storches, der sie im Fluge auffängt.

Dies ist das derzeitige Domizil von Léonide Leblanc ...

28. JUNI 1894

Als Ajalbert zurückkam, schilderte er mir in leuchtenden Farben die galante Gastfreundschaft von Léonide Leblanc in ihrem Haus auf dem Land in Meulan. Man nahm den Zug um ein Uhr in der Früh; man kam nach dem Theater oder nach einem Ball in schwarzem Anzug mit weißer Krawatte an, und man verbrachte dort einen Tag, zwei Tage, die ganze Woche in den Nachthemden der Schauspielerin, über die man Kittel zog, von denen es eine ganze Sammlung gab.

Und immer war das Haus voller Frauen. Dort lernte er auch die Malerin Jacquemin kennen, die er nicht gevögelt hat, wie er behauptet, die er aber masturbierte ... Arme Léonide, beinahe hätte Bauër sie umgebracht, als er ihr eine frühere Lustseuche ins Gedächtnis rief, ein Schock, der sie das Bett aufsuchen ließ, in dem sie dann fünfzehn Tage geblieben sein soll.

LEMAIRE, Madeleine
1845–1928
Blumenmalerin, Vorbild der Madame Verdurin von Proust

15. JANUAR 1883

Man plaudert über die Bosheit der Leute, und ich behaupte, daß es der Malerin Madame Lemaire, auch wenn sie sich alle erdenkliche Mühe gebe, nicht möglich sei, gut zu sein – bei dem Gesicht, das sie habe; darauf erwiderte Dumas, die Bosheit habe bei dieser Frau den Charakter einer Krankheit, sie selbst habe es ihm einmal gestanden. Er zitierte ein kurioses Wort von ihr. Als sie das Gerücht verbreitete, eine bestimmte Frau habe falsche Haare, sagte Dumas zu ihr: »Erfinden Sie etwas anderes, behaupten Sie, sie habe ein weinrotes Muttermal tief unten am Rücken, aber doch nicht falsche Haare! Sie brauchte bloß mit dem Kopf zu schütteln und ...« Hier unterbricht ihn Madame Lemaire: »Lassen Sie nur, es gibt immer einen, der es glaubt!«

LOTI, Pierre
1850–1923
Schriftsteller

14. DEZEMBER 1882

Die Bücher von Loti haben für mich den Bitumen-Geschmack einer weiblichen Mumie mit kleinen Blumensträußchen in den Achselhöhlen, wie ich sie auf der Weltausstellung von 1867 in ausgewickeltem Zustand gesehen habe.

21. FEBRUAR 1888

Diner mit Loti bei Daudet.
Der seltsame Literat und noch seltsamere Marineoffizier ist total geschminkt; er umrandet seine Augen mit der schwarzen Farbe, die die Frauen verwenden, wenn sie sich einen samtartigen und luderhaften Blick geben wollen – ein Blick, der einem im Falle Lotis ständig ausweicht, dem man nie begegnet, ein Blick, der auf bizarre Weise zu dieser erloschenen Stimme paßt, die klingt, als würde sie im Zimmer eines Sterbenden gesprochen.

Er hat darum gebeten, seinen Matrosen zum Diner mitbringen zu dürfen, einen hübschen und stark dekolletierten Matrosen – nachdem die beiden Männer gegangen waren, sagte Madame Daudet, es sei ihr peinlich gewesen.

Gleich beim Hereinkommen erklärte er, daß er die Nase voll habe, er werde vielleicht noch ein paar Novellen veröffentlichen, aber kein ganzes Buch mehr, er fühle sich völlig ausgelaugt und leergepumpt! Er sagt das in einem so kühl verzweifelten Ton, der von einer solchen Melancholie und von so tiefem Lebensüberdruß zeugt, daß mich die Ahnung eines dramatischen Endes, eines Suizids beschleicht.

Er begibt sich in eine Ecke des Salons, um mit Madame Daudet über seine Frau zu plaudern; er erzählt ihr, daß seine Gattin vor der Heirat nur auf einem Ohr taub gewesen sei, danach auf beiden Ohren; er, der vor allem die Kraft, die Schönheit und Gesundheit liebe, wie er sagt, sei darüber sehr unglücklich; er ist nahe daran, den Abscheu vor seiner Frau zu gestehen.

Dann bricht er auf; sein Matrose hatte sich bereits von uns allen mit Handschlag verabschiedet – seine Hand war ... feucht.

MALINGRE, Rosalie
?–1862
Dienstmädchen

16. MÄRZ 1857

Rose sagte zu mir: »Auch ich hätte Geschmack, wenn ich reich wäre, zum Kuckuck!«

MÄRZ 1859

Rose erzählt mir, daß sie neulich morgens, als sie nach einer Maskenballnacht am Maison d'Or vorbeikam, eine Barmherzige Schwester mit einem Wägelchen sah, die dabei war, Speisereste einzusammeln.

1. JANUAR 1861

Ein trauriger Tag für uns, traurig wie Totensonntag. Rose weint heute morgen, und treuherzig räumt sie ein, daß sie nicht weiß, warum.

26. NOVEMBER 1861

Heute morgen schickte ich Rose zu meinem Onkel Geld holen. Er empfing sie auf einem Riesenkürbis sitzend in der Kammer, in der das Obst sortiert wird. Hätte ich ihn so sitzen sehen, wäre es mir vorgekommen, als sähe ich die Bourgeoisie auf ihrem Thron: so würde Daumier den spießigen Landmann malen.

21. FEBRUAR 1862

Unsere Kohlenhändlerin gibt ihr Geschäft auf. Rose sagte mir, wie betrübt die Frau bei dem Gedanken sei, kein Geld mehr in der Tasche zu haben: den Erlös des Verkaufs, das Hin- und Herwandern der Münzen unter der Schürze. Es scheint, daß die Händler, die sich aus dem Geschäft zurückziehen, zutiefst betrübt darüber sind, das Geld nicht mehr klimpern zu hören, den klingelnden und klappernden Gewinn, den man betastet und hört.

20. JULI 1862

Des Nachts, besonders in der Frühe, weckt mich der Husten von Rose, die über uns schläft, ein gepreßter, erstickter Husten. Für einen Augenblick hört es auf und beginnt dann wieder von neuem. Das hallt in meiner Magengrube wider, geht etwas tiefer – in den Eingeweiden – in eine Art glühendes Gefühl über, versetzt mich in einen Zustand der Ergriffenheit. Und dann das nervöse und bange Warten in den Pausen der Anfälle, das Warten auf den nächsten Husten. Die Stille selbst, in die man hineinlauscht und in die das unvermeidliche Geräusch hereinbrechen wird, macht ungeduldig und gereizt, so daß an Ruhe nicht zu denken ist: selbst wenn das Ohr das erstorbene Geräusch nicht wahrnimmt, hat doch das Herz oder ich weiß nicht welches innere Ohr das Vorgefühl und die schmerzliche Schwingung des kommenden Tons.

22. JULI 1862

Nach und nach vollzieht die Krankheit in unserer armen Rose ihr schreckliches Werk. Es ist wie der schleichende und allmähliche Tod von etwas fast Stofflosem, das ihrem Körper entströmte. Sie hat nicht mehr die gleichen Gebärden, sie hat nicht mehr den gleichen Blick. Ihre Physiognomie ist ganz verändert; sie kommt mir vor, als würde sie sich häuten, als entkleide sie sich sozusagen all dessen, was ein menschliches Wesen umgibt und was ebendas ist, woran eine Person kenntlich wird. Der Mensch entblättert sich wie ein Baum. Die Krankheit putzt die Äste aus, und es ist nicht mehr die gleiche Silhouette vor den Augen derjenigen, die ihn liebten, für die Menschen, denen er Schatten und Milde spendete. Die Menschen, die uns teuer sind, verlöschen vor unseren Augen, bevor sie sterben. Das Unbekannte erfaßt sie in ihrer Erscheinung, etwas Neues, Fremdes, Verknöchertes.

31. JULI 1862

Ich erwarte heute morgen Doktor Simon, der mir sagen soll, ob Rose leben oder sterben wird. Ich warte auf das schreckliche Läuten der Glocke, das jenem ähnelt, mit dem die Geschworenen in die Gerichtssitzung zurückkommen.

Alles ist zu Ende: keine Hoffnung mehr, nur noch eine Frage der Zeit ... Das Leiden ist entsetzlich weit fortgeschritten! Ein Lungenflügel ist bereits verloren, der andere wird es bald sein.

Und wir müssen wieder zu der Kranken hineingehen, ihr lächelnde Heiterkeit einflößen, sie auf die Zeichen der Genesung in ihrem Aussehen hinweisen. Angespannt brennen wir darauf, die Wohnung und die arme Frau zu fliehen. Wir gehen aus, ziehen aufs Geratewohl durch Paris. Ermattet setzen wir uns an einen Kaffeehaustisch, greifen mechanisch nach einer Nummer der *Illustration,* und unser Blick fällt auf die Lösung des letzten Bilderrätsels: *Gegen den Tod kann man keine Berufung einlegen!*

2. AUGUST 1862

Wir setzen Schröpfköpfe auf den unglücklichen Leib, an dem die Folgen der Krankheit auf furchtbare Weise zutage treten: der Hals, der nur noch aus Sehnen besteht, der Rücken, dessen Wirbelsäule sich ausnimmt wie aneinandergereihte Walnüsse, die sich durch einen Sack bohren. Alle Knochen ragen hervor, die Gelenke sind wie Knoten, die Haut legt sich dicht wie Papier um das Gerüst des Skeletts.

11. AUGUST 1862

Schließlich hat sich dem grauenvollen Brustleiden noch eine Bauchfellentzündung hinzugesellt. Sie hat entsetzliche Bauchschmerzen, kann sich nicht bewegen und kann, der Lunge wegen, weder auf dem Rücken noch auf der linken Seite liegen. Mit dem Tod ist es also nicht getan? Obendrein muß es Schmerzen geben, Folterqualen, gleichsam ein äußerstes und erbarmungsloses Spiel, ein Finale aller Schmerzen der menschlichen Organe. Es gibt, Augenblicke, in denen de Sade wie eine Erklärung Gottes klingt.

Und all dies einer armen Unglücklichen in einer jener Dienstbotenkammern, in der die Sonne durch eine Dachgaube fällt, wo es keine Luft gibt, wo dem Fieber kein Raum bleibt, sich zurückzuziehen, wo der Arzt gezwungen ist, seinen Hut auf dem Bett abzulegen. Wir haben bis zuletzt gekämpft. Schließlich mußten wir uns dazu durchringen, dem Arzt zu gehorchen und sie fortbringen zu lassen. Sie wollte nicht in die Dubois-Klinik, in der wir sie unterbringen wollten. Als sie bei uns eingetreten ist – fünfundzwanzig Jahre ist das her –, besuchte sie Edmonds Amme, die dort starb. Diese Klinik ist für sie gleichbedeutend mit dem Tod. Ich erwarte Simon, der ihr den Einweisungsschein für Laboisière bringen soll. Sie hat eine beinahe gute Nacht verbracht, sie ist bereit und sogar fröhlich. Wir haben vor ihr alles, so gut wir konnten, verschleiert. Sie sehnt sich fort, sie hat es eilig. Es ist ihr, als würde sie dort geheilt. Um zwei Uhr trifft Simon ein: »So, das hätten wir! ...«

Sie will nicht auf einer Tragbahre fortgebracht werden: »Ich würde mir wie tot vorkommen«, hat sie zu uns gesagt. Man kleidet sie an. Sobald sie aufgestanden ist, weicht alles noch verbliebene Leben aus ihrem Gesicht. Als hätte man ihren Teint mit Erde unterlegt.

Sie geht runter in die Wohnung. Sitzt im Eßzimmer und zieht ihre Strümpfe an. Ich sehe einen Unterschenkel, die Beine einer Schwindsüchtigen, dazu eine Hand, eine arme zitternde Hand, deren Fingergelenke aneinanderstoßen. Die Putzfrau hat ihr Bündel geschnürt, etwas Wäsche, ein Zinnbesteck, ein Glas und eine Tasse. Sie schaut sich ein wenig im Eßzimmer um, mit siechen Augen, als versuche sie, sich zu erinnern. Das Geräusch der sich schließenden Tür kommt mir vor wie ein Adieu.

Sie kommt unten an der Treppe an; man setzt sie hin. Der dicke Portier lacht, als er ihr verspricht, daß sie in sechs Wochen wieder gesund sein wird. Sie schüttelt mit einem atemlosen »Ja, ja« den Kopf.

Die Droschke fährt. Sie hält sich mit der Hand an der Wagentür fest. Sie blickt auf die vorüberziehenden Häuser; sie redet nicht mehr ...

An der Tür des Hospitals angekommen, will sie aussteigen, ohne getragen zu werden. Sie steigt aus: »Können Sie so weit gehen?« fragt der Pförtner, indem er auf die Empfangshalle zeigt, die etwa zwanzig Schritte entfernt ist. Sie macht eine bejahende Geste und marschiert los. Ich weiß nicht, welche letzten Kräfte sie zusammenraffte, um überhaupt noch zu gehen.

Da sind wir endlich in der hohen, kalten, strengen, sauberen Halle, mit ihren Bänken und der bereitstehenden Tragbahre mittendrin. Ich setze sie in einen Strohsessel nahe bei einem verglasten Schalter. Ein junger Mann öffnet den Schalter, fragt mich nach ihrem Namen, Alter usw., eine Viertelstunde lang kritzelt er ein Dutzend Formulare voll, die mit einem frommen Bild gekrönt sind. Als das beendet ist, drehe ich mich um; ich umarme sie; ein Wärter faßt sie unter einen Arm, die Putzfrau unter den anderen ... Das weitere sehe ich nicht mehr ...

Ich machte mich davon. Ich rannte zur Droschke. Ein krampfhaftes Zusammenziehen des Mundes ließ mich seit einer Stunde meine Tränen verschlucken. Jetzt brach ich in ein gepreßtes, ersticktes Schluchzen aus. Es war kein Halten mehr für meinen Kummer. Der Kutscher auf seinem Sitz war ganz erstaunt, hinter sich ein Weinen zu vernehmen.

14. AUGUST 1862

Ich gehe zur Laboisière-Klinik. Ich begegne einer ruhigen, hoffnungsvollen Rose, die von ihrer baldigen Entlassung spricht – in drei Wochen spätestens. Sie ist so frei von Todesgedanken, daß sie uns eine schreckliche Liebesszene schildert, die gestern zwischen einer Frau, die neben ihr liegt, und einem geistlichen Bruder stattfand, der noch heute anwesend ist. So ist der Tod noch mit den Klatschereien des Lebens beschäftigt.

16. AUGUST 1862

Heute morgen um zehn klingelt es. Ich höre eine Debatte zwischen der Putzfrau und dem Portier. Die Tür geht auf, herein kommt der Portier mit einem Brief: »Messieurs, ich habe Ihnen eine traurige Nachricht zu überbringen.« Ich nehme den Brief entgegen; er ist in Laboisière abgestempelt. Rose ist heute morgen um sieben Uhr gestorben.

Armes Mädchen! Es ist also aus. Ich wußte ja, daß sie aufgegeben war. Aber sie am Donnerstag noch so lebendig gesehen zu haben, beinahe glücklich, guter Dinge ... Und da sitzen wir nun alle beide im Salon mit dem Gedanken, den der Tod eines Menschen eingibt: »Wir werden sie nie wiedersehen!« – ein automatischer Gedanke, der sich unaufhörlich in unserem Inneren wiederholt.

Welcher Verlust, welche Verödung für uns! Eine fünfundzwanzigjährige Gewohnheit, Zuneigung, Ergebenheit, ein Mädchen, das unser ganzes Leben kannte, das in unserer Abwesenheit unsere Briefe öffnete, dem wir alles erzählten. Ich hatte mit ihr den Reifen getrieben, sie kaufte mir Apfeltaschen auf den Brücken. Sie wartete bis zum Morgen auf Edmond, wenn er, zur Zeit, als meine Mutter noch lebte, auf den Opernball ging. Sie war die Frau, die bewundernswerte Krankenpflegerin, in deren Hände meine Mutter im Sterben die unseren legte. Sie hatte für alles die Schlüssel, sie bewirtschaftete und besorgte alles um uns. Seit eh und je schon zogen wir sie mit den immergleichen, den ewigen Späßen über ihre Häßlichkeit und Mißgestalt auf. Seit fünfundzwanzig Jahren gab sie uns jeden Abend den Gute-Nacht-Kuß.

Ob Kummer oder Freude, sie teilte alles mit uns. Sie gehörte zu jenen Getreuen, von denen man hofft, daß sie einem dereinst die Augen zudrücken. Unser Leib war bei Krankheit und Unpäßlichkeit an ihre Pflege gewöhnt. Sie wußte um all unsere Gewohnheiten, sie hatte all unsere Mätressen kennengelernt. Sie war Teil unseres Lebens, ein bewegliches Gut unserer Wohnung, ein Treibgut unserer Jugend, etwas Zärtliches und Ergebenes, etwas Mürrisches und zugleich Wachsames, gleichsam ein Hund an unserer Seite, der ständig um uns war, als könnte er nur mit uns zusammen enden.

Und niemals, niemals werden wir sie wiedersehen. Was sich in der Küche rührt, ist nicht mehr sie; was die Tür öffnen wird, wird nicht mehr sie sein; was des Morgens in unser Zimmer tritt und uns einen guten Tag wünscht, wird nicht mehr sie sein! Ein tiefer Riß in unserem Leben! Eine tiefgreifende Veränderung, die uns – aus welchen Gründen auch immer – wie einer jener feierlichen Einschnitte des Daseins erscheint, bei denen, laut Byron, das Schicksal die Pferde wechselt.

Am Ende all dieses Aufholens von Vergangenem breitet sich Ruhe über unseren Kummer. Die Erinnerung besänftigt ihn; dann empfinden wir etwas wie Erlösung, für sie und für uns.

18. AUGUST 1862

Dieser Tod ist uns in jeglicher Weise durch alle Poren unter die Haut gegangen. Wir leben mit ihm seit Monaten. Durch alles Eindringliche und Aufwühlende ist er uns bis ins Knochenmark gedrungen: die innige Kindespflege an dem armen kranken Leib, die Einlieferung ins Krankenhaus, der Besuch, die traurigen Bemühungen, so viele Bande, so viele Bindungen, so viele Erschütterungen. Und heute das Ende vom Ende: die Beerdigung. Wir fühlen uns, als hätten wir einen mächtigen Hieb mit dem Knüppel über den Kopf erhalten.

Die Kapelle liegt neben dem Seziersaal: im Krankenhaus ist Gott der Nachbar des Kadavers. Während der Messe wohnen wir einer Gaunerei der Geistlichen bei. Wir haben fünfundzwanzig oder dreißig Franc für eine besondere Totenfeier bezahlt, und neben dem Leichnam von Rose hat man zwei oder drei aufgebahrt, die von ihrem Gottesdienst profitieren. Diese Beigabe zeugt von irgendeiner widerlichen Promiskuität des Heils, sie ist so etwas wie ein Massengrab des Gebets. Das Weihwasser wird, wie mir scheint, aufs Geratewohl ausgesprengt.

Hinter mir in der Kapelle weint die arme kleine Nichte, jene Nichte, die sie eine Zeitlang bei uns großgezogen hat und die jetzt ein junges Mädchen von neunzehn Jahren ist; sie wurde bei den Nonnen von Saint-Laurent erzogen, ein armes, im Schatten verkümmertes Blümchen, rachitisch, verwachsen vor Elend, mit zu großem Kopf für den fast ganz krummen Leib, bläßlich, die Miene einer Mayeux-Kreatur[25], trauriges Überbleibsel dieser ganzen schwindsüchtigen Familie, und auch auf sie wartet der Tod; es ist, als sei sie schon von ihm gezeichnet: in ihren Augen dämmert bereits, was jenseits des Lebens liegt.

Dann von der Kapelle zum Friedhof, zum hintersten Teil des Friedhofs Montmartre, der sich ausdehnt wie eine Stadt, ein endloser Marsch hinter dem Sarg her durch den Schlamm, qualvoll, als würde er niemals enden ... Zuletzt das Psalmodieren der Priester; die Arme der Totengräber lassen den Sarg hinabgleiten, wie ein Faß Wein, das man herunterläßt; die Erde, die zuerst hohl klingt, dann dumpf.

Den ganzen Tag über wußte ich nicht, was ich tat. Ich verwechselte die Wörter beim Sprechen.

20. AUGUST 1862

Ich muß noch einmal ins Krankenhaus zurückkehren, denn zwischen dem Besuch, den ich Rose am Donnerstag abstattete, und ihrem so jähen Tod am Tag danach gab es für mich ein Unbekanntes, Gedanken, die ich von mir wies, aber die mir immer wieder in den Sinn kamen: das Unbekannte die-

---

[25] Mayeux = eine von dem Karikaturisten *Traviès* nach 1830 geschaffene Figur: der jähzornige und großzügige Bucklige.

ser Agonie, von der ich nichts wußte, von diesem schlagartig hereinbrechenden Tod. Ich wollte wissen und fürchtete doch zu hören. Es kam mir gar nicht vor, als ob sie tot sei, sie schien nur verschwunden. Meine Vorstellung suchte ihre letzten Stunden, näherte sich ihnen tastend, rekonstruierte sie des Nachts; es stellte sich mir in verhülltem Grauen dar.

Heute morgen habe ich endlich allen Mut zusammengerafft. Ich habe noch einmal das Krankenhaus gesehen, den immer noch blühenden feisten Pförtner, der nach Leben stinkt wie ein Säufer nach Wein; die Korridore, in denen die Sonne auf das Lachen und die Blässe der Genesenden fiel; dann klingelte ich am anderen Ende des Krankenhauses an einer mit Gardinen verhängten Tür. Man öffnete, und ich befand mich in einem Sprechzimmer, wo eine Gipsjungfrau auf einer Art Altar zwischen zwei Fenstern stand; an den Wänden des kalten und kahlen Zimmers hingen, wer weiß, warum, zwei gerahmte Ansichten des Vesuvs; die armseligen Gouachen schienen zu frösteln in ihrer gänzlichen Verlorenheit. Durch eine offene Tür in meinem Rücken drang das Geschnatter von Nonnen und Kindern herein, Jauchzen, gellendes Gelächter, allerlei frische Töne und beschwingte Klänge, ein Volierengezwitscher, in dem die Sonne singt. Ein oder zwei Nonnen in Weiß mit schwarzer Haube gingen an mir vorbei; dann blieb eine vor meinem Stuhl stehen.

Sie war klein, ungestalt, mit einem häßlichen und gutmütigen Gesicht. Sie hatte eine kümmerliche mißratene Nase, ein armes Wie-Gott-will-Gesicht. Es war die Priorin des Sainte-Josephine-Saales, und sie hat mir wiedergegeben wie Rose gestorben ist; die Schwellung des Bauches war zurückgegangen, sie litt kaum noch, fühlte sich besser, beinahe wohl, ganz von Erleichterung und Hoffnung erfüllt; des Morgens, nachdem das Bett gemacht war, wurde sie plötzlich, ohne zu merken, daß sie stirbt, von einem Blutbrechen in wenigen Sekunden hinweggerafft ... Als ich dort wegging, war mir ein schweres Gewicht von der Seele genommen, ich war von der schrecklichen Vorstellung erlöst zu denken, daß sie den Vorgeschmack des Todes, das Entsetzen und den Schrecken seines Näherkommens gefühlt hatte; ich war fast glücklich über dieses Ende, das die Seele auf einen Schlag pflückt.

21. AUGUST 1862

Nichts in meinem Leben hat mich je so erstaunt wie die Dinge, die ich gestern über die arme verstorbene und beinahe noch warme Rose erfuhr: Dinge, die mir den Appetit kappten, wie man eine Frucht kappt. Eine gewaltige, betäubende Verblüffung, deren Wirkung ich noch in mir spüre und von der ich noch ganz benommen bin. In einem Nu, innerhalb weniger Minuten, wurde ich mit einer unbekannten, schrecklichen, grauenvollen Existenz des armen Mädchens konfrontiert.[26]

Die Schuldscheine, die sie unterschrieben hat, die Schulden, die sie bei all unseren Lieferanten hinterlassen hat, hinter alldem versteckt sich etwas völlig Unerwartetes und höchst Grauenvolles.

---

26 1887 korrigiert Edmond die stammelnde Rede und präzisiert die Umstände der Enthüllung: Sie fand während eines Diners statt, dessen erste Hälfte durch die immer wiederkehrenden Gespräche über die Tote ganz traurig verlief. Nachdem sich Maria, die am Abendessen teilnahm, zwei- oder dreimal nervös mit den Fingerkuppen in ihr blondes plustriges Kraushaar gefahren war, rief sie plötzlich aus: »Meine Freunde, solange das arme Mädchen am Leben war, habe ich das Berufsgeheininis gewahrt ... Aber jetzt, wo sie unter der Erde liegt, müssen Sie die Wahrheit wissen.«

Sie hatte Männer, die sie bezahlte. Dem Sohn der Milchhändlerin, der sie ausbeutete, hat sie ein Zimmer möbliert; einem anderen brachte sie unseren Wein, unsere Hühner. Ein Leben voll wüster Orgien, von außer Haus verbrachten Nächten! Ein sinnliches Rasen, das ihre Liebhaber sagen ließ: »Wir werden dabei draufgehen, entweder sie oder ich!« Eine Passion, Leidenschaften, bei denen alles zugleich und zur Gänze beteiligt war, der Kopf, das Herz, die Sinne, und in die sich alle Krankheiten des unglücklichen Mädchens mischten: das Lungenleiden, bei dem man außer sich gerät vor Sinneslust, die Hysterie, der Wahnsinn.

Mit dem Sohn der Milchhändlerin hat sie zwei Kinder gehabt. Das eine lebte sechs Monate. Als sie uns vor einigen Jahren sagte, sie müsse ins Krankenhaus, war es, um niederzukommen! Und für all diese Männer hegte sie eine so krankhafte, so wahnwitzige Glut, in der sie so heftig entbrannte, daß sie, die in Gelddingen so ehrlich, so unbekümmert war, uns bestahl, ja, Zwanzig-Franc-Stücke aus Hundert-Franc-Rollen entwendete, all das, um ihren Liebhabern Ausflüge zu bezahlen und sie auszuhalten.

Dann nach solch unfreiwilligen, ihrem rechtschaffenen Wesen gewaltsam abgerungenen Handlungen versank sie in eine solche Trübsal, in solche Gewissensbisse und Selbstbezichtigungen, daß sie sich in dieser Hölle, in der sie unbefriedigt von einer Verfehlung in die nächste stürzte, ans Trinken machte, um vor sich selbst zu fliehen, sich zu entkommen, die Zukunft wegzuschieben, sich vor der Gegenwart zu retten, ihren Kummer für ein paar Stunden zu ertränken und in jene Schlafzustände zu versinken, in einen Dusel, bei dem sie sich einen ganzen Tag auf dem Bett herumfläzte, auf das sie beim Bettenmachen gefallen war.

Und wieviel Zerrissenheit, wieviel Entsetzen tief in ihr! Die Unglückselige! Wieviel Veranlagung, Ursachen und Gründe fand sie nicht in sich, um sich innerlich zu zerfleischen und zermalmen! Zunächst galt es die religiösen Vorstellungen mit den Schrecken einer Hölle aus Feuer und Schwefel zu verdrängen. Dann die Eifersucht, diese Eifersucht auf alles und jeden, in der sie sich verzehrte. Die Verachtung, die die Männer nach einiger Zeit an den Tag legten, weil sie körperlich so häßlich war. Die Eifersucht auf die Mätressen, das Schauspiel, mit dem sie der Sohn der Milchhändlerin betrog ... All dies trieb sie dermaßen in den Suff, daß sie eines Tages, als sie sturzbetrunken in der Wohnung hinfiel, eine Fehlgeburt erlitt! Entsetzlich, dieser Riß im Schleier; es ist wie die Autopsie von etwas Grauenvollem in einer plötzlich geöffneten Toten.

Aus dem, was man mir berichtet, kann ich mir ein ungefähres Bild all dessen machen, was vorgefallen sein muß, was sie seit zehn Jahren erlitten hat: die Liebschaften, in die sie sich wie eine Wahnsinnige stürzte, die Angst vor uns, vor einer plötzlichen Bloßstellung, vor einem anonymen Brief, dieses ewige Bangen ums Geld, der Terror einer möglichen Denunziation durch die Lieferanten, die Räusche, die den Körper aushöhlten und schlimmer ausmergelten als den einer Neunzigjährigen; die Schande, zu der sie sich erniedrigte – sie, die so von Stolz durchdrungen war –, die Schande, sich als diebisches, elendes Dienstmädchen, die sich selbst verachtete, auch noch einen Liebhaber zu nehmen, zwischen all dem Wirrwarr mit dem Geld, der Verachtung der Männer, dem Eifersuchts-Gezänk, der wildesten Verzweiflung, den Suizidgedanken, die sie überkamen, so daß ich sie einmal von einem Fenster zurückreißen mußte, aus dem sie bereits gänzlich heraushing, und schließlich all diese Tränen, die wir für grundlos hielten; all dies vermischt mit einer sehr tiefen, aus dem Bauch kommenden Zuneigung für uns und einer unverbrüchlichen Treue bis in den Tod, die nur darauf wartete, sich zu beweisen.

Dazu eine Willenskraft und Charakterstärke, eine mit nichts zu vergleichende Kraft, etwas geheimzuhalten; eine Verschwiegenheit über all ihre tiefen, verborgenen Heimlichkeiten, ohne sich ein einziges Mal unseren Augen, unserem Ohr, unserer Beobachtungsgabe zu verraten, auch nicht in den Nervenkrisen, die ich an ihr wahrnahm, als sie von der Milchhändlerin kam; ein bis in den Tod bewahrtes Geheimnis, von dem sie glauben mußte, daß sie es mit sich unter die Erde nahm, so tief hatte sie es in sich vergraben!

Und woran starb die Unglückselige? Daran, daß sie es vor acht Monaten nicht lassen konnte, den Sohn der Milchhändlerin, der sie bestohlen und davongejagt hatte, zu belauern; eine ganze Nacht verbrachte sie vor einem Fenster im Parterre, um herauszufinden, mit wem er sie betrog; eine Nacht, von der sie – naß bis auf die Knochen – eine tödliche Lungenentzündung heimbrachte.

MARIA
Hebamme

20. FEBRUAR 1858

Dieser Tage eine ehemalige Geliebte wiedergesehen, die fülliger und schöner geworden ist: Maria, die Hebamme. Die Unterhaltung mit ihr ist so interessant wie ein Buch des Frauenarztes Baudelocque, und ihr Hintern hat Grübchen wie ein Akt von Boucher. Sie erzählt mir, daß sie eine Abtreibung bei der Geliebten des Gerichtspräsidenten vorgenommen habe, der uns wegen Verletzung der guten Sitten verurteilt hat, Monsieur Legonidec. Damals war er Untersuchungsrichter, verheiratet und hat selbst diese Frau zu ihr gebracht, die das Zimmermädchen seiner Gattin war.

23. APRIL 1858

Zwischen Schokoladensoufflé und Kartäuserlikör lockert Maria ihr Mieder und beginnt mit ihren Memoiren.

Ein kleines Dorf am Ufer der Marne, schattig und eiskalt, wie die Landschaftsmaler sie lieben. Die dreizehneinhalbjährige Tochter eines Flußschiffers, blond und von keiner Sonne gebräunt, wird von einem jungen Mann besucht, der sich als Architekt verkleidet hat. Der junge Mann ist, wie in einem Roman, der Graf de Saint-Maurice, Besitzer eines der großen Schlösser in der Nachbarschaft, ein schöner junger Mann von siebenundzwanzig Jahren, blasiert, empfängt die d'Orléans und ist dabei, sich zu ruinieren.

Da ist nun also das kleine Dorfmädchen im Schloß untergebracht, und der Mensch liebt sie, obwohl er sie in ihrem Zimmer einsperrt, wenn er sich Dirnen aus Paris bestellt, die er dann nackt in seinem Park herumlaufen läßt, in Gewändern aus Gaze mit zu Schleifen gebundenen Bändern, die von zwei Havanna-Hündchen zerfetzt werden.

Im Hintergrund gibt es eine alte Mutter, wie in einem Theaterstück, die den Eindruck macht, als habe sie das Töchterchen des Landmädchens und des Grafen vergiftet, und die auch versucht haben soll, der jungen Mutter mit vergiftetem Milchkaffee beizukommen.

Das Ganze endet damit, daß der junge Mann alles vergeudet und von Gerichtsvollziehern umzingelt – nach allen Widerständen einer heroischeren Zeit – sich auf dem Dach seines Schlosses verschanzt, wo er sich eine Kugel durch den Kopf jagt. Das kleine Mädchen wird mit seiner perlenverzierten Uhr und seinen Diamant-Ohrringen vor die Tür gesetzt. Es ist schwanger. Es kommt bei einer weisen Frau nieder, die es an einen Bauunternehmer verkauft, der es sogleich verabscheut, und um sich zu verdingen, kehrt es zu der zurück, die sie entbunden hat, und erlernt die Hebammenkunst. Danach wird die Geschichte Marias die Geschichte aller Frauen, außer daß die Frauen im allgemeinen nicht das Gewerbe der weisen Frau erlernen.

6. MAI 1858

Es gibt tatsächlich – Maria, die von einer anderen Hebamme hingeführt wurde, hat es selbst gesehen –, es gibt Frauen, aber mit allem Drum und Dran, versehen mit allem, was eine Frau Schönes und Brauchbares an sich hat; Frauen mit einer Haut, die man eindrücken kann und die sich wieder glättet, mit einer herausschnellenden Zunge, die sich fünf Minuten lang bewegt, mit rollenden Augen, einer täuschend echten Behaarung und der Feuchtigkeit und Hitze des übrigen; zu haben für fünfzehntausend Franc bei einem Fabrikanten solcher Artikel, hergestellt für Ordensbrüderschaften oder auch für reiche Seefahrer. Diese war für ein Schiff bestimmt, dessen Namen Maria vergessen hat; aber es gibt welche für jeden Geldbeutel: einzelne Körperteile von Frauen oder von Männern in goldenen Schachteln, die nur dreihundert Franc kosten. Maria sagt, daß die, die sie gesehen hat, wunderbar gewesen sei. Sie war fast fertiggestellt, nur die Nägel an den Füßen waren noch nicht angebracht.

Der Schöpfer dieser Dinge – dieser Wohltäter, dieser Moralist, der uns vor so vielem bewahren möchte, der zum Beispiel, von allem anderen abgesehen, dem Mann das zänkische Alter der Frau ersparen möchte, diese unerträgliche Periode im kritischen Alter –, dieser seltene Künstler wurde vor sechs Monaten verfolgt und ins Gefängnis gebracht, zweifelsohne unter dem Vorwand der Immoralität. Es gab auch ein kleines Serail nur zwei Fuß hoher Frauchen, die – ebenfalls perfekt imitiert – der Erregung dienen sollten.

27. MAI 1858

Welch ein Lachen, wenn sie eintritt, welch ein Fest ist ihr Gesicht; wenn sie im Zimmer ist, herrschen heftige Freude und ungestüme Umarmungen wie auf dem Land. Eine dicke Frau mit blondem Haar, das sich rund um ihre Stirn aufrichtet und kräuselt; blaue Augen von einzigartiger Sanftheit und Zärtlichkeit, gute dicke Lippen, ein gutes volles Gesicht, die Züge eines ephebenhaften Louis XVI.; ein unter dem Busen berstendes Mieder, die Fülle und Stattlichkeit einer Göttin von Rubens. Sie füllt das Zimmer aus. Und das ergötzt uns, das ist etwas anderes als all die mageren Gunstbeweise dieser kleinen boshaften und bleichsüchtigen Straßenhuren, als diese tristen Bettlerinnen der Venus Pandemos, die immer niedergeschlagen und besorgt sind wie Almosen-Sammlerinnen: die Stirn von Pfändungssorgen umwölkt, sind sie unter der Maske des Lachens und der Schmeichelei ständig am Grübeln und heimtückisch damit beschäftigt, eine Prellerei auszubrüten; nach all dem frechen, anzüglichen Geschwätz aus zweiter Hand, dem Papageiengetriller, diesem armseligen, dürftigen und verrotteten aus dem *Tintamarre*, dem Bordell und der Werkstatt zusammengeklaubten Kauderwelsch, nach diesen kleinen grämlichen und beleidigten Kreaturen nun dieser gesunde Menschenschlag, diese gute Laune des Volkes, die Sprache des Volkes, all das Kräftige, Lebendige und Herzliche, der ganze Überschwang, die ganze dralle und vereinnahmende Vergnüglichkeit und ein Herz, das sich in alldem mit derben Ausdrücken und einer gerührten Grobheit verrät; alles an dieser wackeren dicken Frau sagt mir zu wie eine kräftige, gesunde ländliche Nahrung nach dem Fraß der Pariser Sudelküchen zu zweiunddreißig Sous.

Außerdem wird dieser Torso eines Michelangelo von den schlanken Beinen einer Diana von Allegrain mit dem Fuß einer antiken Statue und schön modelliertem Knie getragen.

23. JUNI 1858

Abendessen mit Maria. Sie macht es wie das Publikum: sie akzeptiert unsere Zusammenarbeit.[27]

AUGUST 1858

Eben fällt mir wieder ein, daß Marias Nachbarin in der Rue de Ghabrol eine Kerzenstifterin ist: das ist ihr Gewerbe.

---

[27] 1887 ersetzt E. d. G. dieses allzu krude Bekenntnis durch die gewitzte Formel: *Zuviel genügt der Frau zuweilen.*

3. SEPTEMBER 1859

Neben mir liegt meine Geliebte und schläft, trunken von Absinth. Ich habe sie blau gemacht, und sie schläft. Sie schläft und sie spricht. Ich lausche mit angehaltenem Atem ... Es ist eine eigenartige Stimme, die eine seltsame Rührung hervorruft, fast etwas wie Angst, diese unfreiwillige entweichende Stimme, die willenlose Rede, die Stimme des Schlafs – eine saumselige Stimme, die den Zuschnitt, den Tonfall und das Herzergreifende der Stimmen eines Boulevardstücks hat. Und es kommt nach und nach, Wort für Wort und Erinnerung um Erinnerung, als würde sie mit den Augen der Erinnerung in ihre Jugend schauen und dank ihrer konstanten Aufmerksamkeit die Dinge und die Gestalt der Menschen sehen, wie sie aus der Nacht der Vergangenheit heraustreten: »Ach! Er hatte mich lieb! ... Ja, man sagte, seine Mutter habe sich in der Schwangerschaft versehen[28] ... Er hatte blondes Haar ... Aber es ging nicht ... Wir wären jetzt ganz schön reich, nicht wahr? ... Wenn mein Vater das nur nicht getan hätte ... Aber es ist nun mal geschehen, da kann man nichts machen ... Ich will es nicht sagen ...«

Ja, es ist etwas wie Todesangst dabei, über diesen Leib gebeugt zu sein, in dem gleichsam alles erloschen ist und in dem allein das animalische Leben zu wachen scheint, und zu hören, wie darin die Vergangenheit wiederkehrt, wie ein Wiedergänger in etwas Verlassenem! Und dann diese Geheimnisse, die darauf warten hervorzubrechen und die

---

[28] Sich in der Schwangerschaft versehen, »avoir un *reyard*«, heißt, daß man unterstellt, es habe die Aufmerksamkeit, die eine schwangere Mutter einem Ding oder einem Menschen widmet, einen Einfluß auf den Foetus.

ganz mechanisch innehalten, dieses Mysterium eines Denkens ohne Bewußtsein, diese Stimme im dunklen Raum, das hat etwas Bestürzendes, wie ein traumbesessener Kadaver.

Danach kamen die Eindrücke des Tages, die Rückkehr zu Worten, die – vor ein paar Stunden gesprochen – in ihrer Erinnerung noch ganz frisch waren. Die Szene mit einem Herrn, den sie dazu bringen wollte, sein Kind anzuerkennen, das Kind einer Frau, die sie entbunden hatte. Und das Seltsame ist, daß diese in Sprache und Tonfall so »volkstümliche« Frau in ihrer Erzählung nicht nur über eine korrekte Schriftsprache verfügte, sondern obendrein über die Diktion einer bewundernswerten Schauspielerin. Bald redete sie dem Mann ins Gewissen; es war vor allem Ironie, was sie ihm hinschleuderte, eine unerbittliche und mitreißende Ironie, die fast immer in ein nervöses Lachen mündete. Es zeugte von einer Verve, einer Beweiskraft, einer Beredsamkeit, ja einem ans Wunderbare grenzenden Wissen vom Sagen, was mich verwirrte und hinriß wie die erstaunlichste Theaterszene. Nur bei Rachel habe ich erlebt, daß gewisse Worte so gesprochen, gewisse Sätze so hingeworfen wurden, wie sie sie hinwarf. Manchmal, für Augenblicke, hatte ihre Stimme auch etwas von dem schwindsüchtigen Timbre der Mademoiselle Thuillier. Denn ihre Stimme war verwandelt, ich weiß nicht wie transponiert in eine bittere und schmerzliche Tonart.

Als ich sie aufweckte, waren ihre Augen noch voller Tränen von den Erinnerungen, die sie zuerst heraufbeschworen hatte; und bald kam sie ganz von selbst – ohne daß ich sie dazu gedrängt hätte, einfach indem sie auch wach noch dem Lauf ihres Traumes folgte – auf ihre Kindheit, ihre Jugend, ihren Vater und ihren Geliebten zu sprechen.

17. OKTOBER 1859

Maria, die den Strang eines Gehängten – eines Mannes, den sie kannte – besitzt, guten, echten Galgenstrick, will uns an ihrem künftigen Glück beteiligen. Sie macht sich daran, ein Stückchen davon abzuschneiden, und nimmt, um es einzuwickeln, das nächstbeste Blatt Papier, welches sonderbarerweise das erste Korrekturblatt von *Hommes de Lettres* ist. Wir werden sehen, was der Volksaberglaube taugt.

4. NOVEMBER 1859

Ich necke meine Geliebte mit einem Mann, von dem sie mir häufig erzählt. Ich sage ihr, sie liebe und begehre ihn. Darauf antwortet mir meine Geliebte, die entgegnen könnte, was alle Mätressen in einem solchen Fall zu entgegnen pflegen, sie jedoch erwidert wunderbarerweise: »Aber geh! Diesen Kerl? Und wenn er vierzig Piephähne an sich hätte, würde ich ihn nicht wollen!«

17. MAI 1860

Ich breche mit Maria und bereichere Monsieur Mothes[29]. Sie schreibt mir einen Brief, ein Meisterwerk, das den famosen Brief der Bernerette[30] an Natürlichkeit und Wahrhaftigkeit

---

29 Mothes, Lamouroux & Cie stellten Kapseln aus Kopaivabalsam gegen Gonorrhöe her.

30 *Frédéric und Bernerette,* Komödie von Musset. »Sollten Sie mich nicht hübsch finden, sagen Sie es mir einfach, und ich werde nicht böse darüber sein«, schreibt Bernerette an Frédéric, ihren Verehrer.

noch überbietet. Hier sein Wortlaut: »Wenn ich daran denke, daß ich nur einen Sohn hatte und daß er auf einem Schrank verrottet ist!«

14. JANUAR 1861

Diese Frau ist vielleicht eine Type! Einzig für Späße, Lügen und Prahlereien hat sie was übrig. Die Wahrheit läßt sie kalt, die verachtet sie. Mit der Wahrheit könnte man bei ihr nicht landen. Man muß sie anlügen, damit sie einem glaubt ... Diese Frau ist wie das Volk.

26. NOVEMBER 1861

Meine Geliebte sitzt im Hemd auf meinem Schoß. Ich sehe sie von hinten, den Nacken im Schatten. Unter ihren Ohren kräuseln sich ein paar gelöste Härchen wie kleine schwarze Paragraphen, wie in Achat verwandelte kleine baumförmige Gebilde, die sich scharf abzeichnen gegen die Lichtkugel der auf den Kamin gestellten Lampe und ihr ganz hell erleuchtetes Gesicht im Spiegel. Es ist eine Wonne, einen Körper so auf sich zu fühlen, von dem man nichts anderes sieht als diese paar Härchen, die sich im Lichtstrahl von der Wange abheben, und die schimmernde Spiegelung ihres Gesichts, das in der eisigen Beleuchtung etwas von seiner stofflichen Wirklichkeit verliert.

Und währenddessen redet sie von Beerdigungen – einem ihrer Lieblingsthemen. Sie erzählt von dem prächtigen Begräbnis einer Kohlenhändlerin aus ihrer Straße: »Fransen gab es da ...« Und mit einem Anflug von Neid rutscht ihr das schöne Wort heraus: »Eine Beerdigung *zum Trüffelkacken*!« Dann fährt sie fort: »Ach, was mich erst mal betrifft, ich wäre todtraurig, wenn man sich bei meinem Begräbnis lumpen lassen würde!« Ein hübsches Epitheton.

Mit ihrer Tochter hätten wir genau die Schwindsüchtige, die man in einem Roman behandeln müßte: nicht die Heulsuse à la Millevoye oder à la Murger, sondern die hustende kleine Gassendirne, schmalbrüstig, mit tanzwütigem Fuß, das magere kleine Straßenmädchen, das genießt, was ihm noch übrigblieb, grillenhaft wie eine Krankheit, und seine Leiden dem übertragend, der es liebt.

6. MAI 1862

Beim Kaffee nach dem Abendessen erzählt uns Maria das einzige, was bei einer Geliebten wie ihr und überhaupt bei jeder Frau interessieren kann: ihr Leben.

Sie kam nach Paris als Verkäuferin in dem Laden von Vero-Dodat, der bei ihrem Vater mit folgenden Worten um sie geworben hatte: »Sie haben da ein kleines Mamsellchen, das einen intelligenten Eindruck macht. Was haben Sie mit ihr vor? Soll sie etwa Zimmermädchen werden? Man müßte sie im Handel unterbringen.« Großer Erfolg in der Metzgerei. Ihre Arbeitgeber bescheinigen ihr »große Artigkeit beim Schneiden, bei ihr gibt es so gut wie keine Abfälle, keine Überbleibsel, sie ist talentiert und eifrig!« Um vier Uhr früh stand sie auf und richtete das Schaufenster so gefällig her wie die Inhaber selbst. Vero stimmt bei einem seiner Kollegen – Neveu von der Rue Beaubourg – ihr Loblied an, worauf dieser beschließt, sie ihm auszuspannen. Die Kleine verdiente vierhundert Franc, die man Monat für Monat ihrem Vater auszahlte, der ihr gerade so viel gab, daß sie sich – allerdings sehr adrett – einkleiden konnte, und etwas für die hübschen Rüschenhauben, wie man sie damals trug. Neveu zahlte hundert Franc mehr und bekam sie.

Rue Beaubourg, ein junger Mann, wirft ein Auge auf sie: damals war sie eine reizende üppige Blonde von dreizehn Jahren. Ein Händedruck, als sie ihm sein Kleingeld herausgibt. Dann sieht man ihn täglich. Er schleicht sich ins Haus. Kommt mit zwei Hunden, denen er zweifellos die gekauften Fleisch- und Wurstwaren zu fressen gab. Dringt bei Monsieur und Madame Neveu ein und gibt sich als benachbarter Architekt aus. Er hatte gegenüber eine kleine Wohnung gemietet, und die gut geschmierte Portiersfrau ergeht sich in Lobreden über ihn. Abendessen bei den Metzgersleuten.

Nachdem ein Jahr vergangen war, schlug er einen Theaterbesuch vor. Die Eintrittskarten sind jedoch für Donnerstag, der Tag, an dem die Chefin immer im Laden beschäftigt ist, nachdem am Mittwoch Markt war. Fragt, ob er die Mamsell ausführen dürfe, und da man ihm eine zweite hinzugesellen will, sagt er, daß er nur zwei Karten habe. Sie gehen in eine Loge des Théâtre Français: Maria erinnert sich an die Spiegel, in denen sie sich betrachtete. Jedesmal wenn der Vorhang fiel, wollte sie aufbrechen, weil sie es für das Ende hielt. Am Schluß des Stückes glaubte sie, es würde nun wieder von vorne anfangen.

Sie verlassen das Theater und promenieren, wie sie meint, im Garten des Palais-Royal. Er hatte seine Uhr nachgestellt, und wie sie so eine Straße hinaufgehen, die Rue des Moulins vielleicht – all das ist verschwommen wie in einem Traum –, da zeigt er ihr, wie spät es wirklich ist: zwei Uhr! Entsetzt, verzweifelt will sie von ihm nach Hause gebracht werden und weint. »Lieben Sie mich?« – »Ja doch, ich habe Sie gern, aber ich will heim!« – »Sie sind meine Gebieterin!« Er nimmt ihren Arm. »Ihre Gebieterin? Eher wären Sie mein Gebieter, Sie sind doch älter als ich ...« Das wirft ein Licht auf ihre törichte Unschuld ... Eine Droschke war zur Stelle, zweifellos in böser Absicht hinbestellt. Sie fahren zum Restaurant »Plat d'Etain«. Er legt sie auf ein grünes Kanapee: »Mein Lebtag werde ich das nicht vergessen. Ich schrie, er küßte mich, nannte mich *sein Frauchen*. Am nächsten Morgen wollte ich, daß er vor mir hingehe, um zu sagen, daß ich heimkäme, damit ich weniger gescholten würde. Er sagt, das sei unmöglich ... Wenn ich jedoch mit ihm kommen wolle ... Wenn ich Ladenmädchen sein wolle, er habe in seiner Gegend mehrere Läden. Er ließ mir Kleider bringen, und wir brachen auf. Da war ich dreizehneinhalb.«

In seinem Schloß vergingen sechs Monate, ohne daß er sie anrührte. Dann kommen die Geschichten vom Herzog von Orléans, der ihr ein Haus in der Rue des Martyrs anbietet – »Ich sehe es mir immer noch an, wenn ich vorbeikomme ...« –, eine zweisitzige Karosse und eine Kammerzofe ... Sie liebte jetzt den Grafen Saint-Maurice und war noch so naiv, daß sie eines Tages, als der Herzog auf ihren Morgenrock ejakuliert hatte, ausrief: »Oh, so ein Schweinigel! Er hat an mich hingepißt!« Eine richtige kleine Wilde ...

Ihrer Erinnerung nach war das ungefähr die Zeit, zu der ein paar Monate später eine Reise stattfand, eine Reise und ein Aufenthalt in einem von Bergen umgebenen Dorf. All das ist nebelhaft und vage ... Angeblich war es die Schweiz. Sie streiften eine halbe Meile durch das vor ihnen liegende Land und kamen dann wieder zurück. Es gab einen Berg mit Schnee, den sie einmal auf einem Maulesel erklomm.

Indessen ist der Graf ruiniert und schießt sich eine Kugel durch den Kopf. Mit Schimpf und Schande fortgejagt, schert sie sich nach Paris, wo sie sich zu einer weisen Frau begibt, da sie schwanger ist; die nimmt ihr für die Hebammen-

lehre ihre Diamanten ab, bestiehlt sie und verschachert sie
schließlich leibhaftig. Lehre in der Klinik. Beschreibung
ihres Zimmers: ihre Karaffe und ihre symmetrisch aufge-
stellten Gläser, ihr alter Nußbaumsekretär: »Ich glaube, er
hat mir letzten Endes nur Unglück gebracht. Schließlich
habe ich ihn verkauft.«

Dann ihre Liebschaft mit einem Kommissionärsgesell-
schafter vom Pfandhaus, der ihr eine Wohnung mietet
und Möbel verspricht. Allein am Tag ihres Einzugs: nichts!
Kommt noch hinzu, daß sie schwanger ist. In der Nacht
wird sie von einer Verzweiflung geplagt, die schließlich in
Zahnschmerzen ausartet, geht zu ihm hin, überlistet die Portiersfrau, indem sie ihr sagt, sie komme im Auftrag seiner
Schwester, die gerade in den Wehen liege und sehr krank sei.
Geht zu dem Menschen und sagt ihm ins Gesicht: »Sind Sie
ein Ehrenmann oder ein Schurke?« Fordert von ihm, was er
versprochen hat, weist ihm die Briefe vor, öffnet das Fenster
und sagt zu ihm: »Ich stürze mich aus dem Fenster, so wahr
mir Gott helfe!« Der andere gab klein bei.

Ihr Elend in der Klinik: zwei Hauben, zwei Unterröcke,
zwei Kragen, zwei Paar Ärmel. Aber immer sauber, wäscht
jeden Morgen ihre Wäsche: die anderen glauben, daß sie
über reiche Wäschevorräte verfüge. Ihr Zimmer glänzend
gebohnert »wie ein kleiner Palast«.

10. JANUAR 1865

Maria erzählt von der Gefallsucht, dem Aufwand an Garde-
robe und Reinlichkeit, den das Volk heutzutage selbst in der
Unterschicht betreibt. Sie, die schon Lumpensammlerinnen
entbunden hat, bei denen sie gezwungen war, zur Entbin-
dung auf die Möse zu spucken, und heute begegnen ihr die

nämlichen Frauen in roten Unterröcken und mit Hemden, ja, mit richtigen Hemden!

8. FEBRUAR 1865

Voller Neugier studiere ich Maria. Sie ist die geborene Frau. Das, was wir bei der Kokotte oder bei der Frau von Welt für aufgesetzt halten oder für einen Kniff – die Verschwendung, die Verachtung und Herabsetzung von allem, was man ihr schenkt –, das ist bei ihr reiner Reflex, gleichsam naturwüchsig. Sie ist jederzeit bereit, über das nicht bei uns, sondern anderswo gegessene Rindfleisch zu sagen, daß man es von Chevet[31] kommen ließ.

14. MAI 1868

Hier das Interieur, in dem Maria diese Woche eine Frau entbunden hat. Ganz oben am Boulevard Magenta in einem Barackenlager, das wer den Elendsten der Elenden von Paris vermietet? Der Baron James de Rothschild! – in einem Zimmer dieser Buden, deren Wände aus lückenhaften Brettern bestehen und deren Fußböden voller Löcher sind, aus denen ständig Ratten hervorspringen, die auch zur Tür hereindringen, sobald man sie öffnet, die dreisten Ratten der Armen, die den Tisch erklimmen, ganze Brötchen mopsen und die Schlafenden in die Füße beißen, während sie die Bettlakenzipfel hin und her zerren.

Da drinnen sechs Kinder. Die vier größten in einem Bett und zu ihren Füßen, die sie nicht ausstrecken können, die

---

31 Chevet = berühmter Delikatessenhändler.

beiden kleineren in einer Kiste. Der Mann, ein ehemals wohlhabender Gemüsehändler, ist sternhagelvoll, während seine Frau in den Wehen liegt. Die Frau, ebenso besoffen wie ihr Mann, auf einem Strohsack, betrunken gemacht von einer Freundin, die auch zugegen ist, einer alten Schankwirtin, mit dem Durst von fünfundzwanzig Jahren im Feld, und die ihre kleine Pension versäuft. Und während der Niederkunft in dieser Hütte, der erbärmlichen Hütte der Zivilisation, imitiert und parodiert der Affe eines Drehorgelspielers die Schreie und zornigen Flüche der Megäre im Kindbett, während er durch eine Ritze dem schnarchenden Mann auf den Rücken pißt.

15. FEBRUAR 1869

Maria erläuterte uns eine seltsame Eigentümlichkeit der Haut der Frauen in der Gegend von Brie, aus der sie stammt; diese Haut der Blonden in Paris würde in der Sonne und der Sommerhitze der Felder noch schwärzer, noch mehr gegerbt als die Haut einer Bäuerin im tiefsten Süden. Sie erzählte uns von der extremen Zartheit der ihren, die unter dem Mikroskop so fein sei wie Seidenpapier, so daß man das Blut darunter zirkulieren sieht; eine Haut, die so empfindlich ist, daß ein zweitägiger Aufenthalt in Marseille sie fast unkenntlich machte, eine Haut, die im Bett oder im Schatten eines Zimmers die Weiße des Flieders annimmt, der in einem Keller wächst.

MARIE

21.–22. JULI 1889

Gegenüber der großen Eisentür mit der Überschrift »Académie de Médecine«, auf der anderen Seite der Rue des Saints-Pères, bei der Nummer 38, steht ein schmales, hohes Haus, in dem ein blaugestrichenes Obstgeschäft eine Maueröffnung aus dem achtzehnten Jahrhundert versperrt, eine Öffnung, die von einem in Stein gehauenen Kopf überragt wird, der von Rokokolaubwerk umgeben ist; links neben dem Geschäft öffnet sich eine schmale Gangtür unter einer dicken Laterne mit der Aufschrift *Hôtel de l'Étoile*. Wann immer ich an dieser Tür vorbeikomme, wird die Erinnerung an eine Liebe in mir wieder wach; am Vorabend meiner Abreise aus Paris hielt mich eine Verkehrsstockung, ein dichtes Gedränge und Geschiebe aus Wägen und Leuten, für einen Augenblick auf der Höhe dieser Tür fest, und so stieg in meiner Erinnerung diese ganze alte Geschichte aus meiner Jugendzeit wieder auf.

Ich muß damals ungefähr vierundzwanzig Jahre alt gewesen sein und ging oft ins Mabille, wo ich eines Abends einem Mädel von sechzehn, höchstens siebzehn Jahren begegnete, die von ihrer Mutter begleitet wurde, einer Mutter mit dem Kopf einer polichinellehaften Kupplerin. Das Mädchen hatte riesige himmelblaue Augen, eng zusammenstehend neben einer geschwungenen Adlernase; sie war lang, schmächtig, flachbrüstig und trug die bescheidene Kleidung einer Grisette.

Ich tanzte mit ihr an jenem Abend – damals tanzte man noch. Dann traf ich sie an den folgenden Abenden immer wieder; nachdem ich sieben oder acht Abende lang fast immer Kontertanz und Polka mit ihr getanzt hatte, gewährte sie mir ohne weiteres das Stelldichein, um das ich sie bat.

Ich führte sie in ein kleines Appartement, das einer meiner jungen Vettern in der Rue d'Amsterdam bewohnte. Und dort – eingeschüchtert von ihrer Stummheit, dem engelhaften Ausdruck ihrer Augen und behindert durch etwas, was ich für eine Mißbildung hielt – *verfehlte* ich sie zweimal. Schließlich beim zweiten Mal, als sie gerade gehen wollte, warf ich sie auf das Kanapee im Vorzimmer; als ich mich so kniend dem Genuß an ihr hingab, vernahm ich etwas wie das Geräusch von dem Fell einer Kindertrommel, das man durchbricht, und ich sah eine Träne in ihren Augen, ohne daß ihr ein Schrei über die Lippen gekommen wäre, eine Klage oder auch nur ein Seufzer. Als sie dann aufstand, war ihr leichtes Sommerkleid ganz mit Blutflecken übersät ... Sie war noch unschuldig gewesen, dieses *Habituée* im Mabille! Niemals hätte ich das vermuten können.

Ein seltsames Wesen war dieses Mädel mit der verschmachtenden Glückseligkeit ihres Gesichts in der Liebe, mit der reglosen Passivität ihres Körpers, an dem einzig ihr wild schlagendes Herz lebendig war, und mit dem Ausdruck ihrer großen blauen Augen, in denen für Augenblicke die Verderbtheit der Augen gefallener Engel vorüberzog. Ach, diese Augen! Nur in Florenz habe ich sie seither wiedergefunden: bei diesem Engel der *Verkündigung* von Simon Memmi mit seinen Schlangenaugen.

Und alles bei dem Mädchen und bei der Mutter war gegen die Regel, lief den Vermutungen zuwider, strafte den Augenschein Lügen. Ja, diese Mutter mit der grotesken Maske eines Kuppelmuttchens war in ihr Töchterchen verliebt wie in ein kleines Kind, ging ganz darin auf, ihr die Langeweile zu vertreiben und sie der Brutalität und Härte ihres Vaters zu entziehen, eines bösartigen kleinen Wagenverleihers aus der Rue Jacob, diese Mutter war vielleicht über die kurze Lebenserwartung ihrer heißgeliebten Marie unterrichtet und mit ihrem weichen Herzen und ihrer blinden Zärtlichkeit so verzagt, daß sie sie alle erlaubten und alle verbotenen Freuden dieser Erde kosten ließ.

Ich würde nicht sagen, daß ich sie mit wirklicher Liebe liebte, aber ich empfand eine Art Wißbegier, eine zärtliche Neugier für das verschlossene, rätselhafte Wesen, das in ihr schlummerte, und auch ein wenig von jener stolzen Dankbarkeit, die jeder Mann für die Frau empfindet, die ihm ihre Unschuld geschenkt hat.

Ach, diese Geschichte! Es gibt Lücken in meinem Gedächtnis, die Jahre, die Monate sind mir nicht mehr gegenwärtig ... Mir scheint jedoch, daß ich Marie im Frühjahr kennenlernte, und dann, im Herbst, geschah folgendes: Ich hatte mit einem Schulfreund eine Vergnügungsfahrt verabredet – wir wollten mit unseren beiden Liebchen einen Tag auf dem Land verbringen; dieser Landpartie sollte ein feines Essen im Vefour vorausgehen, wo man getrüffelte Geflügelbrüstchen essen wollte – *die* Spezialität des Hauses in jenen Jahren.

Mein Freund, der verpfuschte Zähne hatte, aber bezaubernde Augen und das hübscheste Gesicht der Welt, traf verspätet ein, weil seine Geliebte ihr Wort gebrochen hatte, was ihn in derart miserable Laune versetzte, daß er sich vollständig betrank, und das in einer Weise, daß wir bei unserer Ankunft am Bahnhof Saint-Lazare, in dem Café an der Ecke des alten Bahnhofs, das man soeben abgerissen hat, nach einem Abtritt fragen mußten – ein Örtchen, an dem sich später jemand aus meiner Bekanntschaft eine Kugel durch den Kopf schießen sollte. Auf diesem Klo ging es meinem Freund furchtbar dreckig, er kotzte und kotzte und kotzte; es hatte den Anschein, als habe er einen Gehirnschlag erlitten; Marie und ich mußten auf seinem Kopf zwei oder drei Pfund Eis zum Schmelzen bringen; es dauerte bis zum Abend, bis er in der Lage war, ins Haus seines Großvaters zurückzukehren, bei dem er wohnte, ein Greis, der für die kleinen Sünden der Jugend keine Nachsicht kannte.

Dann kam der Winter und der Karneval, und ich vereinbarte mit meinem Freund und einigen jungen Leuten aus seiner Bekanntschaft, zusammen zum Opernball zu gehen.

Wir wollten uns – Männer wie Frauen – in dem kleinen *Hôtel de l'Étoile* kostümieren und hinterher zum Souper dorthin zurückkehren. Nur zwei oder drei von uns kamen in Begleitung von Frauen, mein Freund war noch immer allein. Marie brachte ein Pierrotkostüm aus weißer Seide mit. Nie habe ich dieses zerbrechliche Mädelchen bezaubernder gefunden als in dem losen Flattern des leichten Stoffes und mit den so seltsam verführerischen Augen. Man ging zum Ball, man kehrte zum Souper zurück. An jenem Abend setzte sie meinem wahnsinnigen Begehren, sie zu besitzen – vor unserem Aufbruch, nach unserer Rückkehr –, einen mir unbegreiflichen Widerstand entgegen, wies sanft, aber hartnäckig meine Küsse zurück, meine Zärtlichkeiten, wich mit ihrem Körper aus, schmollte mit ihrem Mündchen, spielte wirklich das böse Kind, ohne mir einen Grund anzugeben, ohne zu antworten auf mein Warum; einzig als ich sie etwas zu lebhaft bedrängte, schien sie mir mit einer Pantomime sagen zu wollen, daß sie fürchte, man könnte sie in diesem Hotelzimmer sehen.

Von diesem Tag an hielten sie alle möglichen Vorwände davon ab, zum Stelldichein zu mir zu kommen: mal fühlte sich die Mutter nicht wohl, mal sie selbst, mal gab es eine eilige Arbeit, mal waren Verwandte aus der Provinz eingetroffen. So verging der Winter, und Mittfasten brach an. Da ging ich eines Abends zum Ball der Opéra-Comique, einem Maskenball, der von dem Mädchen seltener besucht wurde als der in der Oper; dieser Ball war ein Treffpunkt von Arbeiterinnen und gefallenen Verkäuferinnen. Nach zwei, drei Runden im Saal heftete ich mich an die Fersen eines Domino, der mir vorkam wie Marie; auf ihr Leugnen hin riß ich ihr in einem Augenblick absoluter Gewißheit, sie vor mir zu haben, mit zorniger Hand ihre Maske ab. Im selben Augenblick legte mir mein Freund, der ich weiß nicht woher plötzlich auftauchte, seine Hand freundlich, aber zu spät auf den Arm, um mich daran zu hindern. Ich kann mich nicht mehr genau daran erinnern, was unmittelbar darauf geschah, aber ich sehe mich noch, wie ich – gefolgt von meinem Freund – in dem Drang zu laufen Marie zu Fuß nach Hause begleitete: sehe mich, ohne daß ich sagen könnte, wie es dazu kam, eine Stunde lang am Ufer des Quai d'Orsay promenieren, in einer Art Rage angesichts der Stummheit meiner Geliebten, der ich keine Erklärung, keine Entschuldigung, keinen Satz, kein Wort zu entlocken vermochte angesichts der Undurchdringlichkeit ihrer Physiognomie; den einen Finger an den Mund gelegt, war sie ganz der schwarzen Seine zugewandt, die zu ihren Füßen floß – während ich sie am liebsten in dieses Wasser geworfen und meinen Freund geohrfeigt hätte, von dem ich zwar glaubte, daß er noch nicht ihr Liebhaber sei, der sich aber für mein Gefühl im Augenblick zu sehr in meine Angelegenheiten mischte.

Wieder daheim, sah ich in der Schlaflosigkeit der übrigen Nacht, was mir in der Opéra-Comique und am Ufer der Seine entgangen war: es fiel mir wie Schuppen von den Augen, daß mein Freund Maries Liebhaber geworden war und daß die zärtlichen Gefühle meiner Geliebten am Tag des Essens im Vefour begonnen hatten; und es überkam mich eine totale Abneigung, gemischt mit einer gewissen Verachtung für diese Frau, für diese Liebe, die inmitten der Kotze und des Unflats eines Saufaus entstanden war. Damals wußte ich viele Dinge über diese Frau noch nicht, ahnte nichts von der Macht, die die Krankheit über sie gewann, über die inneren Bindungen, die ihr aus ihrer Krankenpflege erwuchsen, und dazu muß man sagen, daß ihr der Ekel vor dem Schmutzigen der Leiden fremd war. Mit der Verachtung, die sich bei mir plötzlich für die Frau eingestellt hatte, legte sich die Entrüstung über meinen Freund, dem ich mit einer Liebe zugetan war, die noch aus der Kindheit stammte und die in meinem Herzen verwurzelt war, und sie legte sich so vollständig, daß ich mit ihm nicht einmal über seinen Verrat sprach.

Jahre vergingen. Meine Mutter starb. Mein Bruder hatte das Gymnasium beendet und widmete sich mit mir zusammen der Malerei und Literatur, als ich eines Tages Marie begegnete, die mich in ein kleines Zimmer hinaufführte, in einem Haus hinter der Börse, wo sie tagsüber arbeitete. Sie erzählte mir von dem Bruch mit meinem Freund, der das Polytechnikum verlassen habe und beim Straßenbauamt tätig sei; und mit der Willfährigkeit einer Deutschen, die man auf ein Bett wirft, gab sie sich mir abermals hin.

Mein Bruder hatte noch gar keine Geliebte. Wenige Tage bevor ich Marie wiederfand, hatte er mir gerade von seinem Ekel vor einer Straßendirne erzählt, zu der er mit hinaufgegangen war und die dann einen Teil ihrer Haare und Zähne abgelegt hatte. Sollte es platterdings meine Absicht gewesen sein, ihm eine appetitliche Geliebte zu überlassen, die ich nicht mehr liebte? War nicht auch der Wunsch im Spiel, die Sündhaftigkeit des armen Mädchens auf die Probe zu stellen? War es nicht auch das Bedürfnis, sie in meinen Augen zu erniedrigen? Ich kann es wirklich nicht mehr sagen. Das einzige, woran ich mich erinnere, ist, daß ich sie zu einem Abendessen im Restaurant des *Café d'Orsay* einlud, daß ich nach dem Essen zu ihr sagte, ich hätte noch etwas zu erledigen, und daß sie sich meinem Bruder hingab, wie sie sich mir hingegeben hatte.

Nachdem einige Zeit verstrichen war, Wochen, in denen mein Bruder wild mit ihr geschlafen hatte, fand er, daß sie ein zu trauriges, gedankenverlorenes Geschöpf sei, ein Geschöpf, das sogar etwas leicht Beängstigendes habe durch die merkwürdige Lethargie, in die es in der Lust versinke, und in dem Zurückweichen ihrer Wahrnehmung, dem auf unendlich gestellten Blick ihrer riesigen blauen Augen; und er gab ihr den Abschied.

Ich hatte nichts mehr von ihr gehört, als Rose mir eines morgens – nach einer Nacht, in der mein Bruder und ich bis um drei Uhr früh gearbeitet hatten – einen Brief auf den Nachttisch legte, der mit der ersten Post eingetroffen war. Ich schaute auf das Kuvert, und da mir die Handschrift fremd war, schlief ich wieder ein. Als ich dann aufwachte, öffnete ich den Umschlag mit der unbekannten Schrift. Er enthielt eine schwarzumrandete Todesanzeige und ein Briefchen, in dem eine Freundin von Marie, die ich zwei- oder dreimal gesehen hatte, mir schrieb, daß sie soeben an einer Lungenkrankheit gestorben sei und daß sie sie am Vorabend darum gebeten habe, mich zu benachrichtigen; dreimal habe sie wiederholt, daß sie sich von ganzem Herzen wünsche, ich würde an ihrer Beerdigung teilnehmen.

Der Todesanzeige, die die Beerdigung für den nämlichen Tag annoncierte, war zu entnehmen, daß Marie einundzwanzig Jahre alt geworden war.

Ich warf mich aufs Fußende meines Bettes, es war nach zwölf Uhr dreißig.

MATHILDE, Prinzessin
1820–1904

16. AUGUST 1862

In Enghien erwartet uns ein kleiner Omnibus der Prinzessin, der uns nach Saint-Gratien bringt. »Ihre Hoheit hat sich noch nicht herunterbegeben«, sagt ein Lakai.

Das Haus hat nichts von einem Palast, das Interieur nichts Fürstliches. Sein ganzer Luxus ist die Behaglichkeit. Große Räume, angefüllt mit bequemen Möbeln, die sämtlich mit bemalter Leinwand aus Indien bespannt sind, und an den Wänden Körbchen mit Blumen. Nicht ein Kunstgegenstand. Der Salon läuft in einen gläsernen Vorbau aus, der den Blick auf einen sehr schönen Rasen und einen schier unendlichen Park freigibt.

Die Prinzessin kommt herunter. Man stellt uns vor. Sie ist eine dicke Frau, Spuren ehemaliger Schönheit, ein leicht kupfriger Teint, eine nicht recht faßbare Physiognomie und ziemlich kleine Augen, deren Blick man nicht wahrnimmt; das Aussehen einer Schnepfe in den Wechseljahren und ein gutmütiger Tonfall, der die innere Gefühlskälte nicht ganz verhehlen kann.

Während des Essens, das von einer ausgesprochen gewöhnlichen Küche zeugt, geht das Gespräch im Ton völliger Ungezwungenheit kreuz und quer, mal in Worten, die nach einer bestimmten Gesellschaft klingen, mal in kumpelhaften Ausdrücken, mal im Jargon der Halbwelt, mal erzählt man Anekdoten, die an verblümte Zeitungszoten grenzen.

Nach dem Diner.

Die Prinzessin läßt sich in ihrem zweiten Salon neben einem Haufen kleiner Möpse nieder, die sie vergöttert und die ihr überallhin folgen. Zwei scheußliche Möpse mit vorstehenden Augen, die einen Korb im Salon haben, verläßt die Prinzessin nie, sie nimmt sie sogar auf Reisen mit und trägt sie ständig auf den Armen herum: »Es sieht aus«, sagt Nieuwerkerke, »wie die beiden Zapfhähne eines Lakritzbranntwein-Verkäufers.«

15. AUGUST 1869

Hier die Personen und Komparsen von Saint-Gratien. Ein Maler ohne Talent namens Anastasi, eine Art mystischer Blödian von pöbelhafter Plattheit, der Poetaster Coppée, Popelin mit seinem Intriganten von neunjährigem Sohn, in den Salons, in der Landschaft und am See tummeln sich Professor Zellers drei Töchter, drei ziemlich hübsche junge Mädchen in gelben Kostümen, wie Schäferinnen der *Opéra-Comique,* Mademoiselle de Galbois, die, trotz ihrer vierzigjährigen Jungfernschaft, auf höheren Befehl *Madame* de Galbois genannt wird. Mittendurch schleicht die blinde Madame Defly halluzinierend mit einem Lichtschirm an den Grüppchen vorbei, um nach einem Schatten zu tappen, den sie für einen Menschen hält.

Sonntags kommen noch die beiden Girauds, Saintin und dieser alte Witzbold von Arago hinzu.

Du lieber Himmel! Damit ist die Welt der Prinzessin auch schon erschöpft.

22. SEPTEMBER 1869

Was für einen hübschen deutschen Phantasie-Hofstaat man aus den Biedermännern und Dämchen machen könnte, die um die Prinzessin herumscharwenzeln! Da wäre zunächst einmal die alte Madame Defly in ihrer teuflisch geschmacklosen Aufmachung, mit der Heiterkeit einer Blinden, ihren voltairehaften Späßchen, ihren Verwechslungen, ihren Halluzinationen und ihren Spaziergängen im Salon, auf der Suche nach imaginären Personen. Dann Madame de Galbois mit spitzer Nase, die vor Dummheit zwangsläufig komisch ist und die nicht einen Satz herausbringt, der nicht unsinnig oder blödsinnig wäre. Und Soulie, dieser Tölpel von einer Hofschranze, mit seinen schwachsinnigen Paradoxa, seinen geborgten Passionen, seinen Wutanfällen, wenn man an seine *Himmel* rührt – so nennt er die Frauen, die er geliebt haben will, die Beschreibung seiner verliebten Träumereien, während er sich zurechtmacht, das ganze sentimentale Getue um die angeblich starke sinnliche Natur, mit der er seine lächerliche Person ausstaffiert, dient dem Faulpelz nur dazu, das Diner einer Hoheit erringen, verzehren und verdauen zu können.

MAUPASSANT, Guy de
1850–1893

31. MAI 1877

Heute abend ließ der junge Maupassant in einem Atelier der Rue de Fleurus ein von ihm verfaßtes obszönes Stück aufführen; es hat den Titel »Rosenblatt« und wurde von ihm selbst und seinen Freunden gespielt.

Trostlos, diese als Frauen verkleideten jungen Männer mit dem Bild eines großen, halb geöffneten Geschlechts auf ihrem Trikot; ganz unwillkürlich stellt sich vor diesen Schauspielern, die einander berühren und das Trugbild der Liebesgymnastik erzeugen, eine Art Ekel ein. Das Stück beginnt mit einem jungen Seminaristen, der Kondome wäscht. Mittendrin tanzen Ägypterinnen unter einem monumentalen erigierten Phallus, und den Abschluß bildet eine nahezu naturgetreue Wichserei.

Das Monströse dabei war, daß der Vater des Autors, der Vater Maupassants, bei der Aufführung zugegen war.

Es waren auch fünf oder sechs Frauen da – unter anderen die blonde Valtesse –, die so taten, als würden sie lachen, während sie sich doch für die allzu große Ferkelei genierten. Selbst die Lagier blieb nicht bis zum Ende der Vorstellung.

Am nächsten Tag, als Flaubert über die Vorstellung sprach, charakterisierte er sie mit folgendem Satz: »Ja, das ist sehr frisch!« Eine derartige Sauerei *frisch* zu finden ist wahrlich eine Trouvaille.

21. JANUAR 1882

Ich treffe in der Eisenbahn Guy de Maupassant, und als ich ihn frage, ob es seiner Wunde am Finger besser gehe, die er sich beim Zerlegen seines Revolvers zuzog, erzählt er mir, daß es sich um den Schuß eines Ehemannes handelte, den er gerade noch abgewendet habe. Gestern sagte Zola von ihm, daß er ein schrecklicher Lügner sei.

10. APRIL 1883

Dann kommt die Rede auf Maupassant, dessen neues Buch *Une Vie* ich soeben in der Auslage der *Galéries de l'Odéon* gesehen habe und das Madame Brainne gewidmet ist, Céard und Huysmans erzählen von einer fürchterlichen Szene, die Madame Brainne dem Autor bei Zola machte, als die Widmung publik geworden war. Maupassant war an jenem Tag mit weißer Krawatte erschienen und brüstete sich damit, eine Dame von Welt, die er an diesem Abend in die Oper begleiten sollte, versetzt zu haben, um mit einer anderen hinzugehen. Da öffnet sich die Tür, und herein tritt Madame Brainne, die noch nie zu Zola gekommen war und seither niemals wiedergekehrt ist. Sobald sie Platz genommen hatte, begann sie zu zischeln und peitschte, während sie sprach, mit einem langen Handschuh, den sie abgestreift hatte, ihre noch angezogene Hand; und so machte sie sich über den fassungslosen Maupassant in einer für alle Anwesenden peinlichen Grausamkeit lustig. Dann verließ sie das Haus, nachdem sie Maupassant ein Zeichen gegeben hatte, der sich einige Minuten danach aus dem Staube machte; er war sehr wütend auf die Zeugen dieser moralischen Hiebe und vermied es seit dieser Szene, ihnen wieder zu begegnen.

23. NOVEMBER 1890

Heute früh war ich ganz betroffen von Maupassants schlechtem Aussehen, seinem abgemagerten Gesicht, seinem ziegelfarbenen Teint, dem scharf *markierten* Charakter, wie man im Theater sagt, den seine Person angenommen hat, ja selbst sein Blick hat etwas krankhaft Starres. Er scheint mir nicht bestimmt, steinalt zu werden.

17. NOVEMBER 1892

Ich stoße im Laden von Lemerre auf einen Bourget mit Vollmond-Gesicht, Bourget, der einst das arme Gesichtchen eines totgeborenen Kindes hatte, das ihm im übrigen ein vornehmeres Aussehen verlieh.

Wir plaudern über Maupassant, und er erzählt mir folgende Anekdote über unseren sadistischen Kollegen.

Eines Tages sagt ihm Maupassant ohne Umschweife: »Ich möchte, daß Sie meine Geliebte vögeln.«

»Ach!«

»Ja ... sie wird zwar maskiert sein ... Oh, sie ist durchaus hübsch ... aber sie ist eine Dame der guten Gesellschaft ... Sie will nicht erkannt werden.«

Tatsächlich erfuhr Bourget später, daß sie die Frau eines wichtigen Angehörigen der Universität war.

An dem Tag, an dem die Frau kommen sollte, begab sich Bourget zu Maupassant, nachdem er sich im voraus vergewissert hatte, daß ihm für den Fall seiner Indifferenz ein ehrenhafter Rückzug bliebe.

Da erschien die Frau mit der Maske vor dem Gesicht und kehrte – nachdem sie gesagt hatte, sie gehe ihren Hut ablegen – splitternackt zurück, nur ein Paar rosafarbene Baumwollstrümpfe hatte sie anbehalten, was ihre bourgeoise Herkunft verrät.

Diese Baumwollstrümpfe, das nervöse Zittern der Frau, der kalte Schweiß ihrer Brüste und vielleicht auch die Gegenwart Maupassants bedingten, daß er die Frau nicht zufriedenstellte; er entzog sich, indem er vorgab, die Darbietung sei zu brüsk gewesen. Daraufhin rief die Frau Maupassant zu: »Zu mir, mein Faun!«, warf sich über ihn und lutschte ihm die Rute.

Aber nun kommt das Merkwürdige: die Kälte, auf die sie bei Bourget gestoßen war, brachte die Frau auf die Idee, mit einem Literaten Orgien zu feiern, der als heißblütiger Vögler gilt, mit Catulle Mendès. Und Maupassant unterbreitete Catulle die Sache, der dem Vorschlag unter der Bedingung zustimmte, daß er seine kleine Freundin mitbringen dürfe.

Sodann veranstalteten die Vier eine schreckliche Orgie, die damit endete, daß die Frau des Akademikers in einem Anfall von Hysterie aus dem Nebenzimmer Maupassants Revolver holte und auf Maupassant und Mendès schoß; so kam es, daß Maupassant sich die Hand verletzte, als er sie entwaffnete.

MERYON, Charles
1821–1868
Radierer

19. OKTOBER 1856

Bei Niel das Gesamtwerk von Meryon mit sämtlichen Zustandsdrucken, Zeichnungen, Skizzen usw. gesehen. Etwas Bewundernswertes, Phantastisches in seiner Wirklichkeitsnähe. Eine gotische Seele, eine Seele, in der die Erinnerung an ein mit den Augen der Vergangenheit gesehenes Paris lebendig geblieben zu sein scheint. Überaus poetisch die Horizonte, eine nichtige und ungewisse Ferne, verworren wie ein außerirdischer Traum. Wunderbares, verkanntes Talent. Noch wirrer ist das Gehirn des perspektivischen Dichters. Dementia sitzt mit dem Elend an seinem Arbeitstisch: kein einziger Auftrag, kein Brot.

Er lebt von zwei oder drei Sou pro Tag und dem Gemüse, das er in einem Gärtchen erntet, das weit oben am Faubourg Saint-Jacques liegt. Furchtsame Vorstellungen hausen in diesem erschöpften Gehirn eines Hungerleiders, panische Angst vor der Polizei, die ihm nach dem Leben trachte, die es auf seine Existenz, sein Talent abgesehen habe, das ihr für nichts gelte. Manchmal ist er so verrückt, daß er behauptet, die Polizei des Kaisers habe den heiligen Ludwig umgebracht.

Einmal wurde diesem kranken Herzen ein schöner Traum zuteil: er verliebte sich in eine Schauspielerin, die er in einem kleinen Theater undeutlich im Rampenlicht sah. Er liebte sie, wurde darüber wahnsinnig, hielt um ihre Hand an. Da man nicht Durst und Hunger heiraten wollte, gab man ihm einen Korb. Er redete sich ein, daß die Polizei dahintersteckte; des weiteren, daß die Polizei sie vergiftet habe, vergiftet, wohlgemerkt, mit spanischen Fliegen: dieses Gift hat es ihm angetan. Er ist überzeugt, man habe sie als Gipfel der Grausamkeit in seinem eigenen Garten vergraben. Das letzte Mal, als er Niel sah, hatte er den ganzen Tag mit der Schaufel verbracht, um ihre Leiche ausfindig zu machen.

Ehemaliger Marineoffizier. Macht lange Spaziergänge in der Nacht, um das Wunderliche der großstädtischen Finsternis zu erhaschen.

METTERNICH, Pauline
1836–1921
Fürstin

15. AUGUST 1864

Sie, immer sie! Auf der Straße, im Kasino, in Trouville, in Deauville, zu Fuß, im Wagen, am Strand, beim Kinderball oder beim Ball der Erwachsenen, immer und überall trifft man dieses Scheusal, das nichts ist und nichts hat, weder Anmut noch Geist noch Barmherzigkeit, nichts als die gekaufte Eleganz von ihrem Garderobenaufseher zu hunderttausend Franc jährlich; – die Frau, die Kleider aus Russischleder mit Schließhaken trägt, dieser mißratene Affe, der noch jede Aufmachung verunstaltet, mit dem Watschelgang einer Gans, die sich die Füße versengt, ihrer eingeschnürten und maschinenhaften Taille, ihrer abweisenden kreischenden Stimme; – die Frau, deren einziges Verdienst und deren ganzer Chic darauf beruhen, daß sie Thérésa vom Alcazar und die pöbelhafte Musik in Mode brachte; – diese unechte Schnepfe, die in der Öffentlichkeit Zigarren raucht, die wie Cora Pearl selbst kutschiert und die, leer wie die Dirnen, gleich ihnen die Zeit totschlägt: in der Gesellschaft derer von Morny beim *Misti*-Spiel bis um drei Uhr früh; sie ist die Animierdame all dieser hohlen Schlampen der offiziellen Welt von heute und all dieser kleinen verdorbenen Puppen, die bei Hof waren, statt zum Bal Mabille zu gehen; – mit einem Wort: *Madame la princesse de Metternich*'

Ich sah sie gestern, ich werde sie morgen sehen, es kommt mir vor, als sähe ich sie auf ewig, mit ihrem großen Schaf von deutschem Gatten; dieser läppische Schnösel, dieses Hirtenbübchen von Botschafter mit Bändern am Hut sieht aus wie ein Oberkellner aus Wiesbaden in einem Schäferspiel.

MICHELET, Jules
1798–1874

23. NOVEMBER 1863

Wir gehen zu Michelet, den wir noch nie besucht haben, um uns für die schmeichelhaften Worte zu bedanken, die er über uns in seinen Band über die *Régence* aufgenommen hat.

Er wohnt in der Rue de l'Ouest, am Ende des Luxembourg, in einem bürgerlichen, ja fast proletarischen Haus. Im dritten Stock eine schmale Tür aus einem Flügel, wie die Tür eines Heimhändlers. Ein Dienstmädchen öffnet, meldet uns an, und wir betreten ein weit offen stehendes kleines Kabinett.

Der Tag geht zur Neige. Eine Lampe mit Schirm läßt eine aus Mahagoni, einigen groben Kunstgegenständen und undeutlich geschnitzten Spiegeln zusammengewürfelte Einrichtung erkennen. So in Dunkelheit gehüllt, nimmt es sich aus wie die Einrichtung eines Bürgers, der Stammgast bei Auktionen ist. Seine Frau, eine Frau mit ziemlich frischem, alterslosem Gesicht, sitzt neben dem Schreibtisch, auf dem eine Lampe steht, mit dem Rücken zum Fenster. Sie sitzt aufrecht auf einem Stuhl in der etwas steifen Haltung einer Buchhalterin in einer protestantischen Buchhandlung. Michelet sitzt mitten auf einem grünen Samtsofa, eingekeilt zwischen bestickten Kissen.

Er ist wie seine Geschichtsschreibung selbst: alle niederen Partien im Licht, die hohen im Dunkeln. Das Gesicht bloß ein Schatten, den lange Haare bereifen und aus dem eine Stimme dringt ... eine professorale und klangvolle, rollende und singende Stimme, die sich gleichsam aufbläht, die steigt und fällt und etwas wie ein ständiges würdevolles Gurren hervorbringt.

Er spricht mit »Bewunderung« von unserer Studie über Watteau, von einer so interessanten Geschichte, an der es fehle, der Geschichte des französischen Mobiliars. Und wie in dem lebendigen Überblick eines Dichters skizziert er uns die Wohnung des 16. Jahrhunderts im italienischen Stil, mit der Haupttreppe in der Mitte des Palastes; dann die weiten Fluchten, die durch das Verschwinden der Treppe möglich wurden, eingeführt im Hotel Rambouillet; dann der unbequeme, rohe Stil eines Ludwigs XIV.; dann jene wunderschönen Gemächer der Generalsteuerpächter, wobei er sich fragt, was sie hervorgebracht hat: das Geld der Generalsteuerpächter, die Zeitströmung oder der Geschmack der Handwerker; dann unsere moderne Wohnung, die selbst bei den reichsten Leuten ernst, kahl und öde sei.

Dann: »Sie, meine Herren, mit Ihrer Beobachtungsgabe, Sie sollten die Geschichte der Kammerzofe schreiben ... Ich spreche nicht von Madame de Maintenon, aber nehmen Sie zum Beispiel Mademoiselle de Launai ... Nehmen Sie die Julie der Madame de Gramont, die auf sie einen so großen Einfluß hatte, vor allem bei der korsischen Affaire ... Madame de Deffand sagt irgendwo, daß es nur zwei Personen gäbe, denen sie sich verbunden fühle: d'Alembert und ihre Kammerzofe. Oh, die Rolle der Dienstboten in der Geschichte ist etwas sehr Merkwürdiges und Bedeutsames ... Die männlichen Dienstboten waren weniger einflußreich ...«

»Ludwig XV.? Ein geistreicher Mann, aber eine Null, eine wahre Null!

Die großen Ereignisse der heutigen Zeit sind weniger fesselnd, sie entziehen sich, man nimmt sie nicht wahr. Man sieht nicht den Suezkanal, nicht den Durchstich der Alpen ... Oder die Eisenbahn: man sieht nur eine Lokomotive, die vorbeifährt, ein wenig Rauch ... und sie fährt doch meilenweit! Ja, wir sehen nicht die Tragweite der großen Dinge von heute ... Ich durchquerte eines Tages England dort, wo es am breitesten ist, von York bis nach ... Ich kam nach Halifax. Dort gab es gepflegte Trottoirs auf dem Land, ebenso gepflegtes Gras und Schafe, die da entlang weideten – das alles war mit Gaslicht beleuchtet!

Oh, das ist etwas sehr Seltsames: Haben Sie bemerkt, daß die berühmten Männer heutzutage nicht so sind, wie sie aussehen? Sehen Sie sich ihre Porträts an, ihre Photographien. Es gibt keine schönen Porträts mehr. Die bedeutenden Leute unterscheiden sich nicht mehr von den anderen. Ein Balzac hatte nichts Charakteristisches. Würden Sie in einem Monsieur de Lamartine aufs bloße Sehen hin den Autor seiner Gedichte erkennen? Sein Kopf ist nichtssagend, seine Augen erloschen ... einzig eine elegante, durch das Alter ungebrochene Haltung ... Das kommt daher, daß es in der heutigen Zeit bei uns zuviel Häufung gibt. Ja, ganz gewiß, es gibt mehr Häufung als früher. In uns allen ist mehr von den anderen; und da in uns mehr von den anderen ist, ist auch unsere Physiognomie weniger eigentümlich für uns. Wir sind eher Porträts einer Kollektivität als von uns selbst ...«

Solche Gedanken wälzte er gleichsam mühelos fast zwanzig Minuten lang, immer mit jener Stimme ... Wir brachen auf, und er begleitete uns zur Tür; und da kam plötzlich im Licht der Lampe, die er trug, für einen Augenblick der wundervolle traumhafte Historiker zum Vorschein, der große Nachtwandler durch die Vergangenheit, dessen gewaltige Beredsamkeit wir eben vernommen hatten; wir sahen einen kleinen Greis, schmächtig und klapperdürr, der mit einem knappen Griff seinen Rock über dem Leib festhielt und mit langen Totenkopfzähnen und zwei hellen Äuglein lächelte und der sich nun ausnahm wie ein alter, boshafter, griesgrämiger Kleinrentner, dem das weiße Haar bis über die Wangen herabhing.

4. FEBRUAR 1864

Michelet hat uns zu seinen Abendgesellschaften eingeladen. Wir gehen hin. Man steht dicht gedrängt, zusammengepfercht in der niedrigen kleinen Wohnung.

All diese Leute, Republikaner und Liberale, haben etwas von Lehrern an sich: man könnte glauben, man befinde sich bei der Abendgesellschaft des Rektors einer Schulbehörde in der Provinz. Die engstirnigsten und gewöhnlichsten Kleinbürger. Bis hin zu den kleinen Leuchtern aus gedrehtem Holz und den Blumen unter den Glasglocken! Es ist doch sehr merkwürdig, daß sich das Denken Michelets aus einer derartigen Umgebung aufschwingt, daß es aus einem solchen Leben – neben seiner Frau, der Frau eines kleinen Angestellten – emporsteigt und schwebend davonfliegt! Nie habe ich einen solchen Kontrast zwischen dem Menschen und seiner Umgebung gesehen, zwischen dem Ei und dem Nest.

Er kommt zu uns, und mit seinem ausgeprägt persönlichen Urteil, der ihm eigenen Vielfalt der Anschauungen, sagt er uns, daß die derzeitige Trennung der Frauen und Männer in den Salons mit der Spezialisierung des modernen Menschen zusammenhänge, daß wir jeder unsere eigene hätten, die Frauen aber würden die Spezialisierung verabscheuen.

3. MÄRZ 1864

Wir gehen als *Nichtmaskierte* zum Maskenball bei Michelet, wo die Frauen als unterdrückte Nationen verkleidet sind: Polen, Ungarn, Venedig usw. Es kommt mir vor, als sähe ich Europas künftige Revolutionen tanzen.

12. märz 1864

Von Madame Sand gehen wir durch den Luxembourg zu Michelet. Ein anderer Empfang, ein anderer Geist. Stundenlang könnte man zuhören, wie er die Gedanken dreht und wendet, die oft falsch sind, paradox, aber niemals geläufig und wohlfeil.

Er hat sich gerade in die heiligen Bücher Indiens vertieft, und er ist daraus wie von der Sonne geblendet hervorgegangen. Er findet, daß man diesen Völkern Unrecht getan habe, daß ihre Sanftheit mit den Tieren nicht vom Glauben an die Seelenwanderung herrühre, vielmehr sei das Gegenteil wahr: »Es ist nicht ihr Glaube, der ihr Herz schuf, es ist ihr Herz, das den Glauben geschaffen hat.«

Er sagt uns, daß er viel an den Druckfahnen arbeite, weil die Handschrift täusche; es gebe kalligraphische Abschnitte, in Augenblicken der Leidenschaft, der Ergriffenheit entstanden und in bewegter Schrift geschrieben, an denen man hänge. Erst bei den Fahnen würde man sehen, daß sie in keinem Zusammenhang stehen, weder mit dem Vorhergehenden noch mit dem Folgenden. »Die Druckfahnen sind die Gedanken im Licht.« Er fragt sich, wie das Altertum ohne diese stoffliche manuelle Inspiration der Schrift einer Idee mit all ihren Verlockungen folgen konnte, die er nur mit Hilfe der Feder durchdenken könne.

Seine Frau ist da, die sich darauf freut, unseren Roman zu lesen; sie beklagt sich, daß es zu wenig Bücher gäbe, die man ohne vieles Nachdenken lesen könne, und sie erzählt, wie sie am Abend zuvor die ganze Bibliothek ihres Mannes nach etwas Lesbarem abgesucht habe. Darauf freimütig Michelet: »Ich sagte zu ihr: ›Hier, nimm meinen Homer, meinen Dante.‹ Nun, ich bot ihr die schönsten Dinge an ...«

Wir kommen auf die moderne Tristesse zu sprechen, die

Abwesenheit der Freude, der Freude eines Rabelais, der Freude, aus der Luther eine Tugend machte. Er lastet das der Komplexität des modernen Denkens an, der Verlegenheit bei der Wahl so vieler neuer Wege des Geistes, dem Gezerre der Studien in verschiedene Richtungen, kurzum der Multiplikation der Horizonte rund um unser Gehirn:

»Ich, zum Beispiel, hatte im Alter von ungefähr dreißig Jahren schreckliche Migräneanfälle: Das hing mit einem Magenleiden zusammen; dieses wiederum rührte von der Vielzahl der verschiedenen Sachen her, die ich machte, Arbeiten und Studien in allen Richtungen der Lehrtätigkeit. Edwards, der mich behandelte, sagte zu meiner Frau: ›Es könnte sein, daß er verrückt wird oder daß er stirbt!‹ Nach einem Aufenthalt von sechs Wochen kam ich aus Italien zurück. Sechs Wochen, das konnte nicht viel bei mir bewirken. Ich sagte mir: ›Nun gut, ich werde keine Bücher mehr lesen, ich werde selber welche schreiben!‹ Und von da an war ich mir des Morgens, wenn ich aufstand, vollkommen darüber im Klaren, was ich zu tun hatte; und indem sich mein Denken nur noch auf jeweils einen Gegenstand richtete, war ich geheilt.«

26. JANUAR 1865

Das Genie Michelets ließe sich am treffendsten folgendermaßen beurteilen: Er ist ein Historiker mit einem Opernglas, der die großen Ereignisse durch das kleine Ende betrachtet und die kleinen durch das große.

11. APRIL 1866

Das Genie, das hier gegenwärtig auf alles und alle abfärbt, heißt Michelet. *Das Meer* von Michelet hat seine Spur in

Les Travailleurs von Hugo hinterlassen. Heute öffne ich das Buch[32] von Renan: das ist *fénelonisierter* Michelet. Michelet hat das derzeitige Denken geprägt.

8. AUGUST 1867

Nachdem wir Sainte-Beuve verlassen haben, treten wir bei Michelet ein. Wir finden ihn mitten auf seinem kleinen Sofa sitzend, die Hände auf den Schenkeln, in Ölgötzenpose, mit einer Art ekstatischem, leicht blödem Lächeln im Gesicht.

Er redet über Rousseau, von dem er meint, daß er nur darum etwas vollbracht habe, weil er in einem bestimmten Augenblick nicht mehr aus noch ein wußte, ihm nichts als die Verzweiflung blieb. Desgleichen Mirabeau ... Und er beginnt aus diesem Verzweiflungsmoment im Schicksal großer Männer, aus dieser Sackgasse des Unglücks, in der sie plötzlich umschwenken und sich ihrem Los stellen, ein Gesetz zu machen. Er schließt mit den Worten: »Darüber gibt es einen hübschen Emigranten-Ausspruch: ›Man muß in Amerika auf einer Planke an Land geschwemmt werden, der Mann, der mit einem Koffer ankommt, vollbringt dort nichts.‹«

18. JUNI 1868

Als wir mit Michelet über sein Buch vom *Priester und der Frau* sprachen, unterbrach er uns heftig:

»Ach, ich wünschte, ich hätte es nie geschrieben, dieses Buch, obwohl es mir so ähnlich sieht ...« Und der alte Mann wandte mit einem Zwinkern unter seiner weißen Mähne die

---

[32] *Les Apôtres*.

in der Dankbarkeit der Liebe ganz jung wirkenden Augen seiner Frau zu. Madame Michelet fuhr fort:

»Ja, er hat den Beichtvater zu interessant gemacht, aus der Beichte einen Roman.« Und sie zitiert die entsprechende Passage aus dem Buch. »Viele Frauen sind zur Beichte gegangen, nachdem sie es gelesen hatten ... Bei mir trat das Gegenteil ein, ich las es, als ich noch ganz jung war; und seither habe ich die Priester immer verabscheut ...«

»Das ist nun mal das Mißgeschick der Kunstwerke!« entgegneten wir.

»Nein, nein«, wiederholte Michelet. »Ein Voltaire hätte dieses Buch nicht geschrieben. Das ist nicht seine Art zu polemisieren ... übrigens etwas recht Merkwürdiges: Ein junger Mann wird in Südfrankreich wegen eines Pressedelikts zu drei Monaten Gefängnis verurteilt. Da er kränkelt, erhält er die Erlaubnis, seine Haft im Hospital abzusitzen Die mit der allgemeinen Pflege betrauten Schwestern beginnen sich um ihn zu kümmern und fragen ihn, ob er sich nicht langweile, ob er gern Bücher lesen würde: ›Was für Bücher denn, werte Schwestern?‹ – ›Nun, wir haben *Der Priester und die Frau* von Monsieur Michelet‹ – ›Von Monsieur Michelet?‹ – ›Ja, das ist ein von unserem Beichtvater gebilligtes Buch ...‹ Je nun, das zu hören hat mir einen gewaltigen Schlag versetzt!«

22. MAI 1869

Bei Michelet.
Trotz seiner Jahre und der langen Arbeit ist der Greis mit dem schneeweißen Haar geistig noch immer jung und beweglich, beredt, voll farbiger Eingebung und paradoxer Auffassungen.

Wir sprechen über das Buch von Hugo. Er sagt, der Roman sei die gewaltige Anstrengung, ein Wunder zu konstruieren, das absolute Gegenteil dessen, was die Geschichtsschreibung anstrebe, »die große Absetzerin der Wunder«. Und er zitiert diesbezüglich Jeanne d'Arc, die nicht mehr wundernehme, seit er die ganze Schwäche und Unzulänglichkeit der englischen Armee aufgezeigt habe, der die Vereinigung und Konzentration aller französischen Streitkräfte gegenüberstand.

In seiner Vorstellung sei Hugo weniger ein Titan als ein Vulkan, ein Gnom, der in den Tiefen des Erdinneren in großen Essen Eisen schmiede ... Vor allem ein Anstifter und Liebhaber der Monster: Quasimodo, *L'Homme qui rit,* immer verdankt sich der Erfolg dem Hieb eines Monsters; selbst in *Les Travailleurs*, wo alles Interesse seines Romans einem Kraken gilt ... Hugo ist von einer Kraft, einer aufgepeitschten überspannten Kraft, der Kraft eines Mannes, der gegen den Wind marschiert und zweimal täglich im Meer badet.

Dann spricht er über die Schwierigkeit, einen modernen Roman zu verfassen, weil das Milieu sich nur geringfügig wandle; und indem er so tut, als überhöre er unsere Einwände, kommt er auf *Pamela*[33] zu sprechen, einem Roman, dessen Hauptinteresse seines Erachtens in dem Wandel der damaligen Sitten liege, der Verwandlung des alten englischen Puritanismus in Methodismus, seine Anpassung an die menschlichen Interessen und die Lebenserfahrung, die an dem Tag erreicht worden sei, an dem Wesley sagte, »daß den Heiligen die ihnen gebührende Rangordnung zukommen sollte«.

---

33 Der Roman von Richardson erzählt die Abenteuer einer jungen Dienstmagd, die von ihrer sterbenden Herrin dem Sohn anvertraut wird, dem Grafen von Belfast, einem Libertin, der sie verführen will und der sie – angesichts ihres tugendhaften Widerstands – schließlich heiratet.

»Pamela«, fügte er hinzu, sein Schlußwort mit einem Lächeln unterstreichend, »Pamela, ein Vorbild, das zugleich Magister und junges Mädchen ist!«

Wir streifen die Wahlen. Er weist uns auf etwas Merkwürdiges hin: daß nämlich das Volk nicht »die nächste Revolution« sagt, es sagt »die nächste Liquidation«. In diesen Zeiten der Börse dient der Drohung des Volkes die Ausdrucksweise des Finanzjargons.

16. OKTOBER 1884

Ein vortrefflicher Ausspruch von Michelet: »Eines Tages wird man die Pathologie des Terrors ausfindig machen.«

MONTESQUIOU-FEZENSAC, Robert de
1855–1921
Dichter, Vorbild für Prousts Monsieur de Charlus

14. JUNI 1882

Die Regungslosigkeit des Musters auf seinem Teppich mutete ihn traurig an. Er wünschte sich etwas Farbiges darauf, einen wandelnden Reflex. So ging er zum Palais-Royal, wo er um teures Geld eine Schildkröte kaufte. Und er freute sich über das Wandeln dieses lebendigen glänzenden Dings auf seinem Teppich.

Allein nach ein paar Tagen mutete ihn das Glänzende der Schildkröte etwas traurig an. So trug er seine Schildkröte zu einem Vergolder und ließ sie mit Gold überziehen. Und dieser wandelnde vergoldete Tand erheiterte ihn ungemein, bis zu dem Augenblick, in dem er plötzlich auf die Idee kam, die Schildkröte von einem Goldschmied mit Edelsteinen einfassen zu lassen. Und er ließ in den Panzer Topase einlegen. Er war ganz im Glück seiner Einbildungen – da starb die Schildkröte an ihren Inkrustierungen.

Der Sonderling, der auf diese Idee kam, wurde mir heute von Heredia vorgeführt. Es ist der junge Montesquiou-Fezensac, der mir zu Ehren eine Hose trägt, die aus dem Plaid eines schottischen Clans geschneidert ist, und der sich für seinen Besuch im voraus *eine Ad-hoc-Seele zurechtgelegt hat:* ein wunderlicher Kauz, ein literarischer Wirrkopf; gleichwohl ist ihm die erlesene Vornehmheit der im Aussterben begriffenen Adelsgeschlechter gegeben.

1. FEBRUAR 1885

Es ist die Rede von dem fabelhaften Montesquiou, und man erzählt von seiner ersten Liebe, eine baudelaireske Liebe, der Liebe zu einer Bauchrednerin, deren Stimme aus dem Bauch das weinselige Organ eines Loddels nachahmte, die den noblen *Hurenbock* bedrohte, während sich Montesquiou abrackerte, um glücklich zu sein.

7. JULI 1891

Zu Besuch bei Montesquiou-Fezensac, dem Des Esseintes aus *À Rebours*.
Ein Erdgeschoß in der Rue Franklin, die hohen Fenster mit den kleinen Scheiben des 17. Jahrhunderts geben dem Haus ein altertümliches Aussehen. Eine Wohnung, angefüllt mit einem Sammelsurium unterschiedlichster Objekte, alter Familienporträts, scheußlicher Empire-

möbel, japanischer Kakemonos und Radierungen von Whistler.

Ein origineller Raum: die Toilette mit einem Klosettbekken aus einer riesigen persischen Emailleschüssel, an deren Seite der gigantischste aller Wasserkessel aus gehämmertem und ziseliertem Kupfer aus dem Fernen Osten angebracht ist, das Ganze umgeben von Vorhängen aus bunten Glasstäbchen, ein Raum, in dem die Hortensie in jeglichem Material und in allen denkbaren Mal- und Zeichenstilen dargestellt ist – zweifellos im frommen Angedenken der Familie an die Königin Hortense.[34] Und mitten in diesem Toilettenkabinett steht eine kleine Vitrine aus Spiegelglas, die den Blick auf die zarten Farbschattierungen von an die hundert Krawatten freigibt, unterhalb einer leicht päderastischen Photographie von Larochefoucauld, dem Akrobaten vom Zirkus Mollier, abgebildet in einem Trikot, das seine hübsche Ephebengestalt voll zur Geltung kommen läßt.

Da ich vor einer Radierung von Whistler stehenblieb, teilte mir Montesquiou mit, daß Whistler gerade zwei Porträts von ihm mache: das eine im schwarzen Gewand mit einem Pelzmantel unter dem Arm, das andere im großen grauen Überzieher, mit hochgestelltem Hemdkragen, sowie, um den Hals, einem Etwas von einer Krawatte in einer Schattierung, einer Schattierung ... die er nicht nennt, aber deren ideale Tönung sein Blick zum Ausdruck bringt.

Interessant ist es zu hören, wie Montesquiou die Malweise Whistlers erörtert, dem er bei seinem einmonatigen Aufenthalt in London siebzehn Sitzungen gegeben hat. Die Skizze

---

[34] Montesquious Kommentar zu diesen Zeilen: »Aber nicht im Entferntesten!«

sei ein *Ansturm auf die Leinwand,* ein oder zwei Stunden fieberhafter Raserei, und daraus gehe der Gegenstand in seiner Schale fix und fertig hervor ... Dann die Sitzungen, lange Sitzungen, in denen die meiste Zeit darüber verging, daß der Maler zwar den Pinsel an die Leinwand heranbrachte, die Farbe an der Pinselspitze jedoch nicht auftrug, sondern ihn wegwarf, den Pinsel, einen anderen nahm, und so kam es bisweilen vor, daß er in drei Stunden etwa fünfzig Pinselstriche auf die Leinwand brachte ... und mit jedem Pinselstrich wurde, wie er sich ausdrückt, eine weitere Schleierschicht der Skizze aufgehoben. Sitzungen, oh, bei denen es Montesquiou vorkam, als bringe ihn Whistler mit der Starrheit seiner Aufmerksamkeit ums Leben, als *sauge* er einen Teil seiner Individualität ein; und schließlich fühlte er sich dermaßen *ausgepumpt,* daß er etwas wie eine Kontraktion seines ganzen Wesens verspürte; glücklicherweise habe er einen bestimmten mit *Koka* versetzten Wein entdeckt, durch den er sich von diesen schrecklichen Sitzungen wieder erholte!

Hierauf trat die Gräfin Greffulhe ein, und das Gespräch wandte sich den Frauen der Vergangenheit zu, über die Montesquiou mit dem Takt und der Artigkeit eines Abkömmlings einer wirklich alten Familie zu sprechen wußte, indem er sich das geschickt gescheitelte graue Haar seiner Großmutter in Erinnerung rief, in welchem sich die Holunderblüten so gut zu ihrem Alter fügten. Und er erzählte folgende Anekdote über diese Großmutter: Bei der Hochzeit einer ihrer Schwiegertöchter bat sie eine andere Schwiegertochter, sie möge ihr einen Mantel leihen, und gestand, daß sie – dem Tode so nahe – diese Ausgabe scheue. Da sie den Mantel dann ganz nach ihrem Geschmack fand, behielt sie ihn und bot der Besitzerin des Mantels zur Entschädigung für die Leihgabe an, sie möge sich das Tischchen dort nehmen, das die Schwiegertochter so schön fand. Nun sei aber dieses Tischchen das schönste Möbel des 18. Jahrhunderts gewesen, das man sich denken könne, ein Kunstgegenstand aus ziselierter Bronze, der heute der Gräfin von Gramont gehöre.

Montesquiou ist keineswegs der Des Esseintes von Huysmans. Mag er auch schrullige Seiten haben, so wirkt der Herr doch nie wie eine Karikatur – dem entkommt er allemal durch seine Vornehmheit. Seine Konversation ist – von einer leicht manieristischen Ausdrucksweise abgesehen – voll scharfer Beobachtungen, köstlicher Bemerkungen, origineller Ansichten und sich glücklich fügender hübscher Sätze, die er oft mit einem Lächeln und mit nervösen Gesten seiner Fingerspitzen beendet, vollendet: eine Konversation, aus der ein gegen die Person voreingenommener Analytiker ob der leicht mysteriösen Verdichtung der Rede etwas ablesen könnte wie die Spur der Konversation eines ehedem geistreichen Irren, der, für einen Augenblick aus seinem Wahn befreit, vernünftige Dinge von sich gibt.

Und dann findet ein Gang durch den Garten statt, einen Garten, der wie auf einem Wall gelegen ist, der das Paris links der Seine dominiert und den eine Art Glashaus-Bibliothek mit den Lieblingsbüchern von Montesquiou abschließt, die zugleich ein kleines Museum mit den Porträts der Autoren enthält, unter anderen die zwischen Baudelaire und Swinburne figurierenden Porträts von meinem Bruder und mir. Ein kleiner wunderlicher Garten, dessen Bäume aus einem halben Dutzend jener Eichen und Thujen in Töpfen besteht, die er bei der Japan-Ausstellung gekauft hat, Zwergbäume, die einhundertundfünfzig Jahre alt sind, von der Größe eines Blumenkohls, und über deren Wipfel man versucht ist, zärtlich mit der Hand zu streichen wie über den Rücken eines Hundes oder einer Katze.

12. JULI 1892

Heute morgen besuchte mich Montesquiou, der mir seinen enormen prunkvollen Quartband mitbrachte, seinen Poesie-Block. Fast zwei Stunden lang erklärte er mir mit einer ehernen Stimme, die diesem schmächtigen, ausgemergelten Körper entwich, die *Kohäsivität,* die *Wirbelsäulung* des Bandes in einem charentonwürdigen Galimathias. Diese Gedichte von der Fledermaus, besungen in Reimen und im Wasserzeichen des Papiers, dieses Loblied des vierfüßigen Vogels der Nacht, kommt einer Feier aller großen Narren der Menschheit gleich, von Nabukadnedzar bis zum Herzog von Brunswick, bis zu Montesquiou selbst, der anonym bleibt. Es ist völlig wahnwitzig, aber nicht unintelligent und nicht ohne Talent. Es kommt sogar ein Besuch der Kaiserin in Saint-Cloud vor, der durchaus nicht einer gewissen Eindringlichkeit entbehrt, der Besuch der verschleierten Kaiserin, vorbei an jenen zu Trümmern zerfallenen Decken, an denen das Blau des Himmels die Bemalung ersetzt, und die er in Versen darstellt, in denen sie dem Fremdenführer des Palastes diese Frage hinwirft:

> Sie hebt den Tüll,
> Ihr bleiches Antlitz spricht:
> »Jean, erkennen Sie mich nicht?«

Ach, mein Gott, wäre Montesquiou-Fezensac ein Bohémien wie Villiers de l'Isle-Adam, einer, der in Brasserien verkehrt, würde man in ihm vielleicht einen außergewöhnlichen Dichter sehen. Er stammt jedoch aus gutem Hause, er ist reich, er gehört zur großen Welt, und so wird man ihn nur barock finden!

4. JANUAR 1893

Robert de Montesquiou, der heute zu mir kam, um sich für einen Brief zu bedanken, den ich in seiner Sache an die Gräfin Greffulhe geschrieben hatte, wurde bald mitteilsam; er sprach rückblickend mit Grauen von seiner Kindheit, die er bei den Jesuiten von Vaugirard verbrachte, sagte, er hätte in seinen ersten Jahren eher ein Bain-Marie aus Frauenröcken gebraucht statt der schmutzigen Soutanen dieser Priester; er erzählte mir, wie ihm im Alter von vierzehn Jahren, als er bereits Liebesgedichte vom Mond verfertigte, eines Tages auf dem Weg ins Refektorium, wo man so schlechtes Kalbfleisch aß, der dicke Jesuit, der ihn führte, mit asthmatischer Ironie an den Kopf warf: »Träumerischer und fahler Schimmer!« – Teil eines Gedichts über den Mond, den die ortsübliche Schnüffelei beim Wühlen in seinem Pult aufgeschnappt hatte; und das verächtliche ironische Auspfeifen dieses dicken Jesuiten bewirkte, daß er sich in sich selbst zurückzog und seine Seele dicht machte, um sorgfältig die Zärtlichkeit und die Exaltation darin zu verbergen.

MUNKÁCSY, Michael Lieb, genannt Mihály
1844–1900
Maler

17. FEBRUAR 1883

Der Maler Munkácsy: ein großer schlottriger Leib, gekrönt vom grauen Buschwerk der Haare, das sich wie ein von Spinnweben überzogener Strauch im Herbst ausnimmt.

Diesem langen Körper, der sich mit der Schlaffheit eines zerbrochenen Hampelmanns auf das Sofa fallen läßt, entweicht eine leise, wehleidige Stimme, mit der er über eine Müdigkeit klagt, die es ihm nicht einmal erlaube, den Arm zu heben. Er wird von seiner Frau flankiert, eine kleine, stämmige Schwarzhaarige, die sich aufführt wie ein gutmütiges Mädchen aus einem Bordell in Marseille.

NADAR (Félix Tournachon)
1820–1910
Karikaturist, Photograph

30. NOVEMBER 1862

Carjat erzählte mir, daß er nie zuvor ein solches Elend gesehen habe wie seinerzeit das Nadarsche. Er lebte zwei Monate lang mit einer Frau, ohne je das Haus zu verlassen, lag im Bett, da er keine Kleider zum Anziehen hatte. Die Frau trug Hosen und gelbe Lederstiefel, in dieser Aufmachung ging sie zum Opernball. Sie hatten eine Schwäche für Austern, und die Austernschalen stapelten sich so lange im Zimmer, bis sie schließlich eine Art Parkett bildeten.

19. NOVEMBER 1870

Hier wird gerade ein festgebundener Ballon aufgeblasen. Der Rotschopf Nadar ist zwangsläufig dabei; er trägt die Kappe eines Marineoffiziers und einen Raglan von militärischem Schnitt; quirlig tut er sich hervor, macht alle auf sich aufmerksam und gibt dem Publikum mit seiner ganzen Person zu verstehen: »Schaut mich nur an, mich, den wahren, den einzigen, den einmaligen Nadar!«

5. AUGUST 1895

Nach traurigen Details über die Zwistigkeiten Nadars mit seinem Sohn und über seinen Ruin machen wir einen Besuch in der Eremitage[35], dieser seltsamen Behausung, wo wir einmal, bei der Besichtigung des Grundstücks, auf einer Terrasse Kohlebrocken entdeckten, und obendrauf lag ein Paar rosa Frauenstrümpfe.

»Er ist ausgegangen, kommt aber bald wieder zurück«, sagt uns eines seiner lachlustigen schwarzen Dienstmädchen; wir betreten die Eßküche, in der die arme gelähmte Frau von Nadar nahe beim Fenster sitzt und sich den Hals verrenkt, um zu sehen, was sich auf dem Waldweg abspielt. Um sie herum drei oder vier schwer einzuordnende Frauen, darunter die junge mit dem Schnurrbart, von Nadar »Papagei« getauft.

Schließlich taucht Nadar auf, er trägt wie immer eine rote Bluse à la Garibaldi und redet mit uns über die Notwendigkeit, die Eremitage zu verkaufen; er habe versäumt, den Spitälern ein Angebot zu machen; er sagt, daß er entschlossen sei, ein Photographie-Geschäft in Marseille zu gründen, seine arme Gelähmte wolle er in einem Landhäuschen der Umgebung unterbringen.

Als er uns zum Wagen zurückbegleitet und einen Augenblick an der Pforte stehenbleibt, läßt er sich über den Kum-

---

35 Nadars Eremitage, ein altes Kloster, lag im Wald von Sénart, südlich von Champrosay.

mer aus, den sein Sohn der Mutter mache: »Was mich betrifft«, sagt er mit belegter Stimme, »mit mir spricht er nicht, grüßt nicht einmal mehr ... In meiner Jugend war ich ein Gewaltmensch, bereit zu schlagen, indessen bei ihm« – er hebt den Finger in die Luft und läßt ihn wieder fallen –, »nicht einmal so habe ich bei ihm gemacht, ich habe ihn nie bestraft.« Und als Daudets ihn ermuntern, doch einmal seine Frau zum Abendessen mitzubringen, steigen Tränen der Dankbarkeit in seine Augen.

Félix Tournachon, gen. Nadar.
Betrachtet man den galligen Teint des Mannes, die harten Furchen seines faltigen Gesichts, seine Wüterichaugen samt der Warze, die böse unter einer Braue tanzt, und hört man dazu seine langsame, sanfte, herzliche Rede, so fragt man sich: »Ist er wirklich schlecht? Ist er wirklich gut?«

NAPOLÉON III.
1808–1873

16. JUNI 1856

Feuillet de Conches zeigte neulich dem Kaiser und der Kaiserin im kleinsten Kreise die Korrespondenz der Marie-Antoinette. Feuillet war ganz erstaunt, den Kaiser reden zu hören; seine These zu diesen Briefen war folgende: »Wenn man gut ist, erscheint man feige; man muß böse sein, wenn man für mutig gehalten werden will!«

7. MÄRZ 1857

Alphonse erzählte gestern, als er zum Abendessen bei mir war, daß Monsieur Home, der berühmte Geisterseher, ein in Paris lebender Amerikaner, neulich zum Kaiser gerufen wurde. Erstes Experiment: Die Kaiserin hält die Tischglocke, der Kaiser sitzt am anderen Ende des Tisches. Die Glocke entfällt den Händen der Kaiserin und wandert, indem sie den Tisch überquert, in die Hand des Kaisers. 2.) Die Standuhr würde gleich elf Uhr läuten; der Kaiser sagt: »Ich will, daß sie drei Uhr läutet.« Monsieur Home legt die Hand auf ein Ornament der Pendüle: sie läutet drei Uhr. 3.) Monsieur Home sagt: »Die Decke dieses Tisches wird sich rühren, wie von einer Hand bewegt.« Die Decke regt sich. Der Kaiser legt die Hand drauf, fühlt sich von einer Hand ergriffen, macht sich geschwind los und hebt mit der anderen die Decke: nichts. Es sei nun genug, sagt die Kaiserin.

14. JANUAR 1861

Als der Kaiser auf den Thron stieg, überließ er sein ganzes Vermögen dem Staat. Es bestand aus einem Hof in der Sologne, für dessen Erwerb er beim Crédit Foncier eine Summe von etwa fünf- bis sechshunderttausend Franc geliehen hatte – die Zinsen dafür läßt er den Staat bezahlen.

6. MÄRZ 1861

In der Oper.
Uns gegenüber liegt die vollständig vergitterte Loge, in der sich der Kaiser zu vergnügen pflegt. Er läßt sich von unten einige Frauen aus den Kulissen bringen.

12. MAI 1861

Véron erzählte von seiner ersten Zusammenkunft mit Louis-Napoléon im Hôtel du Rhin. Der zukünftige Kaiser trug eine gelbe Weste, wie ein badischer Postillon, und in diesem Aufzug hielt ihn Véron für einen Domestiken, den er bat, ihn zum Prinzen zu geleiten.

15. MÄRZ 1862

Ein Arzt hat mir heute morgen ein fabelhaftes Detail der Liebschaften des Kaisers erzählt. Das Weibsbild wird in einem Wagen in die Tuilerien gebracht; nachdem man sie in einem ersten Saal entkleidet hat, wird sie nackt in einen anderen geführt, wo der Kaiser sie gleichfalls nackt erwartet; dann erhält sie von Bacchiochi, der sie geleitet, folgende Empfehlung und Erlaubnis: »Sie dürfen den Kaiser überallhin küssen, außer ins Gesicht.«

15. NOVEMBER 1862

Von Zeit zu Zeit läßt man in Compiègne[36] einen Schwung Schriftsteller und Künstler antreten: schließlich muß man der Tradition treu bleiben! Dafür, wie gnädig man sie zu empfangen weiß, ein Beispiel: Es stammt von dem Betreffenden selbst, der sich glücklich schätzen durfte, daß der Kaiser ihm liebenswürdig begegnete. Der Kaiser klagte über seine nachlassende Sehkraft: »Merkwürdig, ich kann Blau

---

36 Compiègne = bei Hof.

nicht mehr von Schwarz unterscheiden. Wer ist das dort drüben?« – »Majestät, das ist Monsieur Berlioz.«

»Monsieur Berlioz, ist Ihr Frack blau oder schwarz?«

»Sire«, beeilte sich Berlioz zu erwidern, »ich würde mir niemals erlauben, bei Eurer Majestät einen blauen Frack zu tragen: er ist schwarz.«

»Gut«, sagte der Kaiser.

Und das war alles, was der Kaiser in vier Tagen mit ihm redete.

21. DEZEMBER 1862

In Ferrières schoß der Kaiser einen Fasan, der »Es lebe der Kaiser« rief. Es handelte sich um einen Papagei, dem Lami das Gefieder bemalt hatte. Vielleicht wurde Lami deshalb zum Offizier der Ehrenlegion ernannt ... Eine schlechte Bezahlung!

21. JANUAR 1863

Auch den Kaiser sah ich – zum Greifen nah – an mir vorbei zum Büffet gehen, langsam, automatenhaft, somnambul, mit dem Auge einer Echse, die zu schlafen scheint und doch nicht schläft. Ein scheeles Gesicht: er blickt seitwärts, er hört seitwärts. Ein schlafender dumpfer, unheimlicher Mann. Etwas von einem Verschwörer, einem Sträfling und einem Putschisten in seinem Gang, seinem Blick, seiner Miene. Er nimmt sich aus wie eine falsche Münze, die nachts in einem Wald geprägt worden ist und die den Zweiten Dezember in der Gestalt eines Polizisten versinnbildlicht.

16. DEZEMBER 1863

Prinzessin Mathilde spricht über den Kaiser: »Da ist nichts zu wollen! Dieser Mann ist nun mal weder lebendig noch für Eindrücke empfänglich. Er leiht jedermann sein Ohr: bestimmt wird er nur durch die Fakten. Nichts vermag ihn zu bewegen. Neulich hat man ihm eine Flasche Selterswasser in den Nacken fallen lassen; er gab sich damit zufrieden, sein Glas von der anderen Seite her zu reichen – wortlos. Das ist ein Mann, der nie in Wut gerät; seine zornigste Äußerung lautet: ›Das ist absurd.‹ Mehr bringt er nicht heraus ... Wenn ich den geheiratet hätte, ich glaube, ich hätte ihm den Schädel eingeschlagen, um zu sehen, was er enthält.«

27. FEBRUAR 1864

Er schreitet, Fuß vor Fuß, langsam, steifnackig, mit kleinen gesetzten und doch gleitenden Schritten. Er hat etwas von einem Reptil in der Art, wie er herankommt, und etwas von einem Kamäleon in seinem Ausdruck – etwas Verschlafenes und Eisiges, ein kleines erloschenes Auge und die Haut drum herum faltig und zerknittert wie die Lider einer Eidechse. Er geht nicht auf die Leute zu: er wittert das Spalier, das sich bei seinem Vorüberkommen bildet; bleibt zögernd vor jemandem stehen, halb abgewendet, ohne ihm das Gesicht zuzudrehen, und vor sich hin starrend, richtet er ein erstes verschnupftes Wort an ihn; es hat einen deutschen Akzent. Dann sucht er ein zweites Wort, immer mit verschwommenem Blick starrend. Der Betreffende wartet: nichts kommt. Er ist wie gelähmt in seiner Betretenheit; nach einigen Sekunden zieht er sein Taschentuch heraus und wischt sich phlegmatisch über den Mund, und ein weiteres Wort fällt, und dann geht er weiter. Manchmal glimmt in seinen Augen von mattem Blau ein fahles Lächeln, ein trüber Schimmer. Er ist in Zivil, trägt einen Frack, einen Zylinder, zwei Rosenknospen im Knopfloch und auf der Weste das große Ordensband der Ehrenlegion. *Ave Cæsar!* Er ist's.

Unheimlich, das ist das Attribut, das sich bei seinem Anblick aufdrängt. Gautier meint, er sähe aus wie ein Zirkusreiter, den man wegen Trunksucht davonjagte. Das trifft durchaus etwas. Unheimlich, linkisch, angeschlagen, unerbittlich. Er ähnelt außerdem einem Hasardeur, wie man ihm etwa in einer Absteige in Deutschland begegnen könnte, einem Zuhälter aus Frankfurt.

Als ich ihn so betrachtete, sagte ich mir: »Das also soll das Oberhaupt Frankreichs sein, der Mann, auf dessen Schultern alles ruht. Das also ist Napoléon III., Cäsar auf dem Welttheater kraft der gleichen Ironie, die aus einem Clarence den Marc Aurel der Porte Saint-Martin macht? Nichtanerkanntes Kind, Napoléon auf höhere Weisung beim Te Deum seiner Geburt, an dem sein Vater nicht teilnahm, ein Napoléon, in dem nicht ein einziger Tropfen napoleonischen Blutes fließt, diese Schurkengestalt, das also soll er sein?«

28. FEBRUAR 1864

Gestern hat sich der Kaiser sehr lange mit Houssaye unterhalten. Claudin, dieser allwissende Elefant im Porzellanladen, erzählte uns die Ursache seiner Gunst. Es war, als der Prinz-Präsident seine Wahlreise durch Frankreich machte. Auf seiner letzten Etappe in Blois überkam ihn die Lust, mit der kleinen Fix vom *Théâtre-Français* zu schlafen. Ein Vorwand war nötig, um einen Tag und vor allem eine Nacht in dieser Stadt von untergeordneter Bedeutung zu verbringen.

Houssaye schickte schnell nach der Fix, und um dem Kaiser, der ihr seine Nacht schenkte, einen Vorwand zu liefern, ließ er ihn ein von der Stadt in Auftrag gegebenes Museum eröffnen; er improvisierte es in einem Tag mit fünfundzwanzig Öl-Schinken. Der Kaiser wußte ihm immer Dank für die Findigkeit dieser Kuppelei, für die er ihm eine Diamantnadel mit dem Buchstaben N verlieh; bei großen Gelegenheiten steckt Houssaye sie an.

22. JUNI 1864

In Saint-Gratien, bei der Prinzessin Mathilde.
Er setzte sich, versank im Sessel in einer plumpen Haltung mit gespreizten Beinen in der Art von Leuten mit Übergewicht. Der Kopf scheint dem Kaiser von weit oben auf die Schultern gefallen zu sein und sich dort festgerammt zu haben. Zerschmettert, halslos steckt er drin. Er ist ein plumper Cäsar. Seiner Schwester antwortet er in langsamer Rede, mit einer matt klingenden, dumpfen Stimme und leichtem Singsang; unterbricht sich, um ein Gähnen vorübergehen zu lassen, das zu verbergen er sich nicht die Mühe macht.

Neulich wäre der Kaiser beinahe von den Karpfen in Fontainebleau gefressen worden. Es hat nicht viel dazu gefehlt!

4. DEZEMBER 1864

Ein Redakteur der *Temps* namens Hébrard, mit dem wir bei Charles Edmond zu Abend essen, behauptet, daß ihm der Präfekt Chevreau folgendes erzählt habe:

Vor kurzem hatte er eine Audienz beim Kaiser, um von ihm wegen einer lokalen Lappalie Genugtuung zu erlangen. Noch bevor er den Mund öffnet: »Sind Sie Präfekt erster

Klasse?« sagt der Kaiser zu ihm. – »Ja, Sire.« – »Sind Sie Kommandeur der Ehrenlegion?« – »Ja, Sire.« – »Sind Sie Staatsrat außer Dienst?« – »Ja, Sire, und Ihre Güte ...« – »Schon gut! Hier, nehmen Sie, da sind zehntausend Franc zu Ihrem Vergnügen ...«, meint der Kaiser, ohne ihm zuzuhören, und will ihm zehn Tausend-Franc-Scheine in die Hand drücken, die er aus seinem Schreibtisch gezogen hat. Es kostete Chevreau einige Mühe, ihm verständlich zu machen, daß er nicht gekommen war, um Geld zu erbitten, sondern Gerechtigkeit für seine Untergebenen. Aber so ist dieser Mann. Er nimmt sich aus wie der Führer einer Diebesbande, der einen guten Coup gelandet hat und gewohnt ist, die Kaffee- und Billard-Rechnung zu bezahlen.

In diesem Zusammenhang erzählte Charles Edmond, wie er in den Tagen, als man die ersten Goldmünzen des Empire prägte, mit einem Sack voll ankam, aus dem er beim Mittagessen schaufelweise an seine Umgebung austeilte. Ein Bild des Kaisers und des Empire, das man sich einprägen sollte.

3. FEBRUAR 1867

Es wird erzählt, daß bei den Zusammenkünften Olliviers mit dem Kaiser letzterer darum bat, er möge ganz offen sagen, was über ihn geredet werde, und so sprechen, als sei es nicht der Kaiser, mit dem er spreche. Émile Ollivier sagte ihm schließlich, daß man finde, seine Fähigkeiten ließen nach. »Das stimmt mit all meinen Berichten überein«, meinte der Kaiser ungerührt. Das sieht ihm ähnlich. Er erlangt beinahe eine Größe der Unpersönlichkeit.

18. MAI 1868

Der Kaiser: ein ausgezeichneter Nachtwandler – wenn er helle wäre!

7. FEBRUAR 1869

Der alte Kaiser hatte den großen Haß der Macht auf Begriffe und Weltanschauungen; dieser dagegen hegt gegen die Literatur und die Schriftsteller die gemeine Eifersucht einer literarisch tauben Nuß auf dem Thron.

5. MAI 1869

Prinzessin Mathilde über den Kaiser: »Ach der, der ist so komisch! Nie ist er so aufgekratzt wie in Zeiten größter politischer Verwirrung. Es ist, als ergötze ihn das Unbekannte.«

3. SEPTEMBER 1877

Heute abend war in Saint-Gratien von der besonderen Trostlosigkeit der Höfe die Rede. »Nie bin ich, ohne zu gähnen, in die Tuilerien gegangen, und nie habe ich sie verlassen, ohne mir zu sagen: ›Welch ein Glück!‹« rief die Prinzessin aus, »ich sagte zum Kaiser: ›Hier könnte man ja vor Langeweile sterben!‹ Der Kaiser erwiderte in seiner biedermännischen Art: ›Aber woher denn, bald werden Sie ja wieder nach Hause gehen ...‹«

16. SEPTEMBER 1879

Eine Anekdote, die prophetisch anzeigt, was kommen sollte: Man weiß, daß sich der Kaiser von Frerniet eine Serie kleiner kolorierter und mit Tuch-Puder bekleideter Figurinen herstellen ließ, welche sämtliche Korps der Armee darstellten. Man erlaubte dem kaiserlichen Prinzen, sie anzuschauen, ohne sie zu berühren, und das Kind verlangte es heftig danach, sie in Händen zu halten. Eines Tages, als man die Schlüssel auf dem Schrank liegenließ, nahm das Kind sie alle heraus, stellte sie auf den Fußboden und begann – bäuchlings auf der Erde liegend – mit den kleinen Soldaten zu spielen.

In diesem Augenblick öffnet sich die Tür, ein dicker Mann tritt ein, stolpert und fällt mitten auf die französische Armee, die er fast vollständig zerquetscht und zertrümmert. Die notdürftig wieder zusammengeflickten Soldaten werden an ihren Platz in den Schrank zurückgestellt, den Kaiser unterrichtet tags darauf ein Diener. Er läßt *Loulou* kommen, den einzig denkbaren Schuldigen. Das Kind gesteht. »Aber«, sagt ihm der Kaiser, »du hast es demnach obendrein mit Absicht getan? Sonst wäre es nicht möglich, daß so viele davon kaputtgegangen sind. Na komm schon, sag mir, wie es passiert ist?« Schweigen des Kindes. Man entzieht ihm die militärischen Ehren. Das Kind beharrt auf seiner Stummheit. Erstaunt über diese Störrigkeit, offenbart sich der Kaiser Prinzessin Mathilde. Von der Prinzessin beiseite genommen, vertraut das Kind ihr an, daß es General Lebœuf war, nimmt ihr aber das Versprechen ab, es nicht seinem Vater zu sagen.

NIEUWERKERKE, Graf
1811–1892
Bildhauer, Surintendant der schönen Künste, Liebhaber der
Prinzessin Mathilde

16. AUGUST 1862

In Saint-Gratien.
Selbstverständlich ist auch Nieuwerkerke da, ein artiger, schöner alter Knabe, groß, stark, mit sanftem Blick und noch sanfterer Stimme, der sich als Hausherr ungezwungen, als künstlerischer Mensch sehr offen gibt.

10. NOVEMBER 1863

Ich sitze beim Abendessen neben Nieuwerkerke. Er ähnelt zugleich Karl dem Großen und einem schönen Pagen auf dem Trittbrett hinter einer Kutsche. Auch erinnert er mich an den schönen Tolpatsch.[37] Physisch wie geistig kommt er mir vor wie der Antinous unter den herkulischen Kerlen auf dem Jahrmarkt. In der Tat ist er so dumm wie eine Frau!

---

37 Tolpatsch = ungarischer Fußsoldat.

OSMOY, Charles Le Bœuf, Graf von
1827–1894
Departementsrat, Abgeordneter der linken Mitte (1871) und Senator (1885), Freund von Flaubert

2. AUGUST 1864

Wir sind am Samstag mit Madame d'Osmoy und den Gruerards zur Regatta nach Quillebeuf gefahren, wo wir unseren Freund von einst, den Grafen d'Osmoy, wieder aufsuchten, den Präsidenten und Veranstalter dieser Bootswettkämpfe.

Der erste Mensch, der uns bei unserer Ankunft in Quillebeuf über den Weg lief, war d'Osmoy. Er stand in einem Kittel vor einem Triumphbogen, bei dessen Errichtung er schweißtriefend behilflich war. Dieser brave Kerl muß sich, unabhängig von seinem Interesse für die politische Karriere, den altmodischen Sinn des 18. Jahrhunderts für solche Festdekorationen bewahrt haben.

25. DEZEMBER 1864

Bei d'Osmoy auf Schloß d'Osmoy.
Auf der Lauer im Park. Zimtrote Bäume unter einem Himmel, der von dem roten Rauch eines Brandes gefärbt scheint. Gegen die untergehende Sonne wirkt der Waldsaum wie ausgezackt über einem feurigen Grund, der von dem kreischenden Nachtigallengezwitscher der Vögel widerhallt, die den letzten Sonnenstrahl verabschieden.

Allmählich gehen die zimtfarbenen Töne der Bäume des Waldes in den Ton einer gebrannten Rötelzeichnung über, während der Himmel vom Rot zum Weiß wechselt, zum Weiß des Schnees im Schatten. Das Kreischen der Vögel verglimmt, läuft dann erneut wie ein pudriger Hauch den ganzen Waldsaum entlang, verglimmt abermals und erstirbt schließlich ganz.

Dichte Nebelschleier in der Nacht, die Flügelschläge gegen das tote Holz klingen in der Stille wie raschelndes Laub. Dumpfe, dichte Lautlosigkeit. Das Unbekannte, Geheimnisvolle, Unheimliche steigt im Wald auf. Raubvögel lassen sich mit ihrem schweren lautlosen Flug wie riesige Schneeflocken auf den Ästen großer Bäume nieder. Der graue Himmel hat kein Licht und keine Farbe mehr: die Sterne bilden seine Feuerpunkte, und gegen dieses Firmament heben sich die Bäume – deren unendliche Verästelungen zugleich umrissen und verwischt sind – wie die durchsichtigen, luftigen Blätter einer *Gorgone*[38] ab.

7. AUGUST 1866

Es ist bezeichnend für unser Jahrhundert, daß es keine *ehrgeizlosen* Individuen gibt. Selbst diejenigen, die nicht Karriere machen, betreiben ihr Fortkommen. Noch die leichtsinnigsten, flatterhaftesten, unbefangensten aller Menschen, die scheinbar auf nichts besonderen Wert legen, sind auf Ernsthaftigkeit, Ansehen, Geld und irgendwelche Ehren aus. So sehe ich diesen Freund hier, den Grafen d'Osmoy, diesen guten Jungen mit seinem bohemehaften Wesen, diesen Edelmann der Lazzaroni-Faulheit und der Gaukelei, der wirkt, als sei er durch Zwang zum Departementsrat gewor-

---

[38] Der Polypenstock *Gorgonia* wurde lange Zeit als Meerespflanze angesehen.

den – indessen laboriert er ganz sachte an seinem kleinen Kreuz der Ehrenlegion und an seiner Deputation.

PAÏVA, Marquise de, geb. Thérèse Lachman
1819–1884
Kurtisane

7. JULI 1858

Saint-Victor: »Ich habe einen hübschen Vergleich für die Möse der Païva gefunden: ihre Lippen sind wie ein roter Diwan, der von dem Arsch eines Paschas plattgedrückt wurde.«

30. JANUAR 1859

Saint-Victor spricht – während er bei uns zu Abend ißt – von den Diners, dem unverschämten Luxus der Païva, die fast immer als Tscherkessin erscheint, in Schleier gehüllt und von Diamanten triefend. Er gibt uns folgende Geschichte wieder, die sie ihm selbst erzählt hat. Als sie noch die Frau von Herz war, zog sie eines Tages ohne Geld aus Paris von dannen; krank an Leib und Seele und ohne Mittel für den nächsten Tag, kam sie in London an; mit dem wenigen Geld, das sie mitgebracht hatte, ließ sie die große Proszeniumsloge im Königlichen Theater belegen – und nicht einmal dafür sollte es reichen. Da saß sie nun in ihrer Loge, festlich geschmückt und so krank, daß sie weiße Bläschen auf den Armen hatte und um sich herum nichts von all dem spürte, was eine Kurtisane sonst wittert, wenn ein Mann anbeißt.

Sie kehrt ins Hotel zurück; als sie die Treppe hinaufsteigt, sieht sie sich im Spiegel am Ende des Ganges, und es wird ihr Angst vor der eigenen Blässe und Erschöpfung, und sie sagt sich: »So, mein Liebchen, das ist das Ende.« Sie hatte eine Phiole mit Laudanum mitgenommen; doch am nächsten Morgen ist ein Brief da und im Anschluß an den Brief ein Mann, der ihr Geld gibt, viel Geld, mehr als hunderttausend Franc, die es ihr erlauben, den jungen Mann mit dem Einkommen von vier Millionen durch ganz Europa bis nach Schweden und Lappland zu verfolgen, festzuhalten und an sich zu binden: den Grafen Henckel, Eigentümer von Zinkbergwerken in Sibirien, mit dem sie jetzt zusammenlebt und der sie mit Diamanten und Palästen förmlich überhäuft.

27. MAI 1863

Man erzählt folgende Geschichte. Madame de Païva verlangt von einem jungen Mann zwanzigtausend Franc dafür, daß sie mit ihm schläft. Er bringt sie herbei. Sie ordnet sie zu einem Kreis an und macht sich daran, einen Schein anzuzünden, indem sie zu ihm sagt: »Ich werde Ihnen so lange gehören, wie das dauert.« Diese Banknoten wurden von dem Freund des jungen Mannes, Aguado, photographiert; zu letzterem sagte sie: »Ich habe einen davon behalten. Es war Falschgeld.«

28. SEPTEMBER 1863

Im Magny.
Gautier ergreift das Wort und entrollt uns das seltsame Leben dieser Frau.

Sie ist die natürliche Tochter des Fürsten Konstantin und einer Jüdin. Ihre Mutter, die sehr schön war, ließ alle Spiegel des Hauses mit Trauerflor verhängen, um sich nicht mehr zu sehen, nachdem sie von den Pocken entstellt worden war. So wuchs die Kleine ohne Spiegel auf. Man sagte ihr, sie habe eine Kartoffelnase, was sie sehr bekümmerte, denn sie konnte sich nicht vorstellen, was das sein sollte. Sie wurde sehr jung mit einem französischen Schneider in Moskau verheiratet, um die Mutmaßungen über das fürstliche Blut in ihren Adern zu unterlaufen. Aus Moskau ließ sie sich von Herz entführen, der ihr Klavierunterricht gab. In Paris machte sich der 1848 ruinierte Herz davon und ließ sie zurück. Sie wird schwer krank, lebt ohne einen Sou im Hotel Valin, Rue des Champs-Élysées, im vierten Stock. Gautier erhält ein Briefchen von ihr, in welchem sie ihn um seinen Besuch bittet. Er geht hin. Sie sagt ihm: »Du siehst, wie es um mich steht. Es kann sein, daß ich mich nicht mehr erhole. Wenn es darauf hinausläuft, dann ist alles gesagt. Sollte ich aber genesen, dann bin ich nicht die Frau, mein Leben mit dem Flechten von Filzbändchenschuhen zu verbringen; ich will zwei Schritte von hier das schönste Palais von Paris, hörst du? Merk dir das gut!« Sie erholt sich. Ihre Freundin Camille, die zum Kampf gewappnete Modistin, beschafft ihr das Wäsche- und Kleidungs-Arsenal für ihren großen Coup. Als Gautier sie wieder besucht, ist sie dabei abzureisen und hat all dies zum Anprobieren um sich ausgebreitet, wie ein Soldat, der vor dem Kampf sein Gewehr testet. Sie sagt ihm: »Da man ja für nichts einstehen kann, könnte mein Coup auch danebengehen. Na dann gute Nacht!« Und sie bittet ihn um ein Fläschen Chloroform, um sich im Falle des Mißlingens zu vergiften. Gautier erbittet es von einem seiner Freunde, einem Assistenzarzt, und bringt es ihr.

Sie reist ab. Ein paar Monate später findet Gautier sie in einem schönen Landhaus in London, mit prächtiger, riesiger Kutsche: »So ist's recht«, sagt er zu ihr, »wie ich sehe, brauchten Sie bislang noch kein Gift!« Da erklärt sie ihm, daß sie nahe daran sei, es zu nehmen, daß sie noch gar nichts erreicht habe, dies alles seien ihre Auslagen, und es blieben ihr ganze fünfhundert Franc; mit diesem letzten Geld müsse sie unbedingt über Lumley für den morgigen Tag an eine Loge in der Oper kommen. »Ich hab da so eine Idee«, sagt sie zu ihm. Gautier bringt es zuwege. Und sie angelt sich einen gewissen Lord Howard, einen wunderlichen Kauz, dessen Manie es ist, sich schwanger zu glauben: man entbindet ihn, indem man ihm ein paar Lappen rauszieht. Nachdem einige Zeit verstrichen war, überkam diese Frau eine fixe Idee: sie setzte sich in den Kopf, mit einer Königin zu tanzen. Sie begegnet Monsieur de Païva, dem Botschafter von Portugal, der sich alsbald wahnsinnig in sie verliebt. Mit vollendeter Ernsthaftigkeit läßt sie sich in einem Kloster in der katholischen Religion unterweisen, verzieht keine Miene, als sie ihrem Glauben abschwört, heiratet den Marquis und geht nach Portugal, wo sie es fertigbringt, bei einer großen Quadrille das *vis-à-vis* der Königin zu bilden! Nachdem sie das alles ausgekostet hat, findet sie, daß die Königin ihr gegenüber eine Schnute zog, daß ihre Nase ihr mißfallen habe; Païva, der ihr zur Hochzeit hunderttausend Franc zugestand, wird ihr zuwider, sie schimpft ihn einen filzigen Knauser, verläßt ihn und flüchtet, ohne daß es dem Botschaftspersonal, das Païva ihr auf die Fersen gesetzt hat, gelingt, ihrer habhaft zu werden.

Hier setzt zweifellos die Geschichte ein, die Saint-Victor wiedergegeben hat, die Geschichte von der Verfolgung – quer durch Europa, Schweden usw. – des Mannes, mit dem sie jetzt zusammen ist, eines jungen schlesischen Barons, der eine Art *Marquis de Carabas*[39] aus Schlesien ist und dessen Vater siebenundachtzig Jahre zählt und ebenso viele Millionen.[40] In seiner wahnsinnigen Verliebtheit baut er ihr das erträumte Palais auf den Champs-Élysées, kauft ihr Schloß Pontchartrain, wo sie sich vorkommt, als stamme sie von Madame de Maintenon ab. Die Russin in ihrer ganzen Stärke und erschreckenden Diplomatie! Sie wünscht ein Kollier aus schwarzen Perlen für sechzigtausend Franc. Der schlesische Baron findet das ein bißchen teuer. Da sieht sie auf der Weltausstellung ein Möbel zu fünfunddreißigtausend Franc, um das der Kaiser feilschte, der es zu kostspielig fand; sie kauft es sogleich und schickt es dem Baron als Geschenk. Er kauft ihr das Kollier, das sie an ihn zurückgehen läßt mit den Worten, sie mache kein Geschenk um eines Geschenkes willen. Das versetzt ihm einen Stich, und er läßt ihr die ganze Garnitur schwarzer Perlen zukommen. Zur Zeit ist er derartig verliebt in sie, daß er Sankt Peter viel Geld spendet, in der Hoffnung, daß dies den Papst dazu bewege, ihre Ehe mit Païva für ungültig zu erklären.

24. MAI 1867

Gautier, der in diesem Augenblick den *maestro di casa* abgibt, stellt uns der berüchtigten Païva in ihrem legendären Palais an den Champs-Élysées vor. Sie empfängt uns in einem kleinen Gewächshaus. Eine alte bemalte, weiß übertünchte

---

39 Figur aus dem *Gestiefelten Kater*.
40 Es handelt sich um den Grafen Henckel von Donnersmarck, der die Païva schließlich heiraten sollte.

Kurtisane, die wie eine Provinzschauspielerin aussieht, mit einem Lächeln und mit falschem Haar.

Man trinkt den Tee im Eßzimmer, das mit all seinem Luxus und der Anhäufung seines schlechten Geschmacks im Renaissance-Stil kaum anders aussieht als das überaus reiche Kabinett eines noblen Restaurants, als ein Provenzalensalon, trotz der Kostspieligkeit seiner Marmor- und Holzvertäfelungen, seiner Emaillen, seiner Gemälde, seiner Kandelaber aus massivem Silber, das aus den Bergwerken des anwesenden Preußen stammt, ihres Gönners.

Da drinnen schleppt sich die Konversation verlegener Leute hin wie in einer verkehrten Welt. Gautier wirkt bei all seiner unverfrorenen Dreistigkeit unausgeglichen. Turgan, dem wir zum ersten Mal begegnen, versucht sich als geckenhafter, obskurer Effekthascher. Saint-Victor zerknüllt, nach Worten ringend, seinen Hut. Man spürt die Kälte, die sich an dieser prächtigen, mit Kristall überladenen, von der Feuersbrunst der Lüster hell erleuchteten Tafel herabsenkt, eine Kälte, eine schreckliche Kälte, wie sie für die Häuser von Huren, die die Dame von Welt spielen, eigentümlich ist, und diese Art *mene, mene tekel upharsin* der Langeweile und der Beklommenheit, die in den Palästen der Prostitution und in den Museen der Möse Gemüt und Geist der Gäste vereisen.

Und hier wird das noch um so deutlicher, als der Hausherr zu der Sorte stummer, häßlicher und äffischer deutscher Menschen gehört – ein Stutzer aus Borussien, der mit seinem Mittelscheitel über dem Schädel und dem blöden Lächeln seiner Millionen das Fest beherrscht. Dazu diese Frau, mit ihrem russischen Akzent, ihrem Bemühen um Schicklichkeit – ein Wesen, von dem etwas irgendwie Beunruhigendes ausgeht, wie von einer Geschäftsfrau; manchmal ist sie wie weggetreten und so in sich versunken, daß man meinen könnte, sie habe sich zurückgezogen, um in die beiden kleinen Kabinette ihres Schlafzimmers zu gehen, die Panzerschränke sind; und man glaubt an ihr und in ihrer blonden Fühllosigkeit eine furchterregende Vergangenheit abzulesen.

31. MAI 1867

»Verzeihen Sie, ich habe mich verspätet! Das kommt, weil der Tafelaufsatz erst um sechs Uhr eingetroffen ist und der Graf darauf bestand, ihn selbst zusammenzusetzen.«

Es ist die Païva, die das zu uns sagt. Sie trägt ein Musselinkleid zu 37 Franc, wie sie behauptet, und an Hals und Armen Perlen für 500.000 Franc.

Wir befinden uns in jenem berühmten Salon, der nicht des Aufhebens wert ist, das man von ihm macht, inmitten der fertiggestellten oder noch zu vollendenden Malereien, die die Fortuna der Kurtisane wiedergeben sollen, angefangen bei Kleopatra und gipfelnd in einem Auftritt der Hausherrin, wie sie die Armen Ägyptens mit Gold überschüttet.

In all diesem Reichtum stellt das Deckengemälde von Baudry das einzige Kunstwerk dar. Ein leicht verschmitzter Götterreigen: ein auseinanderfallender Olymp – in der Farbgebung jedoch von köstlicher Erlesenheit –, aus dessen Mitte eine Venus aufsteigt, mit geschwungener Hüfte über dem schönen linken Schenkel, eine Venus, die in ihrer lachenden Apotheose veronesischen Fleisches die himmlischste Aktmalerei vorstellt. Alles übrige ist reiner Tapezierertraum, ohne eine Spur von Vergangenem, kein Möbel, keine Statue, kein Gemälde, nichts, was ein Heim um das Spannende und Unterhaltsame des Historischen bereichern und dadurch vor der Langeweile des Neuen bewahren würde.

Dann geht man in den Speisesaal hinüber und diniert. Hier nun findet die Vorführung des Tafelaufsatzes statt, verbunden mit der erbärmlichen, bourgeoisen, geschmacklosen, schamlosen Aufforderung, zu bewundern und immer wieder zu bewundern. Zwar nennt man nicht den Preis, sagt, aber, daß er bei dem und dem Hersteller 80.000 Franc kosten würde. Und jeder muß, die Hand auf der Brust, mit seiner Bewunderung herausrücken und seine Komplimente machen.

Und mag das Kompliment auch noch so dick aufgetragen worden sein, es ist doch immer noch nicht genug. Saint-Victor kommt nicht mehr los von dem Talent des banalen Bildhauers, dem Schöpfer des Werks, von Carrier-Belleuse, diesem Hausierer, der den Ramsch des 18. Jahrhunderts feilhält und der hier nichts anderes zustande brachte als einen falschen Clodion. Er brüstet sich damit, ihm in diesem Jahr die Medaille für Bildhauerei zugeschanzt zu haben, und entrüstet sich, daß der Modellmacher des Hauses, in dem er speist, noch immer nicht dekoriert worden ist.

Das Essen ist gut, ganz normal, ohne eine Spur von dem, was sonst bei einer Kurtisane den Magen betäuben soll. Ich bemerke, daß sämtliche Teller des Meißener Porzellans, auf dem serviert wird, tief sind und eigentlich nur die Suppenteller von einem großen Service waren. Der ganze Luxus hier kommt mir ein bißchen wie diese Teller vor.

Die Frau betrachte und studiere ich. Weißes Fleisch, Arme, Schultern, die sich von hinten bis zu den Lenden hinab sehen lassen; Achselbänder, die kaum halten und die Achselhöhle nur halb verhüllen; schöne, große, etwas runde Augen; eine birnenförmige Nase mit einer Kalmückenabflachung an der Spitze; plumpe Nasenflügel; der Mund ist nicht geschwungen, eine gerade Linie von der Farbe roter

Schminke in einem ganz weiß gepuderten Gesicht. Darinnen Falten, die das Licht in diesem Weiß schwarz erscheinen läßt; und auf beiden Seiten des Mundes je eine tiefe Furche in Form eines Hufeisens, die sich unter dem Kinn vereinigen, eine große Altersfalte, die das Kinn durchschneidet. Ein Gesicht, das unter der Maske einer Kurtisane, die noch in dem ihrem Beruf angemessenen Alter ist, hundert Jahre hat und das so für Augenblicke das unbegreiflich Schreckliche einer geschminkten Leiche annimmt.

Und während des ganzen Diners, im Gespräch mit ihrem Architekten oder ihrem Grafen: staunende Lobgesänge über ihr Palais und die Dinge in ihrem Palais.

Nach dem Kaffee setzt man sich in den kleinen, von einer Mauer umgebenen Garten ohne Bäume, mit Buschornamenten wie auf Tapisserien, gestaltet wie ein Garten von Pompeji; dann und wann schallt die Musik vom Bal Mabille herüber, die Quadrillen der Strich-Prostitution verklingen zu Füßen der Hure, die sich rühmt, täglich tausend Franc Miete in Paris und ebensoviel in Pontchartrain zu zahlen.

Und sie verweilt da, fast nackt, unempfindlich für die Kälte des Abends, die uns alle frieren macht, und verbreitet um sich die Marmorkälte einer Frau, der es an Herzensbildung fehlt, die kein Taktgefühl erworben hat, ja der nicht einmal die Reize einer Dirne eigen sind, nicht das Liebliche des Charmes, nicht das Einschmeichelnde der Höflichkeit, nicht das Gefällige der Frau. Albern, jedoch niemals dumm überrascht sie uns alle Augenblicke durch eine aus dem praktischen Leben und den geschäftlichen Flauten hergeleitete Überlegung, durch eigene Gedanken, durch Grundsätze, die sich anscheinend der Erfahrung mit Fortuna verdanken, durch eine trockene und unsympathische Originalität, die sie aus ihrer Religion, ihrem Volk, den außerordentlichen

Höhen und Tiefen ihres Lebens, aus dem ganzen Mischmasch ihres Schicksals als Abenteuerin zu gewinnen scheint.

3. JANUAR 1868

Bei einem Schneegestöber, das schaudern macht, wenn man an das Elend in Paris denkt, klingeln wir an dem Palais auf den Champs-Élysées, das in frechem Licht erstrahlt, dessen Lüster und rote Tapeten durch die offenen Läden blitzen.

Kein Feuer in dem riesigen Salon, im gigantischen Kamin, nichts außer der Wärme eines glimmenden Heizapparates. Die Païva liebt das Feuer nicht. Bald kommt sie herein, die Blöße ihrer Schultern und Arme über und über mit Smaragden behängt: »Ach, ich bin noch ein bißchen blau gefroren«, sagt sie, »meine Kammerzofe hat mich nämlich eben bei weit geöffneten Fenstern frisiert.« Diese Frau mit ihrem russischen Blut ist ganz das Gegenteil von allen anderen Frauen. Bei diesem Wetter lebt sie in Wasser und eisiger Luft wie irgendein Ungeheuer, das einer skandinavischen Mythologie entsprungen ist.

Immer die Gleiche: unangenehm, unsympathisch, verletzend und schneidend in der Widerrede.

Bei Tisch entfaltet sie eine Theorie des Willens, bei der einem angst und bang werden kann: alles würde durch den Willen erreicht, wenn es an Gelegenheiten fehle, dann müsse man sie eben nach Bedarf herbeiführen, Menschen, die unglücklich sind, seien es allein deshalb, weil sie es nicht anders wollten. Und Taine – der hier zum ersten Mal auftritt, ein Philosoph, auf den man bei allen großen Kurtisanen stößt – zitiert Newton, um ich weiß nicht mehr was zu belegen, Newton, der sich um seiner Entdeckungen willen jahrelang zu einer derartigen Gedankenkonzentration und

Grübelei verurteilt habe, daß er schließlich fast zum Idioten geworden sei. Dazu führt sie dann eine Frau an, die – um etwas zu erreichen, was unausgesprochen bleibt – drei Jahre vor der Welt verborgen, ja von ihr abgeschnitten lebte, die aufs Essen vergaß, kaum eine Nahrung anrührte, eingemauert in sich selbst und ganz dem Austüfteln ihres Plans hingegeben. »Und eben diese Frau bin ich! ... Und es ist vollbracht.«

14. FEBRUAR 1868

Bei der Païva.
Was für eine schöne Sache doch der Reichtum ist? Er hat zur Folge, daß man über alles hinwegsieht. Und nicht einer von denen, die hierherkommen, merkt, daß dieses Haus das ungemütlichste von Paris ist. Unmöglich, sich bei Tisch Wasser in den Rotwein zu gießen, weil die Herrin des Hauses sich einbildete, es müßten ihre Flaschen und Karaffen Kathedralen aus Kristall sein, die hochzuheben einen Wasserträger erfordern würde. Im Gewächshaus, wo nach dem Essen geraucht wird, ist man halb erfroren durch die Zugluft, die von oben kommt, und halb erstickt durch die Schwaden heißer Luft, die aus den Wärmelöchern dringt. Und so ist es eigentlich mit allem. Es gibt einen köstlichen Tee, aber wehe, man bittet um ein Glas Wasser oder sonst etwas, das nicht im Programm vorgesehen war, dann geht eine Arie los wie bei ganz kleinen Leuten.

6. MAI 1868

Das Sonderbarste im ganzen Palais der Païva – das in der Hauptsache aus scheußlichem Firlefanz im Türken-Renaissance-Stil besteht – sind die beiden Panzerschränke am Kopfende ihres Bettes, zwischen denen sie schläft: ihr Vermögen, ihr Gold, ihre Diamanten, ihre Smaragde und Perlen zur Rechten und zur Linken ihres Schlummers, ihrer Träume und vielleicht auch ihrer Nachtmahre.

6. JUNI 1868

Ein schönes verstiegenes Wort der Païva: »Alle meine Wünsche kamen stets zu meinen Füßen gekrochen wie unterwürfige Hündchen.«

PASSY, Blanche
1833–1901
Tochter des Präfekten und Botanikers Antoine Passy

GISORS, 22. SEPTEMBER 1856

Gespräch zwischen der sechzehnjährigen Eugène und der vierzehnjährigen Blanche:
»Ich glaube, Pauline hat's erwischt. Hast du bemerkt, wie sie errötet ist, als er hereinkam?«
»Nein, man errötet nicht, man erbleicht.«
»Ach so? Ich dachte, man erbleicht nur, wenn man sich weh tut!«
»Du wirst schon sehen!«

Blanche Passy, ein Mensch, ein aufrichtiger Mensch, redlich und herzlich wie ein Mann, dazu die Anmut des jungen Mädchens; bezaubernd und gut Freund; ein reifer Verstand und ein frisches Herz; ein Geist, der dem bürgerlichen Milieu, in dem er sich bildete, auf rätselhafte Weise entwischt ist; ein umfassendes Verlangen nach dem Schönen, dem Erhabenen, der Hingabe an eine Sache; ein Mißtrauen gegen das, was das Denken und die Unterhaltung der Frau ausmacht: die Mode, die Schönheit des Mannes und das Geld bedeuten ihr nichts – sie hat vier Millionen verschmäht.

Heftige, unverhohlene und rücksichtslos der Welt trotzende Antipathien und Sympathien auf den ersten Blick. Verkannt und verrufen bei den Frauen und den kleinlichen Seelen, die die Aufrichtigkeit nicht mögen, aber geeignet, um von Skeptikern wie uns ohne Liebelei bis zum Duell geliebt zu werden. Ein köstliches Komplizen-Lächeln im Auge für ihre Ergebenen und ein langes Gesicht – wie in einem silbernen Löffel – für die Unbekannten, die Langweiler und die Störenfriede, die jungen Besserwisser und die Einfaltspinsel.

Fühlt sich unwohl in der lügenhaften Welt, sagt was ihr einfällt, wie es ihr gerade in den Sinn kommt. Ein charivareskes Geplapper in erstaunlichem Einklang mit der Kumpelhaftigkeit – all dies bei einer zutiefst melancholischen und in Nacht getauchten Seele; Visionen ihrer Beerdigung in Weiß, die Würmer in ihrem Leib und in dem Leib ihrer Freundin Berthe. Ist im Innersten erschüttert von Chopins Trauermarsch. Abergläubisch mit einer kindlichen Furcht vor der Zahl Dreizehn und dem Freitag, das ganze Spukgefolge menschlicher und liebenswerter Unzulänglichkeiten der Sinne, das in den Frauen so mächtig ist. Ein Heißhunger auf die hervorragendsten Werke des Geistes und der Kunst. Liebt das Reiten und das Wagenlenken. Die Putzsucht des Geschlechts: zur Zierde des Fußes – sie hat die kleinsten Füße der Welt – trägt sie offene Schuhe mit hohen Absätzen. Vergöttert ihren Vater.

20. JANUAR 1858

Heute abend sahen wir den einzigen Menschen, der uns zugleich mit dieser alten Haushälterin[41] liebt. Sie ist ein bißchen krank[42] und traurig. Wir merken, daß wir sie lieben, denn als wir sie verlassen, sind wir ein wenig traurig. Der Korb, den wir ihr zu Silvester schicken, findet auf dem Marmor ihres Sekretärs einen würdigen Platz. Ein hübsches Detail für ein Mädchen vom Typ der *Diana Vernon*[43]: drei bis zum Huf gespaltene und geflochtene Hirschfüße, an blauen und roten Seidenbändern aufgehängt und je mit einer Karte versehen, die eine genaue Beschreibung des Jagdreviers gibt.

22. FEBRUAR 1858

Wir gehen zum Abendessen zu den Passys – Blanche hat uns eingeladen. Eine Tischgesellschaft von Gelehrten: Becquerel, Payen usw. Merkwürdigerweise haben all diese Männer etwas von Viechern an sich. Payen wirkt wie ein Makak; Becquerel hat Ähnlichkeit mit einem Waldmenschen: die fliehende Stirn und der vorstehende Unterkiefer. Wieder ein anderer sieht aus wie eine Mischung aus Elefant und Schwein. Mein Nachbar, ein Mediziner, sagt zu mir: »Ich, mein Herr, wenn ich einen Schnupfen habe, ich vertreibe ihn mit Kalbsfett und Talg, das ich in heißem Wasser koche.« Drumherum eine unsäglich fachmännische Konversation

---

41 Rosalie Malingre, genannt »Rose«.
42 Blanche Passy litt an heftigem Rheuma und fürchtete ein Herzleiden.
43 Diana Vernon aus *Rob Roy* von Walter Scott.

über die Yamswurzel und ihre fruchtbarkeitsfördernden Eigenschaften.

Blanche – noch immer der einzige Mensch, der uns liebt, und die einzige, für die wir durch dick und dünn gehen würden – bricht in schallendes Gelächter aus, wie um sich zur Schau zu stellen ... Ich stelle mir eine bezaubernde, frische Liebesszene vor, an der Ecke eines Tisches, wie hier: inmitten eines Gesprächs von Gelehrten.

GISORS, 5. SEPTEMBER 1858

Da sind wir wieder in Gisors: zwei Flüsse, ein großes Haus – der heiterste Landsitz der Welt.

Blanche zeigt uns ihr Zimmer. Eine Tapete mit weißem Grund, über den blaugetüpfelte Weinblätter laufen und blaue Bänder Paneele bilden. Eine gezahnte griechische Kranzleiste und in der Mitte der Decke ein Schwung Amoretten, von blauen Bändern umsäumt. Auf der linken Seite, zwischen Tür und Fenster, steht ein kleiner Betschemel aus geschnitztem Holz mit einem Gobelin-Kissen. Darüber ein Weihwasserkessel aus gestanztem Kupfer aus der Zeit von Louis XV.: eine Darstellung der Taufe Christi durch Johannes den Täufer. Darüber eine Kreuzabnahme nach Prudgion von ihrem Lehrer.

In der Ecke neben dem Fenster stellt ein kleines Regal die Bibliothek dar. Vornehmlich englische Bücher: *Simple Histoire*[44], *Der Vikar von Wakefield*[45]. An französischen Bü-

---

44 *Simple Histoire* von Mrs. Inchbald, ein lange Zeit berühmter Roman, der 1791 in London erschien und 1826 ins Französische übersetzt wurde.
45 *Der Vikar von Wakefield* von Olivier Goldsmith (1766).

chern *Les Sauvagines* von Gustave Aymard, *Les Gentilshommes Chasseurs* von Faudras sowie ein Band von Poe.

Vor dem Fenster, an dem sich Kletterpflanzen emporranken, steht ein mit Musselin ausgekleideter Frisiertisch mit einem Spiegel, der ebenso wie der Kaminspiegel mit zartblauem Samt eingefaßt ist, und drumherum dubleebedeckte Schachteln und Flakons aus einem Necessaire. Vor dem Spiegel eine mit blauer Seide und applizierter Spitze bezogene Bürste.

In der schrägen Wand – zwischen diesem und dem gegenüberliegenden Fenster – befindet sich ein Kamin, ein Spiegel, neben dem ein Strauß getrockneter, mit einem weißen Satinband umwickelter Blumen steht: das Bukett des Grafen von Paris. Ihr Vater hat es aus der Kapelle des Königs Louis-Philippe verschwinden lassen. Eine Miniatur ihrer Mutter als junge Frau, eine Daguerreotypie ihrer Mutter als bejahrte Frau, zwei kleine gerahmte Emailbilder aus dem achtzehnten Jahrhundert: Entführungen der Europa. Über dem Spiegel das oval gerahmte Porträt ihres Vaters im grauen Samtrock, von ihr gemalt. Neben dem Kamin ein kleiner, schön geformter Louis-XV.-Serviertisch mit hohen Beinen, darauf eine Waschschüssel mit schrägen Wänden und ein blaugemusterter Wasserkrug aus Japan, die auf ein edles Silbergestell montiert sind.

Zwischen dem Spiegel und dem zweiten Fenster hängen geflochtene Hirschfüße, die mit blauen und karminfarbenen Bandrosetten befestigt sind und an denen die Geschichte der Jagd und des betreffenden Objekts herabbaumelt: *Einen Zehnender im Wald, von Arc angegriffen* und *Erlegt nach zweistündiger Jagd in Chemin-Bœuf.* Daneben ein Bündel Reitgerten und eine Peitsche aus den Pyrenäen.

Nach dem Fenster macht die Mauer eine Biegung, in der ein eingelegter Louis-XVI.-Sekretär steht, auf dem sich die

Körbe mit den Silvester-Bonbons vom vorigen Jahr stolz um ein Glas Wasser scharen. Der Inhalt des Sekretärs: Erinnerungen und politische Streitschriften wie das Blatt von M. d'Haussonville gegen Bonaparte.

In dem Winkel der Mauerbiegung steht ein Geschenk ihres Zeichenlehrers: ein kleines Küchenbord, über dessen oberen Teil Efeuranken herabfallen; der Inhalt des unteren Teils ist die berühmte Messersammlung, die vom katalanischen Riesenmesser bis zu einem Gartenmesser reicht, das nicht größer ist als der kleine Nagel ihrer kleinen Hände.

Ein kleines Bett, bedeckt mit einem Umhang aus den Pyrenäen mit breiten roten Streifen; zu Häupten eine Etagère im algerischen Stil, die ein Freund geschnitzt hat und auf deren einzigem Bücherbrett alle seit ihrer Kindheit aufbewahrten Kirchenbücher versammelt sind, die schönsten im Etui – das Ganze läuft unten in einen Weihwasserkessel aus, der mit Rosenkränzen und arabischem Glasperlenklimbim behängt ist. Ein kleiner Nachttisch am Kopfende, darauf ein vollgeschriebenes Büchlein, *Erinnerungen des Tages* genannt; eine eingelegte Louis-XVI.-Kommode; ein Regal, das mit kleinem Glaskram, mit Puppenstuben, mit Spielzeug, wie man es bei Lotterien gewinnt, mit tausend kleinen Nichtigkeiten und großen Kinderwonnen vollgestopft ist, mit einer Welt mikroskopischer Erinnerungen an ihre kleinen verstorbenen Neffen und an ihre eigene Kindheit, bis zu jenen Phantasietieren, die aus im Ofen gebackenen Brotkrümeln gemacht sind, mit Streichhölzern als Beinen.

Es gibt in diesem Haus unter dem Lächeln, dem Scherz, dem Lachen eine Traurigkeit, von der man spätestens nach zwei oder drei Tagen ergriffen wird. Man spürt die enttäuschten politischen Illusionen, die in die Binsen gegangenen Träume. Da ist der siebenundzwanzigjährige Sohn ohne

Erfolg, und die fünfundzwanzigjährige Tochter ohne Mann. Da ist die ganze innere Trübsal, die die Väter und Mütter in ihren Träumen übermannt, Träumen, die sich schon an der Wiege abzeichneten. Eine Traurigkeit, die trotz aller Anstrengung nicht niederzuhalten ist. Der Sohn ist grüblerisch, die Tochter nervös und krank, dem Vater blieb nur eine erkünstelte Heiterkeit, die er aus dem Augenwinkel an seiner Tochter erprobt.

Es gibt in dieser bürgerlichen Welt der Passys etwas Schönes, etwas, das man nicht leugnen kann. Das ist ihr Gefühl für die Familie, die Unverbrüchlichkeit, das in diesem Jahrhundert so rar gewordene Familienband, geknüpft aus einer reizenden Kameradschaftlichkeit zwischen jung und alt.

GISORS, 6.–24. SEPTEMBER 1859

Ich bin mächtig neugierig, neugierig in ganz und gar psychologischer Hinsicht: Was ist zwischen ihr und mir vorgefallen? Wer ist sie im Innersten? Ich suche sie zu ergründen und kriege sie doch nie zu fassen. Nach außen hin, an der Oberfläche, ist sie ganz offen, männlich, kameradschaftlich. Nichts Heimliches, nichts Brütendes, nichts Gespieltes – zumindest scheint es mir so. Und dennoch gibt es bei ihr gespielte Empfindsamkeiten, Äußerungen von töchterlicher Zärtlichkeit oder von mildherziger Tierliebe, die so übertrieben wie falsch klingen. Ist sie falsch? Wer weiß? Nein, sie ist eine Frau ...

War es eine Gefühlsanwandlung, eine Laune? Ich weiß es nicht. Es gibt in der Art ihrer Freundschaft etwas dermaßen Offenes und Ungezwungenes, daß man jeden Gedanken daran zurückweisen müßte ... Und andererseits, wenn man ihre offenkundige Freude, sich in meiner Gesellschaft zu befinden, in die Waagschale legt ... Vielleicht ist es, weil mein Geist mit ihrem charivaresken Geist und ihrem literarischen Witz harmonierte.

Ein seltsames Mädchen, das sich aus lauter Widersprüchen zusammensetzt, die unergründlich bleiben. Voller Melancholie und Witz, gescheit und zugleich engstirnig wie eine Partei, kokett ohne Koketterie, raffiniert beschuht und den Kopf mit einem karierten Tuch vermummt; pflegt die feinfühligste Gesuchtheit der kleinen weiblichen Offenbarungen: Erinnerungen, zärtliche Freundschaften, putzigen Aberglauben; dann wieder äußerst materiell, was die Nahrung angeht; auch scheint es ihr ein sinnliches Vergnügen, mich zu berühren, sich an mir zu reiben, in meiner Nähe zu sitzen, mir den Arm um den Hals zu legen und mit der Kuppe ihrer Finger meinen Fingerspitzen zu begegnen ... Ich weiß, daß sie Millionen zurückgewiesen hat, und doch bin ich überzeugt, daß sie niemals einen Mann heiraten würde, der keinen Wohlstand mit sich bringt. Diesen Mann da aber, den sie in Fleisch und Blut vor sich hat und von dem sie weiß, was er alles aufzubieten hat, den würde sie wegen seiner dreißig Millionen Einkünfte heiraten. Dazu gefällt es ihr über die Maßen, mich zur Schau zu stellen, mich zu einem *tête-à-tête* in die Ecke des Salons zu bugsieren, vertraulicher mit mir denn je, und vor Zuschauern um so liebenswürdiger, sobald es sich um eine andere Frau handelt. – Das ist das ganze Rätsel.

26. MÄRZ 1896

De Béhaine hat dieser Tage beim Herzog d'Aumale zu Mittag gegessen und wurde Blanche Passy vorgestellt, die mit ihrem Bruder am Essen teilnahm. Sein Name und seine

Verwandtschaft mit uns brachten Blanche auf meinen Bruder: »Ja! Mein lieber Freund Jules de Goncourt!« rief sie aus, und eine Viertelstunde lang plauderte sie in einer Ecke des Salons von meinem Bruder, von meiner Mutter, von der alljährlichen kleinen Vesper im Kostüm am Faschingsdienstag in der Rue des Capucines. Diese zärtliche, herzliche Erinnerung an meine Mutter, meinen Bruder und mich von seiten unserer alten Kameradin hat mich sehr gefreut. Ich hatte die Befürchtung, daß sie durch die Lektüre von *Renée Mauperin,* wo ich sie übrigens in ihrem Stolz, ihrer Vornehmheit und in der Unabhängigkeit ihres Charakters geschildert habe, ich hatte die Befürchtung zurückbehalten, sie könnte die Goncourts in schlechter Erinnerung behalten haben ... Nein, es wird ihr Bruder gewesen sein, der sie daran hinderte, uns wiederzusehen ... Im Grunde genommen kann sie uns auch nur vorwerfen, daß wir sie prophylaktisch an einer Herzkrankheit sterben ließen, und die sechzig Jahre, die sie heute zählt, widerlegen triumphierend unsere Version.

PINGAT
Modeschöpfer

22. MÄRZ 1883

Ich ging heute mit de Nittis zu Pingat, dem berühmten Schneider der Schnepfen.

Eine Treppe mit Fußsteig für die Dienstboten und einem Mahagonigeländer. Das Zwischengeschoß ist mit den Konfektions-Werkstätten belegt oder vielmehr: dort wird verpackt; man sieht durch die weit offen stehenden Türen die am hellichten Tag im Gaslicht über aufgetürmte, schwankende Stoffberge gebeugten Arbeiterinnen.

Im ersten Stock befinden sich die Geschäftsräume: niedrige Zimmer, von der Gasbeleuchtung rußgeschwärzte Decken, sehr edle Türen und Plinthen, schwarz gestrichen in vergoldeten Einfassungen, die Wände gelb und grün bespannt, von dem denkbar traurigsten, schmutzigsten Grün, als habe man es absichtlich gewählt, damit die frischen und lustigen Seiden- und Satinstoffe für die Kleider sich davon abheben.

Auf dem Kamin ein Aufsatz, bestehend aus einer kleinen Statue der Diana und zwei Lampen in der Form von Straußeneiern aus blendend weißem Metall, wie die am Boulevard Montmartre ausgestellten Bestecke – ein scheußliches Metall, das an Gefrorenes erinnert, an schmelzendes Silber, Aluminium oder *Allenide*[46].

Zwischen diesen schaurig grünen Wänden, belebt von dem Leichengepränge des Kaminaufsatzes, führen Frauen Kleider spazieren, Frauen, die durch diesen Beruf als Kleiderständer zugunsten des Automatismus an Lebendigkeit verloren haben. Die meisten sind jung und wirken gleichwohl ältlich; ihre verwelkten zerknitterten Züge lassen die grimassierende Verdorbenheit von Affen erkennen. Es ist amüsant zu sehen, wie sie in dem Augenblick, in dem man ihnen die Kleider, die sie ausbreiten und zur Geltung bringen, vom Leib nimmt, tänzelnd an einem vorbeidefilieren, in der Art ausgezogener Frauen, die mit flachen Pantoffeln herumrennen.

---

46 *Allenide* ist eine Erfindung des Chemikers Halphen, eine Legierung aus Kupfer, Zink, Nickel und Eisen. Die *Gesellschaft der Alleride-Bestecke* hatte ihr glitzerndes Schaufenster am Boulevard Montmartre.

Herein kommt der berüchtigte Pingat, ein Mann mit geschwollenen Augen, einem über anämischem Weiß aufgeputschten Teint, einem Bart und einem Haarkranz von staubig-grauer Farbe, der aussieht wie der Flaum auf der nackten Haut von Kopf und Hals der Lämmergeier. Er trägt eine Jacke mit einem breiten Samtkragen, der sich herzförmig über der Brust öffnet, einem Kragen, in dem immer zwei oder drei Nadeln stecken, für den Fall, daß das Metier sie erfordert. Er hat einen heruntergeklappten, weit ausgeschnittenen Hemdkragen, ein goldenes Lorgnon, und an seinen fetten Händen funkeln Ringe.

Er spricht langsam mit einer verstopften Stimme, einem schmeichelnden und scheinheiligen Ton, so daß es klingt, als wolle er einem polizeilich verbotene Dinge zum Kauf anbieten, und währenddem befummelt und zerknittert und befühlt er mit seinen liebreichen Fingern den Satin, auf dem er Moirewellen und gleißende Reflexe spielen läßt.

Er redet, und währenddessen läßt er seine Hand gleichsam wollüstig durch die Stoffe gleiten, er sagt, daß er die Tonskala seiner Gewänder im Sommer angesichts der Blumen auswähle; und er klagt, daß er bei seinen Kundinnen auf einen gewissen Widerstand stoße, die gelbe Farbe zu akzeptieren, die doch die schönste Farbe sei. Als ich ihm sage, daß das Gelb erst mit dem Vorhang der *Salome* von Regnault bei der Toilette der abendländischen Frau seinen Einzug gehalten habe, wendet er sich seinem Gehilfen zu, einem kleinen Dunkelhaarigen mit einer Stirnfransen-Frisur *à la chien,* ganz wie eine Frau, und sagt zu ihm: »Genau darüber haben wir heute morgen mit Monsieur Auguste gesprochen.«

Inmitten all dessen, was Pingat uns zeigte, fand sich auch das hübsche Hochzeitsgewand einer Braut aus Toulouse, dessen anmutige Originalität sich der Anordnung verdankte, in der die Orangenblütenzweige über Mieder und Rock fielen.

RENAN, Ernest
1823–1892
Religionswissenschaftler und Schriftsteller

28. MÄRZ 1863

Abendessen im Magny.
Der *Neuling*, der feierlich Aufgenommene ist Renan. Renan, ein Kalbskopf mit Hitzblattern, mit den Schwielen eines Affenarsches. Er ist ein fettleibiger, gedrungener, schlecht gebauter Mann, der mit seinem Kopf in den Schultern leicht bucklig wirkt; ein animalischer Kopf, etwas vom Schwein und vom Elefanten, kleine Äuglein, eine riesige Hängenase und das ganze Gesicht striemig, geädert und mit roten Flecken übersät. Diesem ungesunden, schlecht gebauten und häßlich anzusehenden Mann von seelischer Häßlichkeit entweicht eine kleine säuerliche und falsche Stimme.

RENARD, Jules
1864–1910
Schriftsteller

5. MÄRZ 1891

Heute abend kommt zum ersten Mal Jules Renard bei Daudets zu Besuch, der ironische Schöpfer von *Poit de Carotte,* ein Kerl mit einem Kopf, der ganz ähnlich konstruiert ist wie der von Rochefort, jedoch ohne die borstige Haar-Anpflanzung, ohne das Clownstoupet; ein noch junger Kerl, aber kühl, ernst und phlegmatisch, einer, der für das dumme Zeug, das so dahingeredet wird, kein jugendliches Lachen übrighat.

RIMBAUD, Arthur
1854–1891

18. APRIL 1886

Rollinat sprach heute über Rimbaud, den Geliebten von Verlaine, der das Verabscheuungswürdige und Ekelerregende verherrlicht; er kam ins Café, legte seinen Kopf auf den Marmortisch und schrie ganz laut: »Ich komme um, ich bin am Ende. X*** hat mich die ganze Nacht in den Arsch gefickt ... Wie soll ich meine Fäkalien noch zurückhalten?«

Was für ein Mensch! Was für ein Dämon der Perversität! Er gemahnt mich an die Schreckenshand, die Hand eines Dumolard. Ja, der Dämon der Perversität: er war es, der einer Büste von Cros in dessen Abwesenheit mit einem Hammer die Nase abschlug; er war es, der im Winter mit einem Glasschneider die Fenster des bettelarmen und frierenden Cabaner herausschnitt, der endlich mit der bösartigen Phantasie eines garstigen Affen sein Leben damit zubrachte, sich erbarmungslose Bosheiten auszudenken.

8. FEBRUAR 1891

Daudet ruft sich die zynischen Worte Rimbauds ins Gedächtnis zurück, die er mit lauter Stimme mitten im Café verkündete; er sagte von Verlaine: »Daß er sich an meinem Rücken befriedigt, geht ja noch an. Aber nun soll ich mich auch noch an seinem bedienen! Nein, nein, er ist wirklich zu schmutzig und hat eine zu scheußliche Haut!« Von Darzens erfahren wir, daß Rimbaud sich jetzt als Händler in Aden niedergelassen hat und daß er in den Briefen, die er ihm schrieb, von seiner Vergangenheit als einem enormen Bluff sprach.

ROCHEFORT, Henri (Marquis de Rochefort-Lupy)
1830–1913
Schriftsteller und Politiker

19. NOVEMBER 1880

Ich diniere heute abend bei Charpentier mit Rochefort. Ein eskalierender Haarschopf, aus Haaren wie Eisendraht, grau gefärbt, ein grünliches, farbloses Auge, das unter dem dreieckig schwarzen Schatten der Brauenwölbung verborgen liegt, und in diesem Auge der Blick eines Blinden. Ein undefinierbares Auge und ein undefinierbarer Blick, voll der bleiernen Nacht, wie die Spieler sie in der Helle des Tages davontragen. Einst hatte er die affektierten, verquälten Züge eines nervösen Strauchdiebs aus dem sechzehnten Jahrhundert, heute sind diese ziselierten Züge zu großen, soliden, vierschrötigen britannischen Flächen erschlafft. Im Grunde hat der Mann jetzt das Aussehen eines clownesken Galgenvogels.

Trotz aller finsteren Schurkenhaftigkeit, die ihm im Gesicht geschrieben steht, und trotz der scheußlichen Seiten seiner politischen Rolle, die er ohne jede Überzeugung wider seine Instinkte spielt, muß ich zugeben, daß dieser Rochefort über einen Charme verfügt, der sich aus einer gewissen Feinheit des Geistes, der Fröhlichkeit eines kleinen Mädchens und vor allem einer fast weiblichen Schmeichelei zusammensetzt. Er hat das Verführerische in der Art eines Slawen. Während des Gesprächs ließ er ohne jede Großmäuligkeit, gleichsam als Bekräftigung einer Tatsache, den Satz fallen: »Ja, ich bin der Mann, der hunderttausend Menschen auf die Straße bringen kann!«

30. JUNI 1889

Heredia erzählte von Galliffets Wut auf Rochefort und seinem Bedauern, ihm das Leben gerettet zu haben, ihm, der sich so wenig barmherzig gezeigt hatte, der so viele Menschen erschießen ließ! In der Tat, folgendes war geschehen: Als Rochefort in Montretout festgenommen wurde, war er bedeckt mit Dreck und Auswurf. Galliffet gesteht, daß er, als er ihn so sah, dem General X***, der ihn nach Versailles bringen sollte, ins Ohr geflüstert hat: »Es kann unmöglich sein, daß er unterwegs nicht sein Taschentuch herauszieht, um sich das Gesicht abzuwischen ... Deuten Sie diese Bewegung als Fluchtversuch, und schießen Sie ihm eine Kugel durch den Kopf!«

In dem Augenblick, als er das sagte, drehte Rochefort seinen Kopf zu ihm hin und warf ihm einen Blick zu, den Blick eines Hundes, den man ertränken will. Zufällig sprach das Mitleid des Generals auf diesen Blick an; auch hatte es zwischen den beiden Männern eine Frauenaffäre gegeben, und Galliffet befürchtete, man würde in seinem Verhalten nichts als einen besonderen Racheakt sehen. Er rief also den General *** zurück und sagte ihm: »Ich habe entschieden, daß Sie ihn gesund und mit heiler Haut nach Versailles bringen ... Das Kriegsgericht wird sich der Sache annehmen.«

RODIN, Auguste
1840–1917

17. APRIL 1886

Am Nachmittag nahm mich Bracquemond zu einem Besuch bei dem Bildhauer Rodin mit. Das ist ein Mann mit gewöhnlichen Gesichtszügen, einer fleischigen Nase, hellen Augen, die unter krankhaft geröteten Lidern hervorblinzeln, langem, falbem Bart, kurzgeschnittenem und nach oben gekämmtem Haar und einem runden Kopf – dem Schädel einer so stillen wie hartnäckigen Dickköpfigkeit; ein Mann von einer Gestalt, wie ich mir die Jünger Jesu vorstelle.

Ich treffe ihn an in seinem Atelier am Boulevard Vaugirard, dem üblichen Bildhaueratelier: die Wände mit Gips bespritzt, das unselige Öfchen aus Gußeisen, die kalte Nässe, die von all diesen großen Brocken feuchter Erde herrührt, die mit Lumpen umwickelt sind, und mit all den Abgüssen von Köpfen, Armen und Beinen, zwischen denen zwei ausgemergelte Katzen sich abheben, wie die Schemen phantastischer Greife. Und mittendrin ein Modell mit nacktem Oberkörper, das aussieht wie ein Dockarbeiter. Rodin läßt die lebensgroßen Tonfiguren seiner sechs Bürger von Calais auf ihrem Modell-Bock eine Umdrehung machen; sie sind zu einer gewaltigen realistischen Anklage modelliert, und das Fleisch der Menschen hat diese schönen Klüfte, wie sie Barye an den Flanken seiner Tiere anbrachte. Er zeigt uns auch noch die kräftige Skizze einer nackten Frau, einer Italienerin; ein kleines biegsames Geschöpf, ein Panther, wie er sich ausdrückt; mit Bedauern in der Stimme sagt er, daß er sie nicht vollenden könne, weil einer seiner Schüler, ein Russe, sich in sie verliebt und sie geheiratet habe. Er ist ein wahrer Meister in der Behandlung des Fleisches, wobei die schönste und stimmigste Anatomie fast immer mit einem seltsam disproportionierten Detail versehen ist – insbesondere seine Frauenfüße.

Ein Wunderwerk von Rodin stellt eine in Wachs ausgeführte Büste von Dalou dar, aus grünem durchsichtigem Wachs, das ins Jadefarbene spielt. Man macht sich keine Vorstellung von der liebevollen Spachtelführung bei der Modellierung der Lider und der fein geäderten Nase ... Der arme Teufel hat mit seinen Bürgern von Calais wirklich kein Glück! Der Bankier, der den Fonds verwaltete, ist durchgebrannt, und Rodin weiß nicht, ob er überhaupt bezahlt werden kann; und derweil ist das Werk so weit fortgeschritten, daß es vollendet werden muß, was ihn noch 4500 Franc kosten wird für Modelle, Atelier usw. usw.

Aus seinem Atelier am Boulevard Vaugirard führt uns Rodin in sein Atelier in der Nähe der Militärschule, damit wir seine berühmte Tür sehen, die für den künftigen Palast der angewandten Künste bestimmt ist. Sie stellt auf zwei riesigen Paneelen ein Wirrwarr, ein Gewimmel, ein krauses Knäuel dar, etwas wie die Verwachsungen einer Madreporenbank. Dann, nach einigen Sekunden, nimmt der Blick in diesen augenscheinlichen Korallen die Vorsprünge und Nischen wahr, die Höcker und Höhlen einer ganzen Welt kleiner köstlicher Plastiken, die von einer gleichsam quecksilbrigen Lebendigkeit zeugen, einer Unruhe, die Rodin dem *Jüngsten Gericht* von Michelangelo zu entlehnen sucht oder auch manchem Menschengetümmel in den Bildern von Delacroix, und das mit einer beispiellosen Gestaltung des Reliefs, wie nur Dalou und er es gewagt haben.

Das Atelier am Boulevard Vaugirard enthält eine ganz reale Menschheit. Das Atelier der Île des Cygnes ist wie das Domizil einer poetischen Menschheit. Und indem er auf gut Glück in einen Haufen auf dem Boden verstreuter Abgüsse greift, läßt uns Rodin ein Detail seiner Tür aus nächster Nähe sehen. Es sind herrliche Torsi kleiner Frauen, deren sich verjüngende Rücken mit Schulterblättern, die Flügelschlägen gleichen, er vortrefflich modelliert hat. In höchstem Maße bewegen seine Einbildungskraft die Fesseln und Verflechtungen zweier liebender Körper, die einander umschlingen wie jene Blutegel, die man umeinandergerollt in Glasgefäßen sieht. Die körperliche Liebe stellt in seinem Denken eine Gruppe von allergrößter Originalität dar, ohne daß die Ausführung seines Gedankens obszön wäre. Da ist ein männliches Wesen, das eine angespannte Faunin gegen seine Brust preßt, eine Faunin, deren Beine so erstaunlich froschartig zusammengezogen sind, als seien sie bereit zum Sprung.

14. JUNI 1888

Der Bildhauer Rodin verschwindet mitunter für mehrere Tage von zu Hause, ohne daß man weiß, wohin er geht. Wenn er dann wiederkommt und man ihn fragt, wo er gewesen sei, sagt er: »Ich habe mir Kathedralen angesehen.«

28. OKTOBER 1888

Das intelligente, feine Wesen von Rodin hat seine vollständig verschlossenen, vermauerten, verkorksten Seiten. Ich zeige ihm japanische Drucke allergrößten Stils. Er betrachtet sie einen Moment, klappt sie dann wieder zu, entfernt sich, als fürchte er sich vor ihnen, und sagt, er wolle sie nicht länger anschauen, aus Angst vor der Erregung. Dann klagt dieser bärtige Mann mit dem stämmigen Leib, den müden Gebärden seines Rumpfs und den schwermütigen Phrasen über einen Nebel, der sich in seinem Kopf ausbreite.

3. JULI 1889

Mirbeau verkehrt viel mit Rodin. Er hatte ihn einmal zwei Wochen und ein andermal einen Monat bei sich zu Gast. Er sagte mir, dieser schweigsame Mensch würde angesichts der Natur beredt, würde zum Redseligen mit vielseitigen Interessen; er sei ein Kenner vieler Dinge, die er sich ganz allein beigebracht habe, von den Theogonien bis zu den Verfahren sämtlicher Handwerke.

Er sei zu allem fähig, sagt Mirbeau, etwa zu einem Verbrechen für eine Frau: er sei der rohe Satyr, den er in seinen erotischen Gruppen darstellt. Und er erzählt, wie er einmal bei einem Diner bei Monet, der vier große hübsche Töchter hat, das Essen damit zubrachte, sie anzuschauen, aber anzuschauen in einer Weise, daß alle vier Mädchen – eine nach der anderen – sich gezwungen sahen, aufzustehen und die Tafel zu verlassen.

Und als ich ihn fragte, was für eine Art von Mensch die Frau von Rodin sei, antwortete er mir: »Oh, eine kleine Wäscherin, der er sich nicht im mindesten mitteilt, die in der vollständigsten Unkenntnis dessen lebt, was er tut ... Stellen Sie sich vor, eines Tages nimmt ein Freund ihn nach Belgien mit. Er kommt nach Hause, um seine Koffer zu packen. Seine Frau ist ausgegangen. Er setzt sie weder durch das Dienstmädchen noch durch die Portiersfrau in Kenntnis. Drei Wochen bleibt er fort, ohne ein Zeichen von sich zu geben. Ob er Kinder habe. Ja, er hat einen Sohn, einen seltsamen Sohn mit außergewöhnlichem Auge, mit dem Kopf eines Mörders, der nie ein Wort von sich gibt; er verbringt sein Leben in Festungen, um die Rücken der Soldaten zu zeichnen, Rücken, von denen sein Vater sagt, daß sie manchmal von Genie zeugten ... Diesen Sohn bekommt man nur zu den Mahlzeiten zu Gesicht, danach verschwindet er wieder.«

8. MÄRZ 1894

Heute abend sah ich bei Daudet die kleine Claudel, die Schülerin von Rodin, mit einem westenartig geschlungenen Tuch, das mit japanischen Blumen bestickt war, mit ihrem kindlichen Kopf, ihren schönen Augen, ihren originellen Aussagen und ihrer bäuerlich schwerfälligen Redeweise.

10. MAI 1894

Marx sprach heute morgen mit mir über die Bildhauerin Claudel, über ihre wilde Ehe, die sie eine Weile mit Rodin führte, eine Ehe, während der er sie so verliebt zusammen arbeiten sah, wie man es sich bei Prud'hon und Mademoiselle Mayer vorstellt.

Dann, eines Tages – warum, weiß kein Mensch –, löste sie das Verhältnis, verschwand, nahm es wieder auf und zerstörte es schließlich zur Gänze. Und als das geschah, sah Marx Rodin ganz erschüttert bei sich eintreten, der weinend zu ihm sagte, daß er gar keine Macht mehr über sie habe.

ROPS, Félicien
1833–1898
Graphiker

15. DEZEMBER 1866

Besuch von Rops, der unser Buch *La Lorette* illustrieren soll. Ein Mensch mit leicht gekraustem braunem Haar, das gegen den Strich gebürstet ist, mit schwarzem gezwirbelten Bärtchen und mit einem weißen Seidentuch um den Hals; ein Kopf von der Niedlichkeit eines Henri III. und des Spaniers aus Flandern; eine lebhafte, überstürzte, feurige Redeweise, in der durch den flämischen Akzent ein vibrierendes *rra* mitschwingt.

16. APRIL 1889

Zu meiner Linken sitzt Rops, der so anschaulich zu plaudern versteht in seiner aufgekratzten Art zu reden; er unterhält mich in einem Atemzug mit den dramatischen Ereignissen des Feldzugs von 1870 und mit seiner närrischen Liebe für die Rosenstöcke seines Gartens in Corbeil.[47] Er skizziert das Schattenbild eines Moltke, der den Frankreich-Feldzug in Pantoffeln absolviert. Dann führt er mich ins Dämmerlicht einer Hütte, wo er gerade eine Kartoffel aus dem gußeisernen Kochtopf über dem Feuer nehmen will, als ihn der Blick einer Frau innehalten läßt, mit dem Gesicht auf der Erde, die Haare wie ein Pferdeschwanz in einer Blutlache ausgebreitet; als er in den Hof hinaustritt, steht er einem Mann gegenüber, der sich aufrecht an eine Egge lehnt und gerade das Zeitliche segnet: in seinen Augen ist ein erschreckender Rest von Leben. Ein Schauspiel, das ihn mit einem nervösen Entsetzen erfüllte, wie er es nie zuvor empfunden hatte, und mitten in diesem Entsetzen sah er sich verpflichtet, einen Kameraden zu rufen, damit er sich der Frau annimmt und sie zum Ambulanzwagen transportiert.

---

47 Stadt im Departement Seine & Oise.

SABATIER, Apollonie-Aglaé, genannt *die Präsidentin*
1822–1890
Maitresse des Bankiers Hippolyte Mosselman,
Salondame und Muse Baudelaires

31. AUGUST 1862

Madame Sabatier, die Frau, die Clésinger für seine *Bacchantin*[48] als Modell diente: eine echte Bacchantin von lässiger Anmut, von zügelloser Unbefangenheit in den Bewegungen, von einer fesselnden Sinnlichkeit; aber ihr Fett quillt allmählich über, ihre runden Schultern überziehen sich mit geplatzten roten Äderchen: das Alter verwandelt diese Göttin von Rubens in eine Jordaens-Frau.

16. APRIL 1864

Verbrachte den Abend mit der berühmten Präsidentin, Madame Sabatier. Sie ist ein ziemlich großes Geschöpf, von gewöhnlicher Munterkeit, eine leicht pöbelhafte Kurtisane. Diese altmodisch schöne, etwas kanaillenhafte Frau stellt für mich so etwas wie eine faunische Marketenderin dar.

---

48 Die *Bacchantin* wurde im Salon von 1848 ausgestellt. Die *Präsidentin* hatte im Jahr davor Clésinger als Modell für seine *Frau, von einer Schlange gebissen,* gedient. Mit Rücksicht auf die Sittsamkeit der Jury hatte er seiner Darstellung einer Frau in den Konvulsionen der Liebe eine Schlange hinzugefügt.

SAND, George (Amantine-Aurore-Lucile Baronne de Dudevant, geb. Dupin)
1804–1876

Diskussion zwischen Madame Sand und Clésinger: Mme. Sand: »Ich werde Ihr Verhalten publikmachen ...« Clésinger: »Und ich, ich werde Ihren Arsch modellieren. Alle Welt wird ihn wiedererkennen.«

30. MÄRZ 1862

Rue Racine Nr. 2, vierter Stock. Wir klingeln. Ein kleiner unauffälliger Mann öffnet uns, sagt lächelnd: »Messieurs de Goncourt?«, öffnet uns eine Tür, und wir sind in einem großen Raum, einem Atelier.

Im Gegenlicht – dem grauen und kalten Licht des Spätnachmittags – vor dem Fenster im Hintergrund: ein grauer Schatten in der fahlen Beleuchtung, eine Frau, die sich nicht erhebt, regungslos verharrt, als wir uns grüßend verbeugen. Dieser sitzende, gleichsam schlafende Schatten ist Mme. Sand. Der uns öffnete, ihr Liebhaber, der Stecher Manceau.

So hat sie etwas Gespenstisches, Automatenhaftes. Sie spricht mit immergleichem Timbre, einer mechanischen und monotonen Stimme, die sich weder hebt noch senkt. Ihre Haltung hat etwas von der Schwerfälligkeit und der Würde eines Dickhäuters, etwas Widerkäuendes und Friedfertiges. Sie erinnert an die kalten, stillen Frauen Miereveltscher Porträts – und auch an die Gestalt der Vorsteherin eines Stiftes der Büßerinnen. Langsame, somnambule Gesten; dann und wann das Streichen eines Zündholzes über die Reibfläche, ein Flämmchen und ihre Zigarette brennt, immer der gleiche methodische Bewegungsablauf.

Nichts Schimmerndes, weder im Klang ihrer Stimme noch in der Tönung ihrer Sprache.

Sie ist äußerst liebenswürdig gewesen und voll des Lobes für uns. Aber all dies mit einer Art trübsinniger Einfalt, einer Seichtheit des Ausdrucks, einer Blödigkeit der Anschauungen, die frieren macht wie eine nackte Mauer. Die Banalität in ihrem Paroxysmus!

Manceau belebt ein wenig die Konversation. Man spricht von ihrem Theater in Nohant, wo man bis morgens um vier allein für sie und ihre Zofe spielt. Darauf scheinen die Püppchen ganz versessen. Große Aufführungen, wenn ihre Freunde kommen und die Kinder ihrer Freunde, während der drei Sommermonate, die sie als ihre Ferien bezeichnet.

Wir plaudern über ihre außerordentliche Arbeitsfähigkeit. Sagt, daß ihre Arbeitsweise nicht verdienstvoll sei, daß es Leute gebe, deren Leistung Bewunderung verdiene, sie jedoch habe es immer leicht gehabt. Arbeitet jede Nacht von eins bis um vier und steht um elf Uhr auf. Dann arbeitet sie noch zwei Stunden während des Tages:

»Und«, sagt Manceau, der sie erläutert wie ein Cicerone eine merkwürdige Erscheinung, »gleichgültig, ob man sie stört. Wie bei einem Wasserhahn: man tritt ein und dreht ihn ab ...«

»Ja, es macht mir nichts aus, von Gleichgesinnten gestört zu werden, von Bauern etwa, die kommen, um mit mir zu reden ...«

Hier wird die humanitäre Nummer abgezogen.

Zum Abschied erhebt sie sich, gibt uns die Hand und begleitet uns hinaus. Jetzt sehen wir etwas näher ihr zartes, feines, sanftes Gesicht, die verblichenen Töne, aber die immer noch köstlich gezeichneten Züge in dem bernsteinfarbenen blaßen und gleichmäßigen Teint. In diesen Zügen ruht eine Feinheit und Heiterkeit, die ihr letztes Porträt überhaupt nicht wiedergibt. Darauf erscheint sie, vor allem in der zu starken Linie der Nase, eher schwerfällig.

MITTWOCH, DER 19. AUGUST 1863

Madame Sand ist das Gespräch des Abends. Man zieht ihre Liebschaften durch und stimmt darin überein, daß ihr wenig Weibliches eignet. Eine wesentliche Kälte macht es ihr möglich, kühlen Kopfes über ihre Geliebten zu schreiben, kaum daß sie mit ihnen geschlafen hat. Merimée erwischte eines Tages, als er sich aus dem Bett erhob, ein Blatt Papier, das sie ihm entriß: es war sein Porträt.

Außer in den Zeiten Sandeaus hat sie sich kaum als Mann ausgegeben. Damals begab sie sich ins Parterre des Theaters und in ein kleines Restaurant, das ein gutmütiger Trottel namens Pinson leitete, der einfältig erklärte: »Wie komisch, wenn sie als Mann erscheint, sage ich Madame zu ihr; und wenn sie als Frau kommt, nenne ich sie Monsieur!«

14. SEPTEMBER 1863

»Ach, übrigens, Gautier, Sie kommen aus Nohant von Madame Sand! War's amüsant?«

»Wie in einem Kloster der Mährischen Brüder! Ich kam am Abend an. Es liegt weit von der Eisenbahnlinie. Man warf meinen Koffer einfach ins Gebüsch. Ich trat über den Hof ein, dessen Hunde mir Angst machten. Man gab mir zu essen. Die Nahrung ist gut; aber es gibt zuviel Wild und Geflügel: also mir bekommt das nicht.«

»Und wie verläuft so ein Tag in Nohant?«

»Um zehn wird gefrühstückt. Mit dem letzten Glockenschlag, wenn der Zeiger auf zehn Uhr weist, begibt man sich ohne weiteres zu Tisch. Madame Sand taucht als Somnambule auf, frühstückt schlafend. Danach geht man zum Kugelspiel in den Garten; das muntert sie auf. Sie setzt sich und beginnt ein Schwätzchen. Gewöhnlich werden um diese Stunde Probleme der Aussprache erörtert; zum Beispiel die Aussprache von *d'ailleurs* und *meilleur*. Aber der Gesellschaft höchstes Vergnügen sind die Kot-Unterhaltungen.«

»Bah!«

»Ja, die Scheiße, die Fürze, das ist der Quell der Heiterkeit. Marchal hat großen Erfolg mit seinen Winden. Aber nicht das leiseste Wort über die Beziehung der Geschlechter! Ich glaube, man würde glatt vor die Tür gesetzt, wenn man darauf anspielte.

Von drei bis sechs begibt sich Madame Sand an ihr Manuskript. Dann das Abendessen. Allerdings wird man gebeten, sich mit dem Essen zu sputen, damit Marie Caillot auch noch etwas von der Mahlzeit hat. Das ist das Mädchen des Hauses, ein kleiner Kobold vom Land, den Madame Sand aufgelesen hat, damit er bei den Aufführungen ihres Theaters mitspielt, und der des Abends nach dem Essen in den Salon kommt. Bis um Mitternacht legt Madame Sand wortlos Patiencen. Nun fing ich beispielsweise am zweiten Tag an zu mäkeln, wenn man nicht über Literatur spräche, würde ich wieder abreisen ... Ach, die Literatur! Man fiel aus allen Wolken.

Sie müssen nämlich wissen, daß man sich dort im Augenblick nur mit einer einzigen Sache beschäftigt: der Mineralogie. Jeder hat seinen Hammer, ohne den man nicht ausgeht.

Schließlich verkündete ich, Rousseau sei der schlechteste Schriftsteller französischer Sprache, und das bescherte uns ein Streitgespräch mit Madame Sand, das bis um ein Uhr morgens ging.

Manceau hat ihr Nohant folgendermaßen zum Schreiben eingerichtet: sie kann sich in keinem Zimmer hinsetzen, ohne von Federn, blauer Tinte, Zigarettenpapier, türkischem Tabak und liniertem Briefpapier umgeben zu sein. Und sie macht nicht viel Federlesens. Denn von Mitternacht bis um vier Uhr früh wird die Arbeit wieder aufgenommen. Und wissen Sie, was schließlich passierte? Etwas ganz Ungeheuerliches! Eines Tages beendet sie einen Roman. Es ist ein Uhr morgens. ›Sieh an‹, sagt sie, ›ich bin fertig!‹ Und schon beginnt sie den nächsten. Das Schreiben ist bei ihr eine Verrichtung wie das Verdauen.

Alles in allem hat man es sehr gut bei ihr. Zum Beispiel gibt es diskrete Gefälligkeiten. Im Flur befindet sich ein Kasten mit zwei Abteilungen: die eine ist für die Briefe der Post, die andere für die des Hauses. In die letztere gehen Schreiben, in denen man, unter Angabe von Name und Zimmer, seine Wünsche äußert. Ich brauchte einen Kamm, also schrieb ich: ›Monsieur Théophile Gautier, Zimmer soundso, meine Bitte‹ – und am nächsten Tag um sechs Uhr hatte ich dreißig Kämme zur Wahl.«

SAMSTAG, DER 12. MÄRZ 1864

Wir bringen Madame Sand unseren Band.[49] Das Gegenlicht, in dem sie eigensinnig verharrt, läßt uns in ihr etwas vom Typ der Mulattin erkennen. Sie ist munterer, redseliger, lebhafter als beim ersten Mal, aber ebenso nichtssagend. Ihre

---

49 *Renée Mauperin.*

Blutzirkulation scheint durch den Erfolg von *Villemer* etwas beschleunigt. Sie spricht voller Wärme von den sechshundert Karten, die ihr von Studenten am Tag nach der Vorstellung zugingen, und sie scheint ihre künftigen Erfolge auf den Fanatismus der Jugend gründen zu wollen. Oh, ein schlechtes Zeichen! Ich sehe schon diese Geistesströmung auf uns zukommen, die der Politik Eingang in die Literatur verschafft und die, so maßlos wie knechtisch, noch das platteste Werk aus der Feder eines Liberalen in den Himmel hebt! Was ist schon ein *Villemer,* verglichen mit der Halbzeile eines Verses von Hugo?

Im übrigen ist das Geschwafel der Madame Sand die schiere Nichtigkeit, selbst die Komplimente, mit denen sie einen bedenkt, sind plump und geistlos. Von nun an wird sie ihr Winterquartier in Palaiseau aufschlagen, und sie tut gut daran. Ist doch auch Mme. Cottin dort geendet!

12. FEBRUAR 1866

Madame Sand kommt heute zum Abendessen ins Magny. Da sitzt sie an meiner Seite, mit ihrem schönen und reizvollen Gesicht, aus dem mit dem Alter von Tag zu Tag etwas mehr der Typ der Mulattin hervortritt. Sie schaut mit eingeschüchterter Miene um sich und flüstert Flaubert zu: »Sie sind hier für mich der einzige angenehme Mensch.«

Sie hört zu, spricht aber nicht; zeigt für ein Versstück von Hugo an der Stelle eine Träne, an der das Werk sentimental wird.

Sie hat kleine Hände von wunderbarer Zartheit, die fast in ihren Spitzenmanschetten verschwinden.

21. MAI 1866

Im Magny.
Auftritt: Madame Sand im pfirsichblütenfarbenen Kleid, ein Liebesputz, der vermutlich dazu dienen soll, Flaubert zu vergewaltigen.

3. DEZEMBER 1866

Im Magny.
Ich würde Madame Sand ganz entschieden eine geniale Null nennen.

25. MAI 1868

Madame Sand, eine wiederkäuende Sphinx, eine Apis-Kuh.

3. MAI 1873

Madame Sand wird immer mumienhafter, aber sie ist voll rechter Kindlichkeit und der Heiterkeit einer alten Frau des vorigen Jahrhunderts.

25. AUGUST 1884

Auf dem Rückweg aus Saint-Germain nach Paris in der Bahn hat mir Dumas letzten Freitag viel von Madame Sand erzählt, die er als ein Ungeheuer schilderte, verhurt, egoistisch und von naiver Rohheit, ohne sich dessen je bewußt zu werden.

Nach dem Tode Manceaus' zu ihr gerufen – der Tote war noch nicht unter der Erde –, antwortete sie auf seine Frage, was sie empfinde: »Den Wunsch, ein Bad zu nehmen, anschließend einen Spaziergang im Wald zu machen und heute abend ins Theater zu gehen! – Ins Theater, das werden sie in Paris wiedergeben müssen!« Als sie dann für eine Weile nach Paris kam, begann die alte Frau das Leben einer Studentin im vierzigsten Studienjahr zu führen. Sie ging *spachteln*, Champagner trinken und *knutschen*. Durch diese Lebensweise wurde sie krank und mußte schließlich den Doktor Favre rufen. Der Arzt sagte ihr auf den Kopf zu, daß es sich um eine Greisenanämie handle, und nachdem er verkündet hatte, daß sie *krepieren* würde, falls sie noch ein paar Wochen so weitermache, verschrieb er ihr das Familienleben mit diesem Satz, der von einer sublimen Skepsis gegenüber dem Herzen der Schriftstellerin zeugt:

»Sehen Sie, und nun müssen Sie sich einreden, daß Sie ihre Enkelkinder lieben!«

SAINT-VICTOR, Paul de
1825–1881
Sekretär Lamartines, Theater- und Literaturkritiker

22. APRIL 1857

Saint-Victor gesehen; dieser halbhübsche Bursche von dem Aussehen eines Ziegenhirten trägt seinen Kopf stets wie ein neues Epitheton; er schwankt zwischen dem Typ eines Velázquez und dem eines Frisiergehilfen: ein gewachster, gezupfter Schnurrbart, ein schroffer, spröder Ton, eine kleine Reitgerte in der Hand; bisweilen geruht er zu sprechen und ist dann sehr ermüdend durch die Mühe, die es ihn kostet, ein Wort zu erhaschen, das sich nicht haschen läßt.

STRAUS, Geneviève, geb. Halévy
?–1926
Salondame, berühmt für ihren Witz, den Proust der Oriane de Guermantes verleiht

10. JANUAR 1887

Madame Bizet, jetzige Madame Straus, die zugleich wie ein Journalist und wie eine Frau erzählt, gab uns heute die Geschichte eines Onkels von ihr zum besten, eines Bruders ihrer Mutter, der seine Frau auf den Stufen der Dienstbotentreppe mit einem Kutscher erwischte. Diese Frau, die in den Sänger Mocker verliebt war, benützte ihren vierzehnjährigen Neffen, den jungen Busnach, als Liebesboten, der, wie ich hoffe, keine Ahnung davon hatte, worum es bei den Besuchen ging, um die er den Sänger bat, welcher ihm antwortete: »Deine Tante geht mir auf den Geist!« Auf diese Art verschmäht, gewahrt die in Mocker Verliebte im Hof irgendeinen Kutscher, der dem Sänger ähnelt. Sie gibt ihm ein Zeichen heraufzukommen, und schon gab sie sich ihm in so unverschämter Weise hin, daß das Gesinde sie sah und den Gatten benachrichtigte.

28. MÄRZ 1887

Ich kann mir einfach nicht abgewöhnen, Madame Straus Madame Bizet zu nennen. Sie trägt ein Hauskleid aus heller weicher und bauschiger Seide, Rohseide, die von oben bis unten von groben Knoten durchsetzt ist; sie ist träge in einem tiefen Sessel versunken, mit der fiebrigen Beweglichkeit ihrer samtschwarzen sanften Augen, mit kokett kränklichen Posen und auf dem Schoß »Vivette«, ein schwarzer Pudel, dessen Pfoten winzig wie Vogelkrallen sind.

Madame Bizet – nein, Madame Straus – plaudert mit einer Art Bitterkeit über die Liebe, sagt, wie selten es nach der Hingabe vorkomme, daß sich die beiden Liebenden noch mit gleicher Liebe zugeneigt sind, und diese Ungleichheit der Liebe des einen und des anderen ergebe ein hinkendes Gespann, das nie Schritt halte. Die ganze Zeit über lassen ihre Worte, die ihre seelische Verfassung zu spiegeln scheinen, etwas durchschimmern, als bedaure sie, *weich* geworden zu sein. Einen Moment lang preist sie sogar das Glück, allein zu leben – eine richtige Offenbarung; und nachdem ich ihr sagte, wie leer ein Haus, eine Wohnung für einen Alleinstehenden sei, entschlüpft ihr, wieviel trauriger es wäre, wenn es in diesem Haus, in dieser großen Wohnung zwei Wesen gäbe, die sich nicht *ineinanderfügten*.

Dann läßt Madame Bizet ihre Abhandlung über die Liebe fallen und kommt auf ihre Pudel zurück, auf die Geschichte ihrer Gewohnheiten; sie sprach von einem Vorläufer von »Vivette«, einem Pudel, der das Bad verabscheute und der, sobald man eines vorbereitete, den denkbar prächtigsten Schnupfen simulierte.

28. MAI 1887

Jour fixe bei Madame Straus, vormals Bizet. Zugegen sind die Herzogin Richelieu, die Herzogin Gramont, die Fürstin Beauvau ... Sapperlot, noch nie habe ich so viel Aristokratie in einem Salon versammelt gesehen! Diese Frauen, ob Blondinchen oder Brünettchen und Püppchen allesamt, zeugen von Vornehmheit, jedoch nicht von der großer Damen, sondern von der bürgerlichen Vornehmheit einer Kaufhausmamsell von allerhöchstem *Chic*. Das ist niedlich, das ist *generös,* und das schwatzt in den Ecken, während es

Petits fours knabbert, mit elegantem Rascheln und dem Geschnatter von Vögeln.

18. JUNI 1894

Heute abend gab der junge Philippe Sichel eine lustige Schilderung von einem Mittagessen bei Madame Straus zum besten: Madame Straus hinter einer Barrikade aus Fläschchen in Schachteln, die alle auf -*ine* enderde pharmazeutische Präparate enthalten, die zur Stunde in Mode sind; Straus verdeckt von einer Batterie aus Abführmitteln, der junge Bizet hinter einem Fläschchen Pankreatin für seine Magenbeschwerden. Étienne Ganderax hinter einer Flasche Milch, aus dem nämlichen Grund wie Bizet, und zuguterletzt Meilhac hinter einem Mittel gegen sein Zipperlein.

SWINBURNE, Algernon Charles
1837–1909

28. FEBRUAR 1875

Bei Flaubert.
Man bewundert die Dichtkunst des Engländers Swinburne, als Daudet plötzlich ausruft:

»Übrigens sagt man, daß er Päderast sei! Man erzählt die absonderlichsten Dinge über seinen Aufenthalt in Étretat im letzten Jahr ...«

»Das ist länger her, mehrere Jahre schon«, wirft der kleine Maupassant ein, »ich habe damals eine Weile mit ihm verbracht ...«

»Ja natürlich«, ertönt Flaubert, »haben Sie ihm nicht überhaupt das Leben gerettet?«

»Nicht gänzlich«, erwidert Maupassant, »ich promenierte am Ufer, höre die Schreie eines Ertrinkenden, laufe ins Wasser ... Aber eine Barke war mir zuvorgekommen und hatte ihn bereits herausgefischt ... Er war sturzbetrunken zum Baden gegangen ... In dem Moment jedenfalls, als ich bis zum Gürtel durchnäßt aus dem Wasser stieg, sprach mir ein anderer Engländer, sein Freund, der auch im Ort wohnte, seinen heißen Dank aus.

Am nächsten Tag erhielt ich eine Einladung zum Mittagessen. Eine merkwürdige Behausung, eine Art Strohhütte, in der es sehr schöne Gemälde gab, mit einer Inschrift über der Eingangstür, die ich zunächst nicht entziffern konnte, und einem großen Affen, der darin seine närrischen Luftsprünge machte ... Und was für ein Essen! Ich weiß wahrhaftig nicht, was ich gegessen habe; ich erinnere mich nur noch, wie ich den Namen eines aufgetischten Fisches wissen wollte: der Hausherr antwortete mit einem seltsamen Lächeln, daß es sich um Fleisch handle, und es war unmöglich, mehr darüber zu erfahren! Es gab keinen Wein, man trank nur starke Liköre.

Der Eigentümer des Hauses, ein Mann namens Powel, war der Sohn eines Lords aus England – so wenigstens hieß es in Étretat –, der sich hinter dem Namen seiner Mutter verbarg. Was nun Swinburne angeht, so müssen Sie sich einen kleinen Mann vorstellen mit einer tiefen Kinngrube, der Stirn eines Wasserköpfigen und einer ausgeprägten Hühnerbrust, einen Mann, den ein Tatterich schüttelt, daß sein Glas den Veitstanz macht, und der sich immer wie ein Irrer ausnimmt, wenn er spricht.

Etwas ging mir gleich bei diesem ersten Mittagessen auf die Nerven: nämlich daß Powel von Zeit zu Zeit seinen Affen ein bißchen wichste, der sich seinen Fingern entzog, um mir Hiebe in den Nacken zu versetzen, sobald ich den Hals beugte, um zu trinken.

Nach dem Essen zogen die beiden Freunde gigantische Kartons mit Photographien hervor, die in Deutschland aufgenommen worden waren, Obszönitäten in Lebensgröße – und nichts als Darstellungen des männlichen Geschlechts. Unter anderem erinnere ich mich an einen englischen Soldaten, der auf eine Glasscheibe onanierte. Und Powel zeigte mir das in vollständig betrunkenem Zustand; ab und zu leckte er die Fingerspitzen einer verdorrten Hand, die, glaube ich, im Hause als Briefbeschwerer diente. In dem Augenblick, in dem er mir das zu sehen gab, trat ein junger Diener ein; sogleich beeilte sich Powel, die Schachtel zu schließen.

Swinburne spricht ausgezeichnet Französisch. Er ist von einer ungeheuren Belesenheit. Er wirkt, als wisse er alles. An jenem Tag teilte er uns eine Menge merkwürdiger Dinge über die Schlangen mit und gestand uns, daß er zwei bis drei Stunden an einem Standort bleibe, um sie zu beobachten. Dann übersetzte er uns einige seiner Stücke und gab sich dabei eine außergewöhnliche, ja wahnwitzige Mühe. Das war sehr schön.

Auch Powel ist kein Jedermann; er hat aus Island eine ganz erstaunliche Sammlung alter Musik mitgebracht.

Dieses Verhältnis erregte im Grunde meine Neugier. Ich nahm die Einladung zu einem weiteren Mittagessen an. Dieses Mal ließ mich der Affe in Ruhe; er war einige Tage zuvor von dem kleinen Domestiken erhängt worden; und Powel ließ einen riesigen Granitblock herbeischaffen, um ihn auf sein Grab zu legen und darin ein flaches Becken auszuhöhlen, in dem die Vögel während der Trockenheit Regenwasser fänden. Zum Abschluß des Diners gab er mir einen Likör zu trinken, der mich blau machte wie ein Veilchen. Alsbald packte mich jedoch die Angst, und ich verzog mich ins Hotel, wo ich den ganzen Tag in bleiernem Schlaf verbrachte.

Schließlich kehrte ich noch ein letztes Mal zurück, weil ich wissen wollte, woran ich war, um sicherzugehen, daß ich es nicht mit Exzentrikern und Päderasten zu tun hätte. Ich zeigte ihnen die Inschrift, welche lautete: *Dolmancés Hütte*, und fragte sie, ob sie wüßten, daß dieser Name Dolmancé auch der Name des Helden aus der *Philosophie im Boudoir* ist. Sie bejahten das. ›Dann ist das also das Firmenschild des Hauses?‹ sagte ich zu ihnen. – ›Wenn Sie so wollen!‹ antworteten sie mit schrecklicher Miene. Da wußte ich Bescheid; ich habe sie nie mehr wiedergesehen.

Ja, die beiden lebten zusammen; sie befriedigten ihre Lust mit Affen oder jungen Domestiken von vierzehn oder fünfzehn Jahren, die man Powel ungefähr alle drei Monate aus England zukommen ließ, kleine Domestiken von außergewöhnlicher Sauberkeit und Frische. Der fragliche Affe, der in Powels Bett schlief und der ihn jede Nacht beschiß, war von dem jungen Domestiken erhängt worden, weil ihn das ewige Wechseln der Laken verdroß oder weil er eifersüchtig war.

Das Haus war erfüllt von den sonderbarsten Geräuschen, von sadistischen Schatten; und eines Nachts hörte man Powel einen Neger im Garten mit Revolverschüssen verfolgen. Es waren echte Helden des *Alten*[50], die auch vor einem Verbrechen nicht zurückgeschreckt wären. Dann herrschte in diesem geheimnisvoll belebten Hause plötzlich Schweigen, plötzlich war es leer. Powel verschwand für Monate,

---

50 De Sade.

und niemand wußte, wie er sich davongemacht hatte. Weder sah man ihn einen Wagen nehmen, noch war man ihm auf irgendwelchen Wegen begegnet.«

21. APRIL 1883

Der englische Dichter Wilde sagte mir heute abend, daß Swinburne gegenwärtig der einzige Engländer sei, der Balzac gelesen habe. Und er stellte mir Swinburne als einen Prahlhans des Lasters dar, der alles daran gesetzt habe, seine Mitbürger glauben zu machen, er sei Päderast und Sodomit, ohne es im mindesten zu sein.

TAINE, Hippolyte
1828–1893
Historiker und Geschichtsphilosoph

1. MÄRZ 1863

Bei Flaubert.
Es erscheint ein schmaler, magerer, etwas steifer Herr mit einem Bärtchen; weder klein noch groß, spröde und überheblich; bläuliche Augen hinter Brillengläsern; ein abgezehrtes, leicht erloschenes Gesicht, das sich beim Reden belebt; eine sanfte, fließende Redeweise, etwas schludrig gesprochene Worte, wobei sein Mund die Zähne zeigt: das ist Taine.

Als Plauderer stellt er so etwas wie eine artige kleine Inkarnation der modernen Kritik dar, sehr beschlagen, liebenswürdig und ein bißchen pedantisch. Die gründlichen Kenntnisse eines Professors – dergleichen legt man nicht ab –, die aber ausgeglichen werden durch große Schlichtheit, gefällige Umgangsformen und eine wohlerzogene Aufmerksamkeit, mit der er sich seinen Mitmenschen widmet.

9. APRIL 1863

Es gibt gewisse geschmeidige Naturen, die, je nachdem, an welchem Ort man ihnen begegnet, ganz verschieden wirken. Dieser Tage habe ich Taine bei Prinzessin Mathilde beobachtet. In seinem zu eng geschnittenen Rock, die Ellbogen am Leib, den Nacken gesenkt, sich verlegen an den Hut klammernd, unterwürfig vom Scheitel bis zur Sohle: das liebenswürdige Schulmeisterlein in Gesellschaft kam mir in den Sinn. Ich werde ihm jetzt nicht mehr begegnen können, ohne an die Gestalt des Sohnes von Diaforius[51] zu denken.

22. NOVEMBER 1864

Im Magny. Heftige Diskussion über Gott, eines der Themen, zu denen Leute von Geist die größten Dummheiten von sich geben.

In der Hitze des Gefechts aus Worten, Argumenten und Gebrüll scheint Taine allmählich eine nahezu phantastische Gestalt anzunehmen. Er nimmt sich aus wie eine Kantsche Grille, die einer Erzählung von Hoffmann entsprungen ist. Und mit seinen blitzenden blauen Brillengläsern, die aussehen, als seien sie zu seinen wirklichen Augen geworden, gelingt es ihm, eine fast unheimliche, übernatürliche, beinahe bedrohlich groteske Figur abzugeben.

---

51 Gestalt aus *Der eingebildete Kranke* von Molière.

TURGENJEW, Iwan Sergejewitsch
1818–1883

28. FEBRUAR 1863

Abendessen im Magny. Charles Edmond bringt Turgenjew mit, diesen Russen von so feinsinnigem Talent, den Autor der *Aufzeichnungen eines Jägers*, des *Anteor* und des *Russischen Hamlet*.

Ein charmanter Koloß, ein sanfter Riese mit weißem Haar; er gleicht einem alten und sanften Wald- oder Berggeist; er gleicht einem Druiden und dem guten alten Mönch aus *Romeo und Julia*. Er ist schön, aber von ich weiß nicht welcher Ehrfurcht gebietenden Schönheit, großartig schön wie Nieuwerkerke. Allein die Augen von Nieuwerkerke sind kanapeeblau: in den Augen von Turgenjew ist etwas vom Himmel. Zum Wohlwollen des Blicks gesellt sich das Schmeichelnde und leise Singende des russischen Akzents, etwas von der Kantilene des Kindes und des Negers.

2. MÄRZ 1872

Abendessen bei Flaubert.
Turgenjew, der sanfte Riese, der liebenswürdige Barbar mit seinem weißen Haar, das ihm in die Augen fällt, und der tiefen Falte, die sich wie die Furche eines Pflugs von der einen Schläfe zur anderen durch seine Stirn gräbt. Von der Suppe an bezaubert er uns mit seiner kindlichen Redeweise, *schmückt uns mit Girlanden,* wie man im Russischen sagt, durch diese Mischung aus Naivität und Finesse. Das Verführerische der slawischen Rasse wird bei ihm noch gesteigert durch seinen umfassenden Geist, seine reichen und kosmopolitischen Kenntnisse.

Er berichtet uns von dem Monat im Gefängnis, den er nach der Veröffentlichung der *Erinnerungen eines Jägers* verbüßen mußte, jenem Monat, den er, in Geheimakten blätternd, in der Zelle des Archivs eines Polizeiquartiers verbrachte. Er zeichnet uns mit dem Strich des Malers und Romanciers den Polizeichef, den er eines Tages mit Champagner berauschte und der, indem er seinen Ellbogen berührte und sein Glas erhob, zu ihm sagte: »Auf Robespierre!«

Dann hält er einen Augenblick inne, bevor er fortfährt: »Wenn ich auf diese Dinge stolz wäre, so hätte ich nur einen Wunsch: daß man auf meinem Grabstein festhält, was die Befreiung der Leibeigenen meinem Buch verdankt. Ja, mehr würde ich nicht verlangen. Kaiser Alexander hat mir sagen lassen, daß die Lektüre meines Buches eines der maßgeblichsten Motive seines Entschlusses gewesen sei.«

»Bisweilen gibt es in Wohnungen einen kaum wahrnehmbaren Moschusduft, wissen Sie, einen Geruch, den man nicht vertreiben und unmöglich zum Verschwinden bringen kann ... Ich aber, ich bin immer wie vom Geruch des Todes, des Nichts, der Auflösung umgeben.«

Nach einem Schweigen ergreift er erneut das Wort: »Ich glaube die Erklärung dafür in *einer* Tatsache zu finden: im Unvermögen – aus zahllosen Gründen, wegen meiner weißen Haare usw. –, im absolut gewordenen Unvermögen zu lieben. Ich bin dessen einfach nicht mehr fähig. Nun, Sie verstehen, das ist der Tod!«

Und als Flaubert und ich die Bedeutsamkeit der Liebe für den Gebildeten bestreiten, ruft der russische Romancier mit einer Geste der Fassungslosigkeit aus: »Mein Leben ist gesättigt von *Weiberlichem*. Kein Buch noch sonst irgend etwas hätte für mich an die Stelle der Frau treten können ... Wie soll man das erklären? Mir scheint, daß einzig die Liebe eine gewisse Entfaltung des Daseins hervorbringt, die anders nicht zu haben ist, nicht wahr?«

Eine Weile durchstöbert er in seinen Erinnerungen die Vergangenheit. Mit einem glücklichen Aufleuchten in seinem Antlitz fährt er fort:

»Sehen Sie, als ganz junger Mann hatte ich eine Geliebte, eine Müllerin aus der Umgebung von Sankt Petersburg, die ich in meinem Jagdrevier traf. Sie war bezaubernd, schneeweiß, mit einem Mal im Auge, was bei uns ziemlich häufig vorkommt. Sie wollte nichts von mir annehmen. Eines Tages jedoch sagt sie zu mir: ›Sie müssen mir ein Geschenk machen‹ – ›Was wünschen Sie?‹ – ›Bringen Sie mir Seife mit.‹ Ich bringe ihr die Seife. Sie nimmt sie, verschwindet, kommt errötend zurück und sagt, indem sie mir ihre duftenden Hände reicht: ›Küssen Sie mir die Hände, so wie Sie in den Salons die Hände der Damen von Sankt Petersburg küssen!‹ Ich warf mich ihr zu Füßen ... Nun denn, kein Augenblick meines Lebens könnte jenen aufwiegen.«

22. MÄRZ 1872

Turgenjew ißt mit Flaubert bei mir zu Abend.
Er zeichnet uns die bizarre Silhouette seines Moskauer Verlegers, eines Schankwirts der Literatur, kaum des Lesens mächtig, und was das Schreiben anbelangt, ist er bestenfalls fähig, mit seinem Namen zu unterzeichnen. Er schildert ihn, umgeben von zwölf kleinen Fabelgreisen: seine Lektoren und Ratgeber, für 700 Kopeken im Jahr.

Von da geht er zur Beschreibung literarischer Typen über, die unser Mitleid mit Frankreichs Boheme hervorrufen. Er malt uns das Porträt eines Säufers, der ein Bordellmädchen für zwanzig Kopeken heiratete, um jeden Morgen seinen

Schnaps zu trinken, eines Säufers, für dessen bemerkenswerte Komödie er einen Verleger fand.

Bald kommt er auf sich zu sprechen. Er analysiert sich. Er sagt uns, daß ihn zwanzig Zeilen Puschkin, wenn er traurig und schlecht beieinander ist, seiner Niedergeschlagenheit entreißen, ihn aufbauen und in Verzückung bringen. Die Rührung und Bewunderung, die er dem verdankt, empfindet er für keine noch so hochherzige und edelmütige Tat. Einzig die Literatur kann ihm diese Aufheiterung verschaffen, die sich sogleich als etwas Körperliches, als angenehme Empfindung in den Wangen, zu erkennen gibt! Er fügt hinzu, es komme ihm vor, als habe er im Zorn eine große Leere in der Brust, im Magen.

Die Seelenverwandtschaft, von der er sich umgeben fühlt, läßt ihn von Minute zu Minute offenherziger werden, und endlich erzählt er uns von dem empfindungsreichsten Augenblick seines Lebens.

In seiner Jugend hatte er einem Mädchen den Hof gemacht, das dann einen anderen heiratete. Nach einem achtjährigen Aufenthalt in Deutschland kommt er nach Rußland zurück. Das war im Monat Juli. Er findet sich zu einem dreitägigen Fest bei der Mutter ein, einem Fest, das die Mutter zum Geburtstag ihrer Tochter feierte, welche ihren kranken, hypochondrischen Mann zu Hause gelassen hatte und die drei Tage allein bei ihr verbrachte. Die Mutter war eine vergnügungssüchtige Frau, und das Haus war erfüllt von Lust und Tanz.

Eines Abends fordert er die junge Frau zur Mazurka auf. Sie geleitend, fragt er: »Liegt Ihnen am Tanzen? Wie wär's, wenn wir plauderten?« Man verläßt den Tanzsaal. Neben dem Saal gibt es eine Reihe von Zimmern, in denen Whist gespielt wird. Noch weiter hinten sind Gemächer, die nur der

Mond erleuchtet, in die aber alle Augenblicke Tänzer dringen. Sie haben in einem der hintersten Zimmer auf einem *paté* genannten Divan Platz genommen, vor einem großen geöffneten Fenster. Sie unterhalten sich, die Frau betrachtet, leicht von ihm abgewandt, den Garten. Von Zeit zu Zeit dringt eine Gruppe Mazurkatänzer in den Raum, dreht sich, verschwindet.

Plötzlich wendet ihm die Frau ihre großen Augen zu, riesige Augen, *à la chinoise* geschlitzt. Nun weiß er nicht, wie es geschah, daß er aufgeknöpft und die Frau aufgeschürzt war. Aber im Nu war er unter und in der Frau. Ein Anprall der Zähne bei der Berührung ihrer Lippen, die kalt waren wie Eis, hat sich seinem Gedächtnis eingeprägt und die Schmelzofenglut ihres ganzen unteren Leibes. Nachdem die Frau das Zimmer verlassen hatte, lief er in den Hof hinaus, um Luft zu holen und sein Gesicht dem frischen Wind auszusetzen.

Am andern Tag sagt man ihm, daß die Frau abgereist sei. Er sah sie etliche Jahre später mehrmals wieder und wagte nie, auf diesen Abend anzuspielen. Manchmal fragt er sich, ob es überhaupt wahr ist.

3. MAI 1873

Im Véfour.
Flaubert erzählt von einem Drama über Ludwig XI., das er auf dem Gymnasium geschrieben habe. In diesem Drama faßte er das Elend der Bevölkerung in folgendem Satz zusammen: »Wir sind gezwungen, unser Gemüse mit dem Salz unserer Tränen zu würzen, Euer Gnaden.«

Dieses Drama versetzte Turgenjew in seine Kindheit zurück: die harte Erziehung, in der er groß geworden war, die von der Ungerechtigkeit in seiner jungen Seele erregte

Empörung. Er sieht sich, nachdem ihn sein Hauslehrer wegen irgendeiner Missetat abgekanzelt, ausgepeitscht und vom Abendessen ausgeschlossen hatte, durch den Garten spazieren und mit einer Art bitterer Lust das salzige Wasser trinken, das ihm aus den Augen die Wangen entlang in den Mundwinkel floß.

Sodann spricht er von den *köstlichen* Stunden seiner Jugend, Stunden, in denen er im Grase liegend auf die Geräusche der Erde lauschte, Stunden, die er auf der Lauer verbrachte, in einer träumerischen Beobachtung der Natur, die sich nicht wiedergeben läßt.

Er erzählt uns von einem geliebten Hund, der an seinem Seelenzustand teilzunehmen schien und der ihn in seinen melancholischen Augenblicken durch einen tiefen Seufzer überraschte. Eines Abends am Ufer eines Weihers, an dem Turgenjew von einem mysteriösen Schrecken ergriffen wurde, sprang ihm der Hund an den Beinen hoch, als ob er sein Entsetzen teile.

Ausgelöst durch ich weiß nicht welches Stichwort des Gesprächs oder durch irgendeine Gedankenverbindung, erzählt uns Turgenjew, wie er eines Tages bei einer Dame zu Gast war, die ihn in dem Augenblick, als er sich erhob, um sich zu verabschieden, anflehte: »Bitte bleiben Sie! Mein Mann wird in einer Viertelstunde hier sein, lassen Sie mich nicht allein!« Auf den sonderbaren Ton drang er so lange in sie, bis sie ihm sagte: »Ich könnte nicht allein bleiben ... Sobald niemand mehr in meiner Nähe ist, fühle ich mich fortgerückt und mitten ins *Unermeßliche* versetzt ... Und dort befinde ich mich wie eine kleine Puppe vor einem *Richter*, dessen Antlitz ich nicht sehe!«

25. APRIL 1875

Bei Flaubert.

Die einen wie die anderen gestehen einander die Halluzinationen, die ihnen bei schwachen Nerven widerfahren sind.

Turgenjew erzählt, daß er vorgestern, als er beim Klang der Glocke, die zum Abendessen rief, hinunterging und an der Toilettentür von Viardot vorbeikam, er diesen sah, wie er – mit dem Rücken zu ihm – in einem kurzen Jagdrock dastand und dabei war, sich die Hände zu waschen; als er dann ins Speisezimmer kam, staunte er nicht wenig, ihn an seinem üblichen Platz zu finden.

Danach erzählte er noch von einer weiteren Halluzination. Er war nach langer Abwesenheit nach Rußland zurückgekommen und ging einem Freund einen Besuch abstatten, den er mit noch gänzlich schwarzem Haar verlassen gehabt hatte. In dem Augenblick, als er eintrat, sah er etwas wie eine weiße Perücke, die ihm von der Decke herab auf den Kopf fiel, und als der Freund sich umdrehte, um zu sehen, wer hereinkam, fand er ihn zu seiner Verblüffung ganz ergraut.

Zola klagt über Mäuse oder Vogelschwärme, die zu seiner Rechten und zu seiner Linken vorbeiziehen.

Flaubert sagt, daß ihn nach vollständiger Absorption und langem Hinabbeugen des Kopfes über den Arbeitstisch im Moment des Sich-wieder-Aufrichtens etwas wie eine Angst beschleicht, jemanden hinter sich wiederzuerkennen.

21. NOVEMBER 1875

Turgenjew erzählt: »Es gibt in Sankt Petersburg kleine Droschken, von einem Pferdchen gezogen, Droschken, die nicht viel kosten und die ich als junger Mann benutzte. Man sitzt hinter dem Kutscher, ganz nah an seinem Ohr, und so plauderte ich mit ihm. Gewöhnlich werden diese Einspänner von Bauern gelenkt, die für eine Saison in die Hauptstadt gekommen sind. Ein Bauer, der sein Haus verläßt, ist eine Seltenheit, weil er weiß, daß sein Vater mit seiner Frau schlafen wird ... Ja, so ist das ... Ich hatte also einen dieser Kutscher genommen und, wie gesagt, plauderte ich mit ihm. Die Fahrt war lang. Er begann von seiner Frau zu erzählen, die gestorben war. Im allgemeinen sind die Russen nicht zärtlich, dieser jedoch sprach mit außerordentlicher Zärtlichkeit von seiner Frau: ›Aha, und was geschah mit Ihnen, als Sie in ihr Zimmer traten?‹ fragte ich ihn. ›Ich faßte sie am Arm und rief ihren Namen!‹ Und Turgenjew gibt uns den russischen Diminutiv des Namens Maria wieder. ›Und weiter?‹ – ›Oh! Dann habe ich etwas sehr Dummes getan! Ich habe mich neben ihr Bett auf die Erde gesetzt ...‹, und mit leuchtenden Augen machte der Mann eine Geste, als schlüge er mit der flachen Hand auf die Erde ein und fügte hinzu: ›Und ich sagte: *Öffne dich, unersättlicher Bauch!*‹ – ›Und was geschah dann?‹ – ›Ich habe mich hingelegt und geschlafen ...‹«

7. JANUAR 1876

Bei Daudet. Lustiges und charmantes Abendessen um eine Schüssel Bouillabaisse und eine korsische Drosselpastete.

Der an Gicht erkrankte Turgenjew ist in Pantoffeln gekommen. Er gibt eine hübsche Beschreibung seiner Empfindungen: es kommt ihm vor, als wohne jemand in seinem Zeh, der damit beschäftigt ist, ihm mit einem stumpfen, runden Messer den Nagel abzulösen.

5. MÄRZ 1876

Heute erschien Turgenjew bei Flaubert, indem er ausrief: »Nie ist mir so klar gewesen wie gestern, wie verschieden die Rassen sind ... Die ganze Nacht habe ich darüber nachgedacht! Dabei üben wir doch den gleichen Beruf aus, nicht wahr, wir, die wir alle schreiben ... Als aber gestern in *Madame Caverlet* der junge Mann zum Geliebten seiner Mutter, der seine Schwester auf die Stirn küssen will, sagt: ›Ich verbiete Ihnen, dieses junge Mädchen zu küssen‹, nun, da habe ich eine Anwandlung von Abscheu empfunden! Und wären fünfhundert Russen im Zuschauerraum gesessen, es wäre ihnen nicht anders ergangen. Flaubert und seine Leute, die mit uns in einer Loge waren, empfanden keine Spur von Widerwillen ... Ich habe lange gegrübelt in der Nacht. Ja, Sie sind eben Lateiner, etwas vom Römischen und seiner Rechtsreligion ist in Ihnen; mit einem Wort: Sie sind Männer des Gesetzes ... Wir aber, wir sind anders ... Wie soll ich sagen? Stellen Sie sich zum Beispiel einen Kreis vor, einen Kreis, um den herum alle *alten Russen* versammelt sind, und hinter ihnen der Wirrwarr der *jungen Russen*. Nun gut, die alten Russen sagen ›Ja‹ oder ›Nein‹, worauf diejenigen hinter ihnen ihre Stimme abgeben. Allein stellen Sie sich vor, es gäbe kein Gesetz mehr, es existiere nicht mehr vor diesem ›Ja‹ und ›Nein‹; bei den Russen *kristallisiert* sich das Gesetz nämlich anders als bei Ihnen. Ich will Ihnen ein Beispiel geben: Rußland ist voller Diebe; und dennoch, mag einer auch gestehen, zwanzigmal gestohlen zu haben – wenn man feststellen würde, daß er bedürftig war, daß er Hunger hatte, so würde man ihn freisprechen ... Ja, Sie sind Männer des Gesetzes, der Ehre; wir aber, so unterjocht wir auch sein mögen, wir sind Männer ...«

Und nach einem Wort suchend, wirft er uns hin:

»Der Humanität! – Ja, so ist es!«, fährt er fort. »Wir sind weniger konventionell als Sie; wir sind Männer der Humanität!«

13. MÄRZ 1876

Turgenjew sprach von dem Komischen, das Heldentaten mitunter beigemischt ist. Er erzählte von einem russischen General, der sich nach zwei von den Franzosen zurückgeschlagenen Attacken hinter der Mauer eines Friedhofs verschanzt hatte und der seinen Soldaten den Befehl gab, ihn über die Mauer zu werfen. »Na, und wie ist das ausgegangen?« fragte Turgenjew den betreffenden General, der ein sehr dicker Mann war. Hier der Bericht des Generals:

Er war mitten in eine Pfütze gefallen. Vergeblich versuchte er, sich zu erheben und wieder auf die Beine zu kommen. Jedesmal sank er *Hurra!* schreiend in die Lache zurück. Währenddessen rief ihm ein französischer Infanterist, der ihm, ohne zu schießen, zuschaute, lachend zu: »Dickes Schwein, dickes Schwein!« Aber das *Hurra* war vernommen worden, die Russen hatten sich entschlossen, die Mauer zu überwinden, und bald waren die Franzosen vom Friedhof verjagt.

27. NOVEMBER 1876

Turgenjew meinte heute abend, daß von allen Völkern Europas die Deutschen – abgesehen von der Musik – das verschwommenste Gefühl für die Kunst hätten. Selbst eine schwache, konventionelle Form, die wir als dumm und falsch ansehen, so daß wir sie bei einem Buch verwerfen, erscheint in ihren Augen als liebenswürdige, dem Wahren dienende

Vollkommenheit. Er setzte noch hinzu, daß das russische Volk, das, als lange versklavtes, ein Volk von Lügnern sei, in der Kunst Wahrheit und Wirklichkeitsnähe liebe.

Als wir die Rue de Clichy hinaufgehen, erzählt er uns von verschiedenen Projekten, Novellen, die ihm im Kopf herumspuken; unter anderem eine über die Empfindungen eines Wesens, nämlich eines alten Pferdes in der Steppe, dem die Gräser bis zur halben Brusthöhe reichen.

Dann bleibt er stehen und sagt: »Im Süden Rußlands gibt es Heuschober, die so groß sind wie dieses Haus hier; man erklimmt sie mit Hilfe von Leitern. Ich habe des öfteren da geschlafen. Sie können sich gar nicht vorstellen, wie dort der Himmel aussieht, er ist von einem tiefen, intensiven Blau, übersät mit großen silbernen Sternen. Um Mitternacht steigt eine herrlich milde Wärme auf.« Dies waren seine Worte. »Es ist berauschend! ... Einmal, als ich hoch oben in einem dieser Heuschober auf dem Rücken lag, ertappte ich mich dabei, wie ich mit lauter Stimme ›Eins, zwei! Eins, zwei!‹ rief, ohne daß ich hätte sagen können, wie lange das schon währte.«

19. FEBRUAR 1877

Heute abend erzählt Turgenjew, daß es nahe der Wohnung seiner Mutter einen Verwalter gab, der zwei wunderschöne Töchter hatte; während seiner Ausflüge und Jagden in der Umgebung kam er immer wieder dort vorbei.

Angezogen von dem Wunsch, die beiden Schwestern vor dem Haus zu sehen, findet er eines Tages aufgeregte Leute in der Tür. Man sagt ihm, daß die jüngere und schönere von beiden hohes Fieber habe. Er spazierte eine Weile vor den Holzwänden auf und ab, durch die einzelne Worte drangen, die er nicht verstand, die aber seine Wißbegier anstachelten. Schließlich – als man gerade nicht auf ihn achtgab – betrat er das Haus und drang in das Zimmer. Das junge Mädchen lag angezogen auf dem Bett, einzig ihr schneeweißer Hals war entblößt. Sie hatte den Kopf nach hinten zurückgeworfen, ihr Blick flackerte zwischen den halbgeöffneten Lidern; und dem Mund des hübschen Töchterchens entschlüpften alle Unzüchtigkeiten, alle Obszönitäten, alle nur denkbaren Schweinereien, wie eine Flut aus Mist und Morast, dieweil neben ihr eine alte Tante das heulende Gesicht hinter den Händen verbarg.

5. MAI 1877

Gestern, beim Abendessen, das zu Ehren von Turgenjew stattfand, der nach Rußland reist, unterhielt man sich über die Liebe, die Liebe, wie man sie in den Büchern findet.

Ich sagte, daß die Liebe bislang nicht auf wissenschaftliche Weise erforscht worden sei und daß wir sie nur von ihrer poetischen Seite gezeigt hätten. Zola, der das Gespräch auf dieses Thema gebracht hatte, um Stoff für sein neues Buch zu ergaunern, behauptet, daß die Liebe weder ein so besonderes Gefühl sei noch die Menschen so vollständig ergreife, wie man es schildere. Ihre Begleiterscheinungen fänden sich auch in der Freundschaft, im Patriotismus usw.; die größere Heftigkeit dieses Gefühls stelle sich nur durch die Perspektive der Kopulation her.

Turgenjew erwidert, dem sei nicht so; die Liebe sei ein Gefühl von einer ganz besonderen *Färbung*. Zola befinde sich auf dem Holzweg, wenn er diese Färbung, dieses qualitative Etwas, nicht anerkenne. Er sagt, daß die Liebe im Menschen eine durch kein anderes Gefühl zu entfaltende Wirkung erzeuge, und so sei dem wahrhaft Verliebten zumute, als sei sein Ich aufgelöst. Er spricht von einer Schwere des Herzens, die nicht mehr menschlich sei. Er redet von den Augen der ersten Frau, die er liebte, wie von etwas gänzlich Immateriellem, von etwas jenseits alles Stofflichen ...

Bei alledem ist das Mißliche, daß weder Flaubert – seinen übertriebenen Äußerungen in diesen Dingen zum Trotz – noch Zola oder ich jemals wirklich ernsthaft verliebt waren, und so sind wir auch nicht fähig, die Liebe zu schildern. Nur Turgenjew wäre dazu berufen. Aber ihm wiederum fehlt der kritische Sinn, über den wir verfügen würden, wenn wir nach seinem Vorbild verliebt gewesen wären.

28. JANUAR 1878

In einer Runde schmausender und zechender Intellektueller dreht sich das Gespräch immer um die Frauen und die Liebe.

Zunächst ist die Unterhaltung schlüpfrig und unflätig. Turgenjew nimmt Daudets Reden mit dem leicht verdutzten Staunen eines Barbaren auf, dem das Vögeln etwas ganz Natürliches ist.

Als man ihn fragt, welche Liebesempfindung die heftigste seines Lebens gewesen sei, kramt er eine Weile in seinen Erinnerungen, bevor er antwortet: »Ich war ein Jüngling, teilte die Begierden der Fünfzehnjährigen und war noch unschuldig. Meine Mutter hatte eine hübsche, dümmlich wirkende Kammerzofe – wie Sie wissen, verleiht die Aura der Dummheit manchen Gestalten eine gewisse Größe. Es geschah an einem feuchtwarmen, regnerischen Tag, in eben diesem erotischen Klima, das Daudet beschrieben hat. Die Dämmerung nahte. Ich ging im Garten spazieren. Plötzlich sehe ich dieses Mädchen schnurstracks auf mich zukommen, und sie, die Sklavin, packte mich, ihren Herrn, im Nacken bei den Haaren und sagte: ›Komm!‹ Was dann folgte, unterscheidet sich nicht von den Empfindungen, die uns vertraut sind. Aber bisweilen taucht die Erinnerung an diesen sanften Griff in mein Haar, verbunden mit diesem einzigen Wort, wieder auf, und es hat etwas Beseligendes, daran zu denken.«

Dann plaudern wir über die Befindlichkeit unserer Seele nach der Liebe. Die einen sprechen von Traurigkeit, die anderen von Erleichterung. Flaubert rückt damit heraus, daß er vor seinem Spiegel tanze. »Für mich ist das ganz sonderbar«, sagt Turgenjew. »Für mich stellt sich anschließend mein Verhältnis zu den Dingen, die mich umgeben, wieder her ... Den Dingen kommt wieder eine Wirklichkeit zu, eine Wirklichkeit, die sie einen Augenblick zuvor noch entbehrten. Ich fühle mich, und ich fühle diesen Tisch vor mir wieder Tisch werden ... Ja, die Beziehungen meines Ichs zur Welt erneuern sich und richten sich wieder ein.«

1. FEBRUAR 1880

Vor Antritt seiner Reise nach Rußland gab Turgenjew für Zola, Daudet und mich gestern ein Abendessen.

Diesmal plagt ihn bei seiner Rückkehr in die Heimat ein ziemlich merkwürdiges Gefühl, etwas Verschwommenes, Ungewisses, ein Gefühl, von dem er meint, daß er es in seiner frühen Jugend bei einer Überfahrt durch die Ostsee verspürt habe, bei der das Schiff ganz in Nebel gehüllt war und sein einziger Gefährte eine an Deck gekettete Äffin.

Dann – während wir noch allein sind – läßt er sich über das Leben aus, das er in sechs Wochen führen wird, über sein Haus, über das einzige Gericht, auf das sich sein Koch versteht, die Hühnersuppe, und über die Debatten mit seinen Nachbarn, den Bauern, die sich auf einem kleinen, fast ebenerdigen Balkon abspielen.

Als feinfühliger Beobachter und gewitzter Schauspieler führt er mir die drei Schichten heutiger Generationen vor: die alten Bauern, deren volltönende, gedankenlose, aus Einsilbern und unschlüssigen Adjektiven zusammengesetzte Redeweise er nachahmt; die Söhne dieser Bauern, mit ihrer redseligen Schön-Plapperei; die Enkel, eine schweigsame diplomatische und unterschwellig destruktive Schicht. Und als ich einwerfe, diese Unterredungen müßten ihn doch langweilen, widerspricht er dem. Es sei ganz erstaunlich, was man gelegentlich von diesen ungebildeten Leuten lernen könne, deren Verstand in Einsamkeit und Innerlichkeit unablässig beschäftigt sei.

Das Essen hatte fröhlich begonnen. Indessen erwähnt Turgenjew eine Herzbeklemmung, die ihn des Nachts befallen hatte. Das war vor ein paar Tagen, und es verschmolz mit der Schreckensvision eines großen braunen Flecks, in dem er halb wachend, halb schlafend, den Tod erkannte.

9. APRIL 1881

Abendessen bei Mme. Brainne.
Nach dem Essen plaudern wir über die Liebe und den sonderbaren Geschmack der Frauen in Liebesdingen. Turgenjew erzählt folgendes: Es lebte in Rußland eine bezaubernde Frau. Ihr Haar bauschte sich im pudrigsten Aschblond, ihr Teint war übersät mit einer Vielzahl kleiner Schönheitsflecken über einem Hauch von Milchkaffee. Diese Frau wurde von den berühmtesten und intelligentesten Männern umworben. Eines Tages stellte ihr Turgenjew die Frage, warum

sie unter all diesen Verehrern eine so ganz und gar unbegreifliche Wahl getroffen habe. Die Frau erwiderte: »Ja, Sie mögen recht haben. Aber nie werden Sie von ihm diesen Satz hören: ›Wie bitte? Das ist doch nicht möglich!‹«

6. MÄRZ 1882

Die seelischen Nöte der einen und die physischen Leiden der anderen bringen das Gespräch auf den Tod, und der bleibt im Gespräch bis elf Uhr nachts. Hin und wieder versuchten wir das finstere Thema zu wechseln, kamen aber immer wieder darauf zurück.

»Für mich ist es ein ganz vertrauter Gedanke«, läßt Turgenjew vernehmen, »aber wenn er auftaucht, vertreibe ich ihn so«, und er macht mit der Hand eine flüchtige Gebärde der Verneinung. »Der *slawische Nebel* hat nämlich durchaus sein Gutes ... Er hat das Verdienst, uns der Logik unserer Begriffe zu entziehen, der verbissenen Jagd auf den Vernunftschluß ... Sehen Sie, wenn Sie sich etwa in einem Schneepflug befinden, dann sagt man Ihnen bei uns: ›Denken Sie nicht an die Kälte, sonst sterben Sie!‹ Nun ja, so wie es diesem Nebel zu verdanken ist, von dem ich eben sprach, daß der Slawe im Schneepflug nicht an die Kälte denkt, so erlischt und verweht bei mir der Gedanke des Todes im Nu.«

9. MÄRZ 1882

Abendessen bei Zola.
Ein erlesenes Mahl. Grünkernsuppe, lappländische Rentierzunge, Streifenbarbe auf provenzalische Art und getrüffeltes Perlhuhn. Ein Schlemmer-Diner, gewürzt mit einer originellen Unterhaltung über die Freuden des Gaumens

und die Einbildungskraft des Magens, bei der sich Turgenjew zu guter Letzt verpflichtete, uns zu gefüllten russischen Schnepfen einzuladen, dem feinsten Wildpret der Welt.

Von der Nahrung geht das Gespräch zu den Weinen über, und Turgenjew, der wie kein zweiter die Kunst des Erzählens in winzigen Pinselstrichen beherrscht, schildert uns, wie er in einem bestimmten Wirtshaus in Deutschland einen tüchtigen Schluck von einem selten guten Rheinwein nahm.

Zunächst führt man ihn in eine entlegene Stube der Herberge, fernab vom Straßenlärm, vom Rollen der Wagen; dann der würdevolle Auftritt des alten Wirts, der als ernster Zeuge dem Verfahren beiwohnt; und das Erscheinen der gretchenhaften Wirtstochter, deren züchtig-rote Hände von kleinen weißen Flecken übersät sind, ganz wie die Hände aller deutschen Lehrerinnen ... Und das andächtige Entkorken der Flasche, deren Veilchenduft das Zimmer erfüllt ... Kurzum die ganze Inszenierung des Vorgangs, in jeder Einzelheit dichterisch beobachtet und wiedergegeben.

10. APRIL 1883

Das Abendessen endet mit einem Gespräch über den armen Turgenjew, den Charcot aufgegeben hat. Es ist von dem schöpferischen Erzähler die Rede, seinen Geschichten, deren Anfang sich gleichsam aus einem Nebel löste und zunächst keinerlei Interesse weckte, die aber nach und nach so ergreifend, so spannend, so mitreißend wurden. Wie schöne, zarte Gebilde, die langsam vom Schatten ins Licht übergehen, wobei sich Detail um Detail allmählich bis ins kleinste offenbart.

25. APRIL 1883

Wahrhaftig, unser alter Turgenjew ist ein echter Schriftsteller! Man hatte ihm eben eine Zyste im Bauch entfernt, als er zu Daudet, der ihn dieser Tage besuchte, sagte: »Während der Operation dachte ich an unsere Diners und suchte nach den richtigen Worten, um Ihnen eine Vorstellung von dem Stahl zu geben, der meine Haut ritzt und in mein Fleisch dringt ... wie ein Messer, das eine Banane schneidet.«

24. MAI 1883

Daudet über Turgenjew: »Wissen Sie, es stimmt, er ist vollständig übergeschnappt ... Charcot hat mir erzählt, daß er ihm bei seiner letzten Visite auf dem Land, wohin man ihn transportiert hatte, gestanden hat, daß er in einem fort von assyrischen Soldaten attackiert würde ... Und er wollte ihm sogar einen Steinblock aus den Mauern von Ninive zwischen die Beine werfen.«

7. SEPTEMBER 1883

Die kirchliche Feier am Sarge Turgenjews hatte heute die ganze kleine Gemeinde der riesenwüchsigen Plattgesichter mit gottväterlichen Bärten aus den Pariser Häusern gelockt: ein komplettes Klein-Rußland, von dessen Anwesenheit in der Hauptstadt man nichts ahnte.

Es waren auch viele russische, deutsche und englische Frauen zugegen, andächtige und treue Leserinnen, die dem großen feinsinnigen Romancier die letzte Ehre erwiesen.

VERLAINE, Paul
1844–1896

4. APRIL 1886

Huysmans erzählte uns vom Tod der Mutter Verlaines. Mutter und Sohn wohnten bei einem Weinhändler: der Sohn in der unteren Etage, bettlägrig mit kranken Beinen und unfähig aufzustehen, die Mutter im oberen Stockwerk, und nachdem sie gestorben war, hielten sturzbetrunkene Freunde von Verlaine die Totenwache. Und all die Schwierigkeiten der Freunde und Totenträger – die einen so besoffen wie die anderen –, den Sarg durch das enge Treppenhaus zu zwängen: Während des Abstiegs öffnet sich für einen Augenblick die Tür des Sohnes, dem man mit dem Wedel Weihwasser aufs Bett sprengt.

30. DEZEMBER 1894

Als der Name Verlaine fiel, von dem ich sagte, daß er aussehe wie ein Kalmückenfaun, erzählte mir La Gandara, daß er ihn vorgestern gesehen habe: er war sternhagelvoll und bewirkte durch sein lebhaftes Gespräch mit einer Frau, daß die Leute auf der Straße sich um ihn versammelten; und angesichts der merkwürdig ängstlichen Miene der Frau fragte La Gandara Verlaine, was denn los sei; der Dichter erwiderte, daß er ihr gerade den Othello erzähle.

13. FEBRUAR 1895

An jenem Abend war auch ein sehr schönes Mädchen da, dessen nackte Arme von schwarzen Spitzen verhüllt waren,

Arme, die Verlaine so erregend fand, daß er sich in einer wilden sadistischen Anwandlung des Schürhakens bemächtigte, um sie mit dem glühenden Eisen zu zeichnen; unter den Schreien des armen Mädchens mußte man sich über ihn werfen und ihm den Schürhaken aus den Händen reißen.

12. JANUAR 1896

»*Ein Kind! Die Augen eines Kindes!*[52] ... Das ist ein starkes Stück!«, ruft Daudet aus – es geht um die Reden und Artikel zu Verlaines Beerdigung –, »ein Mann, der seine Liebhaber mit Messerstichen traktierte, der in einem Anfall von wildem, tierischem Priapismus seine Kleider zu Boden warf und sich splitternackt an die Verfolgung eines Hirten aus den Ardennen machte!«

19. APRIL 1896

Man redet über Verlaines Alkoholismus, der sein Gehirn zersetzte; Rodenbach gibt den Satz von Mallarmé wieder, der sagte, er werde niemals das weiche, klebrige Geräusch vergessen, das nach seinem Tod die Abnahme des Gipsabdrucks auf seinem Gesicht erzeugte: An der Maske war ein Büschel seines Bartes mit einem Teil seines Mundes hängengeblieben.

---

52 Anspielung auf die Rede, die François Coppée bei der Trauerfeier hielt: »Wir verneigen uns vor dem Sarg eines Kindes [...], das nach einem Kummer erneut die noch tränenfeuchten Augen öffnet ...«

VILLEDEUIL, Pierre-Charles Laurens, Comte de
1831 oder 1835–1906
Redakteur und Literat

DEZEMBER 1851

Von klein auf war er darauf aus, ein Mann zu sein. Brachte es so weit, daß man ihn vom *Collège Stanislas* fortjagte. Als er sechzehn war und ich an seiner Seite zu Abend aß, erzählte er mir von Orgien, über die ich staunend die Augen aufriß. Mit achtzehn kam er mit der Schriftstellerei in Berührung und korrigierte die Fahnen seines Geschichtslehrers Yanoski. Mit zwanzig war er Republikaner. Er hatte einen Bart und Überzeugungen; er trug einen spitzen Hut von der Farbe gefallenen Laubs, sagte: »meine Partei«, schrieb in der *Liberté de Penser,* lancierte fürchterliche Artikel gegen die Inquisition und lieh dem Philosophen Jacques Geld. Seinem Vater, der in Indien gedient hatte, sagte man nach, daß er dort einen Sonnenstich erlitten habe. Pierre-Charles Graf de Villedeuil schien der Sohn dieses Sonnenstichs.

Wir sehen ihn wieder, wir nehmen die Beziehung wieder auf. Er gibt als Grund für seinen Besuch ich weiß nicht welches bibliographische Buch an, für das er Mitarbeiter braucht. Nach und nach läßt er seinen schwarzen Bart Bart sein, macht sich darüber lustig, wie er für die Posse seiner Ambitionen auf die Pauke haut, zeigt, was für ein Kind er ist, jongliert mit seiner Maske und reicht uns die Hand.

Eines Abends beim Kaffee neben dem *Gymnase* vertrieben wir uns die Zeit damit, Titel für Zeitschriften ins Blaue hinein zu entwerfen. »*L'Éclair*«, sagte Pierre-Charles lachend und fuhr lachend fort: »Wie wär's, wenn wir eine Zeitschrift gründeten?« Er verläßt uns, grast die Wucherer ab, denkt sich ein Titelbild aus, auf dem das Institut von einem Blitz getroffen wird, auf der Wolke stehen die Namen Hugo, Sand, Musset geschrieben, kauft einen Bottin-Almanach, macht Streifbänder, und kaum ist der letzte Gewehrschuß vom zweiten Dezember verhallt, schon erscheint *L'Éclair*. Das Institut ist mit heiler Haut davongekommen: die Zensur hatte das Titelbild der Zeitschrift unterdrückt. Dies ist der einzige Dienst, den die Zensur uns je erwiesen hat.

NOVEMBER 1852

Vor ein paar Tagen oder vielmehr Nächten – war nämlich vier Uhr morgens – waren wir im *Chambre séparée* Nr. 7 im »Maison d'Or«, wo zwischen goldgerahmten Paneelen dicke rote und weiße Blumen glänzen, deren breite Blätter mit ihrem Relief Koromandel-Lack imitieren. Auf dem Kanapee aus rotem Samt lag eine rothaarige Frau hingefläzt, ein Straßenmädchen namens Sabine, die etwas von einer Wölfin, einer Löwin und einer Kuh an sich hatte, ohne Korsett, ohne Kleid, mit nacktem Busen, das Unterhemd bis übers Knie hochgerafft. Auf dem Kamin stand ein Korb makelloser Früchte.

Hin und wieder stieß die Frau das Kindergeschrei einer Betrunkenen aus, mit geröteten Augen und fiebrigen Lippen. Dann fluchte sie, fletschte die Zähne, wollte beißen; ich hob ihren Kopf an, wenn sie ihn fallen ließ. Sie kotzte fluchend.

Währenddessen schluchzte Charles auf Edmonds Hand, indem er rief: »Louise! Ich liebe sie! Ich liebe sie!« Er meinte die Rouvroy damit. Es gab gerade ich weiß nicht welche Mißhelligkeiten zwischen ihnen. Sie zeigt ihm die kalte Schulter, damit er um so mehr ausspuckt. Die Dirne richtete sich auf, um ihn besser heulen zu sehen, und sagte mitten im Schluckauf: »Heulen Sie doch, nur zu, heulen Sie, Herr Graf, mich amüsiert das! Sie liebt Sie nicht und sie wird Sie nie lieben! Na komm schon, Charles, heul ein bißchen heftiger! Und dann nimmst du einen Tausend-Franc-Schein. Bringen Sie ihr doch zwei Tausender!« Unterdessen schüttete ich ihr die Namen all ihrer Liebhaber über den Kopf wie kaltes Wasser.

»Laß uns gehen«, sagte Edmond, »verdammt noch mal! Hören Sie doch auf mit diesem Luder und gehen wir ins Bordell! Die Rouvroy liebt Sie nicht, das muß man Ihnen ganz unumwunden sagen. Sie sind ihr völlig schnuppe. Wieso? Unlängst war ich entsetzt: Sie schicken ihr Ihren Wagen zum Herumkutschieren für ihre Familie, Sie besuchen Sie in der Loge, die Sie ihr gemietet haben und sie speist Sie mit ein paar Worten ab ... In Ihrem Theater macht man sich lustig über Sie! Man weiß, daß sie Sie an der Nase herumführt.«

»Für zwölftausend Franc habe ich ihr Schmuck gekauft«, sagt Charles, und eine dicke Träne um die andere kullerte auf seinen schwarzen Bart hinab.

»Wie! Teufel auch! Sie sind jung, Sie haben eine Zeitschrift, Sie haben eine Kutsche, Sie haben ein Theater, und Sie werden eine Rente von achtzigtausend Pfund beziehen. Du lieber Himmel, damit würde ich ein Weib mit Füßen treten, als ginge ich über Pflastersteine!«

Die Dirne kotzte. Das Kinn in den Händen saß Edmond ihr gegenüber und schien die Zukunft Villedeuils zu schauen. Villedeuil, mit flatterndem langen Haar über den geröteten Augen, küßte schluchzend eine Miniatur der Rouvroy. Ich goß Eiswasser über den Kopf der Dirne.

Und die Straßenkehrer auf dem Trottoir des Boulevards hoben den Blick und sahen voll Neid auf all das Vergnügen, das im fahler werdenden Licht der Kerzen aus dem *Chambre séparée* zu schimmern schien.

JANUAR 1853

Die Büroräume der Tageszeitung *Paris*[53] waren zunächst in der Rue Lafitte Nr. 1 im Erdgeschoß neben dem Restaurant »Maison d'Or« untergebracht. Von dort zog die »*Paris*« in die Rue Bergre oberhalb der Büros der *Assemblée nationale*.

Das Büro von Villedeuil war die Kuriosität dieser Redaktion; Villedeuil hatte dort die Tapeten und Vorhänge aus schwarzem Samt mit silbernen Borten aus seinem Salon in der Rue de Tournon verwendet – der Traum eines Leichenbitter-Millionärs, in dem es Villedeuil gefiel, sich selber Angst einzujagen, indem er bei erloschenen Kerzen Punsch trank. Diese Totenkammer, in der man auf den Leichnam zu warten schien, war das Allerheiligste der Zeitschrift.

Charles gab Anordnungen, ereiferte sich, lief, rannte, aalte sich in seiner Wichtigkeit mit der Selbstgefälligkeit eines Kindes und der Würde eines Ministers und war so stolz, als sei er in Girardins Haut geschlüpft. Da die Zeitung keine Abonnenten hatte, war er ständig mit Plänen, mit Neuerungen befaßt; jeden Tag dachte er sich ein System von Anzeigen oder Prämien aus, ein Mittel, einen Mann oder einen Namen, von dem er sich sechstausend Abonnenten in der Woche erhoffte.

Villedeuil brachte uns in seiner gelben Kalesche zum Justiz-Palast, einer Kalesche, die an Louis XIV. erinnert und an den Wagen eines Marktschreiers: es war der Sonnen-

---

53 Villedeuil hatte die Wochenzeitschrift *Éclair* durch ein täglich erscheinendes Blatt erweitern wollen, in dem nur literarische Artikel veröffentlicht werden sollten und kein Wort über Politik. Die erste Nummer der Zeitung *Paris* erschien am 20. Oktober 1852. Nach einem Urteil der Strafkammer vom 8. Dezember 1853 wurde das Blatt verboten.

könig im Wagen von Mangin, etwas Blendendes und Theatralisches. Nie zuvor wurden Leute in einem so schönen Wagen zur Strafkammer gefahren. Er selbst, für den dieser Prozeß[54] eine wichtige geschäftliche Aufführung war, hatte sich zur Feier des Tages ein fabelhaftes Cape machen lassen, ein dunkles Cape mit fünf Kragen, wie man es beim Ausgang des Théâtre de l'Ambigue in den Limousinen der Emigranten sehen kann. Das gab einen staunenswerten Auftritt am Tor: dieser bärtige Mann im Cape, der einem goldenen Wagen entstieg. Es nahm sich aus wie ein Theaterstück, das aus einem Märchen hervorgegangen ist. An der Tür zum Gerichtssaal wollte ihn der Amtsdiener nicht vorbeilassen: »Aber ich bin doch viel schuldiger als sie«, schrie Villedeuil, »ich bin der Besitzer der Zeitschrift!« In diesem Augenblick hätte er viel darum gegeben, wenn er gerichtlich belangt worden wäre. Seit der Strafverfolgung war er die ganze Zeit zwischen zwei Gefühlen hin und her gerissen: der Begierde, die erste Rolle zu spielen wie wir, und der Besorgnis um die Gewinne seiner Zeitschrift.

ENDE FEBRUAR 1854

Villedeuil war ein ganzer Kerl. Er war ein Kind des Jahrhunderts, nicht von der Art eines Byron oder Werther, sondern von der eines Girardin oder Mercadet. Sehr jung noch stürzte er sich ins Getriebe, berauscht und halb korrumpiert vom blendenden Reichtum der Aufschneider. Mit einem prächtigen Vermögen wollte er Vermögen machen. Er vergaß die

---

[54] In diesem Prozeß ging es um einen Artikel von Edmond und Jules de Goncourt, der am 11. Dezember 1852 in der Zeitschrift *Paris* erschienen war.

Lehre seines Meisters Girardet: »Die Gelder der anderen sind das Geschäft.« Er machte seine Geschäfte mit dem eigenen Geld. Ohne einen einzigen Sou hätte er vielleicht reüssiert. Er stürzte sich auf alles, versuchte sein Glück in der Literatur, stürmte die Börse. Er hatte die Natur eines Spielers und war getrieben vom Fieber des Gelingens, begünstigt durch eine beträchtliche körperliche Aktivität. Wenn es zum Erfolg nur der Beine bedurft hätte, dann wäre ihm alles gelungen.

Aber unglücklicherweise wohnten zwei Seelen in seiner Brust: eine kühne und eine ängstliche; nur halbwegs war er ein Gaukler, einerseits weich und andrerseits laut, zu Kompromissen bereit und plötzlich auffahrend in seinem Stolz, warf das Geld aus dem Fenster, nicht ohne es vorher zu zählen, halb Kind, halb Greis, zynisch und verliebt, blasphemisch, um die Vorstellung von einem Gott ins Wanken zu bringen. Irgend etwas vom Edelmann blieb in ihm mit den Resten einer priesterlichen Erziehung vermischt: das moralische Gefühl war bei ihm entartet, wie man das so oft bei den Schülern von Priestern sehen kann. Seinen Fähigkeiten fehlte die Charakterfestigkeit. Sein Ehrgefühl schien zu schwimmen. Etwas von seiner Selbstachtung als Gentleman hätte leicht in einer Lebenskrise untergehen können. Wäre er ohne einen Sou auf die Welt gekommen, hätte Robert Macaire ihn angezogen.

Er war weder ein Narr noch ein Dummkopf noch ein schlechter Mensch. Er wurde zum unglücklichen Kerl, der an einem Heißhunger litt und zu schwache Nieren hatte für seine Ambitionen. Er träumte von einer Zeitschrift, einem Theater, einer Rennbahn, einer Art Pariser Vergnügungs-Metropole. Er scheiterte mit allem. Seine Gerissenheit reichte bei weitem nicht hin, um einen Unternehmer abzugeben.

Diejenigen, die von ihm lebten – viele Schriftsteller, die ihn offenkundig ausgenommen haben und sich aus seinem Beutel speisten –, haben aus ihm einen Esel, einen Dummbart, gemacht, der sich bestehlen ließ. Es war jedoch nicht so, daß er keine Menschenkenntnis gehabt hätte. Aber bedauerlicherweise hatte er einen Hang zum Imperium der Schurken, des verdorbenen Gesindels. Er liebte die Niederträchtigkeiten, denen man bei diesen Leuten begegnet. Es genügte, ihn »Herr Graf« zu nennen, um ihn zu täuschen: seine Eitelkeit ging mit ihm durch, ohne ihn zu blenden. Er ist offenen Auges Schritt für Schritt dem Ruin entgegengegangen: er sah sich darauf zueilen und ließ doch alles über sich ergehen, was ihn ins Verderben stürzte. Frauen, Männer, alles bemächtigte sich dieses Willens, der einem jeden nach Gutdünken zur Verfügung zu stehen schien.

In der Literatur konnte er sich mit vielen Leuten messen, die er bezahlte. Es fehlte ihm an Einbildungskraft, aber er verfügte über gewisse witzige Schnurren, über Phantasien aus zweiter Hand, er hatte drollige Einfälle und Verve – Fähigkeiten, mit denen ein kleiner, mittelloser Journalist sein Glück gemacht hätte. In Anbetracht mancher seiner Theaterstücke und seines *Paris à l'Envers* zeigt sich, daß er einen ziemlich guten Schriftsteller zweiten Ranges abgegeben hätte, wenn er bereit gewesen wäre zu arbeiten, statt Nachahmungen in den Wind zu streuen.

Ich habe die Wutanfälle eines Kindes bei ihm erlebt, niemals Haß. Verbindlich und großzügig gegen jedermann, wurde er zur Einnahmequelle aller kleinen Blätter nach dem 2. Dezember. Er hatte gute Manieren und ein liebenswürdiges, einnehmendes Lächeln, etwas Weiblich-Schmeichelndes im Auge, wenn er jemanden erfreuen wollte. Und im Grunde genommen hatte er das Wesen einer Frau: die Unbeständigkeit, das Schmeichelnde, das Betörende, die kleinen Leidenschaften, die Eifersüchteleien, das weiche Herz und die Rührseligkeit.

Bei all seinem Luxus, im Besitz einer Zeitschrift, eines Theaters, einer Mätresse, samt Pferden, Kutschen und seiner Klientel aus Tagedieben, sagte er eines Tages zu Pouthier: »Ach Sie! Sie sind ewig hinter einer Hundert-Sou-Münze hergerannt! Was wissen denn Sie davon, was es heißt, hinter einem Tausend-Franc-Schein herzulaufen!«

Gebet meines Vetters Villedeuil:
»Lieber Gott, bitte mach, daß mein Harn weniger trüb ist, bitte mach, daß mich die Mücken nicht mehr in den After stechen, bitte mach, daß ich am Leben bleibe, um noch hunderttausend Franc zu verdienen, bitte mach, daß der Kaiser bleibt, damit meine Einkünfte steigen, bitte mach, daß die Hausse der Anzin-Kohle anhält.«

Jeden Abend las ihm sein Dienstmädchen das vor, und er wiederholte es mit gefalteten Händen. Grotesk, erbärmlich, nicht wahr? Und was ist es im Grunde anderes als – ganz nackt und roh – das Gebet schlechthin.

11. JUNI 1880

Heute sah ich nach fünfundzwanzigjähriger Trennung meinen Vetter, den Grafen von Villedeuil, wieder, jenen Vetter aus den Anfängen meiner und meines Bruders literarischer Laufbahn, denselben Vetter, der achthunderttausend Franc verpraßt hat und der sich eine Weile darauf beschränkt sah, in Madrid Zeitungen auszutragen.

Es ist der kleine dunkelhaarige Jäger aus Vincennes, ein bißchen ergraut, aber ansonsten wie einst. Er hat noch immer das Lachen eines spöttischen Kindes, hinter dem sich seine Schwäche oder seine Verlegenheit verschanzt.

Er hat sich seit *L'Éclair* und *Paris* in tausend verschiedenen Ortschaften dieser Erde und in den absonderlichsten Berufen versucht. In der Nähe von Escorial errichtete er eine Zuckerfabrik, in Marokko baute er eine Eisenbahnlinie, in Südamerika stellte er eine Telegraphenverbindung her. Er kommt mir vor wie ein Glücksritter des Geschäfts, bei dem sich Einblicke profunder und praktischer Menschenkenntnis mit den lügenhaften Prahlereien eines Gymnasiasten mischen. Er erzählt von seinem Aufenthalt in Shlan, wo er sich während der Belagerung einer Maschinengewehr-Einheit anschloß, an der Demonstration in der Rue de la Paix teilnahm usw. usf.

Eigentlich war es ein Vergnügen, ihn wiederzusehen, wenngleich es durch etliche Dinge getrübt wurde, die ich als traurig empfand und über die er sich mit einem kleinen Lachen weigerte, etwas herauszulassen. Zur Zeit nennt er sich *Carlos de Villedeuil*. Warum nicht Graf Charles de Villedeuil?

24. OKTOBER 1888

Warum zum Teufel platzt heute mein Vetter de Villedeuil bei mir herein, der, wie er sagt, seit vier Jahren Redakteur des politischen Teils der *Liberté* ist, ohne sich bei mir sehen zu lassen?

Ein kleines Mädchen begleitet ihn, seine Tochter, ein fünfjähriges Kind mit der dröhnenden Stimme eines Spaniers und einer Konstitution à la Pardo-Bazan ... Es hat etwas Rührendes, diesen Mann mit dem furchterregenden, inzwischen leicht gesprenkelten Salz-und-Pfeffer-Bart ganz und gar das aufmerksame Mütterchen spielen zu sehen: sorgfältig und adrett bindet er dem Kind alle Schlaufen des wehenden Mäntelchens zu, das es über den Schultern trägt.

19. JANUAR 1890

Heute tauchte Villedeuil auf, nachdem er monatelang verschwunden war; verliebt hält er sein Töchterchen an der Hand; sein weißer Bart verleiht ihm etwas Patriarchalisches. Wie ich ihn so sehe, kann ich nicht umhin, mich an den schwarzbärtigen Villedeuil der Soupers im Maison d'Or zu erinnern.

Kaum eingetreten, begann er im *Grenier* auf und ab zu wandern; mit dem halb erstickten, halb prustenden Gekicher, das für ihn so typisch ist, beginnt er, sich auf witzige Art über den Irrtum der Leute lustig zu machen, die in einem Rothschild und in den heutigen Bankiers Reaktionäre, Konservative auf Gedeih und Verderb sehen. Mit Bestimmtheit begründet er, daß sie allesamt – selbst ein Rothschild bildet da keine Ausnahme – die Republik gar nicht sonderlich verabscheuen; schließlich sind sie in einem Land ohne Kaiser und Könige die eigentlichen Herrscher, die bei den gegenwärtigen Ministern – ein Rothschild etwa bei einem Ives Guyot – einer freundlichen Nachsicht begegnen, die sich allein schon der Verehrung des Kapitals von seiten eines Mannes verdankt, der in seiner Jugend Not litt, eine Nachsicht, die ihnen von Leuten, die den Pfennig ehren, niemals zuteil geworden wäre.

5. MAI 1895

Am Nachmittag erscheint Villedeuil mit seiner großen zwölfjährigen Tochter an der Hand, der immer lächelnde Villedeuil, den ich seit Monaten nicht mehr gesehen habe. Er entschuldigt sich, nicht an meinem Festessen teilgenommen zu haben, da er noch bettlägrig gewesen sei, und erzählt mir, daß man ihm zweimal den Bauch geöffnet habe. Obgleich die Operation nach Aussage des Chirurgen glücklich verlaufen sei, warte er darauf, bis er wieder auf dem Damm sei, um noch einmal von vorne zu beginnen. Als ich ihn nach einer Weile frage, ob er immer noch so wenig schlafbedürftig sei wie einst, bekennt er, daß er weniger schlafe denn je, weil ihm – sobald er aufwacht – die Operation einfällt, die auf ihn wartet, so daß es ihm unmöglich wird, wieder einzuschlafen. Dann springt er aus dem Bett und versucht, in Arbeit und Lektüre Vergessen zu finden, indem er seine Gedanken auf etwas lenkt, das seine *idée fixe* zerstreut.

VILLIERS DE L'ISLE-ADAM, Auguste, Comte de
1838–1889

12. SEPTEMBER 1864

Er ist der Typ des unbekannten Dichters aus der gegenwärtigen literarischen Bohème. Lange Haare, von einem hohen Scheitel geteilt, fallen ihm wie Fäden über die Augen. Mit der Geste eines Wahnsinnigen und Erleuchteten streicht er sie zurück. Er hat den fiebrigen Blick eines Halluzinanten, den kleinen Kopf eines Masturbierten oder eines Opiumessers, ein mechanisches und irres Lachen, das in seiner Kehle auf- und absteigt. Im ganzen etwas Ungesundes und Larvenhaftes.

Als der Platz vakant war, kam es ihm in den Sinn, König von Griechenland zu werden, aus einer Bierkneipe hinüberzuwechseln ins Parthenon. Seine Kandidatur wollte er über den elektrischen Fernschreiber in der *Times* platzieren, damit die Nachricht von dort nach Paris zurückprallt. Er berief sich auf zwei seiner Vettern: auf Lord Buckingham in London und auf einen Monsieur de Villiers in Rußland, Gouverneur von Sibirien. Er suchte Pereire auf und schlug ihm ein Kreditgeschäft von zehn Millionen in Griechenland vor. Er zählte darauf, mit seiner Depesche aus London vom Kaiser gestützt zu werden: »Mein Gott«, sagte er, »auch der Kaiser glaubt an das Gedruckte!« Kurzum, er war derart rührig, daß er immer etwas erreichte: er sprach mit dem Kaiser. Er hat sich an ihn herangemacht, geschminkt, gebeugt, gespickt und dekoriert mit ausländischen Orden, als alter gebrechlicher König von Griechenland. Der Kaiser war *platt.* Er sagte ihm: »Ich werde mir das durch den Kopf gehen lassen, verehrter Graf!«

Ich vergaß zu sagen, daß sich dieser Wicht Graf Villiers de l'Isle-Adam nennt. Er sieht aus, als stamme er von Templern, deren Nachkommen Seiltänzer wurden.

4. FEBRUAR 1882

»Wissen Sie, welchen Beruf Villiers de l'Isle-Adam zur Zeit ausübt?« – »Nein, nein.« – »Nun, er ist Mannequin bei einem Irrenarzt ... Ja, aber er ist ein falscher Irrer, von dem der Doktor sagt: ›Er ist noch nicht völlig geheilt, aber es geht ihm schon besser.‹«

ZELLER, Pauline
Tochter des Historikers Jules Zeller, 1820–1900

5. APRIL 1883

Der Einblick, der mir vor kurzem in das Tagebuch der Mademoiselle Zeller gewährt wurde, ein Tagebuch der Liebeleien eines Hirns in seinem sechzehnten Lebensjahr, gibt mir die endgültige Gewißheit, daß das Denken des reinsten, des keuschesten aller jungen Mädchen zur Gänze um die Liebe kreist und daß ihr zu allen Zeiten ein Liebhaber im Kopf herumspukt.

7. JUNI 1887

Diese drei Schönheitsflecken auf dem Oberarm und ihre knospenden Brüste, diese Härchen von reinstem venezianischen Blond, die in ihrem Nacken einen Flaum bilden, warum habe ich sie immer vor Augen, bei Tag und bei Nacht, sobald mein Kopf nicht mit literarischen Gedanken beschäftigt ist? ... Ja, ein ganz sinnlicher, ganz körperlicher Bann. Denn ich finde ihre Intelligenz etwas kleinmädchenhaft, und ihr schlaffes, melancholisches Wesen entspricht nicht dem Wesen, das ich, der ich selbst schwermütig bin, in meiner Nähe bräuchte. Und neulich, als sie einen Kragen trug, der ihr am Hals und an der unteren, leicht dicklichen Gesichtshälfte zerrte, entdeckte ich für eine Sekunde eine Ähnlichkeit mit Ludwig XVI., vor der mir schauderte ... Auch gibt es Augenblicke, in denen der Skeptiker, der Zweifler in mir meint, in dem stillen Blau der Augen dieser Blondine eine Tollkühne mit dem Willen einer Germanin zu entdecken, die sich aufmacht, einen Gatten zu erobern. Kurzum, ich wollte sie nicht besuchen gehen, worum sie mich gebeten hatte, und doch bin ich da, und sie sagt mir: »Wissen Sie, was ich am Mittwoch gemacht habe?« Ihr Vater war nicht da gewesen, so daß er sie nicht zur Prinzessin gefahren hatte. »Ich nahm eines Ihrer Bücher, *La Faustin,* und ich habe Sie in meinem Bett gelesen, den ganzen Abend. Ich habe meine Kerze erst gelöscht, als ich annahm, daß Sie die Rue de Berri verlassen haben. Das war eine der Möglichkeiten, den Abend mit Ihnen zu verbringen ...« Indessen kehrte die Mutter zurück. Ach, die Eltern ...

14. JUNI 1887

Heute morgen erhielt ich ein Briefchen, in dem sie mir mitteilte: »Ich werde heute um Schlag zwölf bei Ihnen um ein Tröpfchen Ihres Tokaierweins bitten.« Teufel, Teufel! Ich fühle mich heute ganz unfähig, ihr im geeigneten Augenblick den Kuß auf den Mund zu verweigern, dem eine Frau mit Gefühl nicht widerstehen kann. Der Kuß und das, was darauf folgt, wenn man nicht aus Stein ist, führt in meinem Alter ein bißchen früher oder ein bißchen später zur Heirat ... Also sage ich zu Magie: »Sagen Sie Mademoiselle ***, daß Daudet mich gestern zur Beerdigung von Madame Charpentier entführt und anschließend nach Champrosay mitgenommen hat.«

Ich schließe mich in meinem Zimmer ein, wo ich mich hinlege, nachdem ich die Jalousien geschlossen habe ... Das Rollen eines Wagens, ein Zug an der Klingel, die Tür geht auf, und es ertönt die Stimme von Pélagie, die ihrer Tochter in ihrem Zimmer zuruft: »Blanche, komm runter und leg für Mademoiselle *** ein kleines Gedeck auf.« Nun gut, schließlich war sie gekommen, mich um ein Essen zu bitten!

Und schon hat sie es sich bequem gemacht und speist in aller Seelenruhe; danach höre ich die Kieselsteine in meinem Garten eine halbe Stunde lang unter ihren kleinen Stiefelchen knirschen, während ich mich in meinem Bett mucksmäuschenstill verhalte, nicht zu husten wage, aus Angst, sie könnte mich hören, und obendrein vor Hunger sterbe! Eine komische Situation! Nach zwei Stunden war sie endlich fort, und ich machte mich ans Essen. Das sind vielleicht Abenteuer für einen Mann von fünfundsechzig Jahren! Aber mein Ehrenwort, ich lechze nach einem Leben ohne Abenteuer.

22. JUNI 1887

Das Ende des Romans ... Heute habe ich von ihr ein kleines Briefchen erhalten: »›Amen! sagt ein Trommler und bricht in schallendes Gelächter aus.‹ (Coppée[55]) Lesen Sie es noch einmal. Herzlichst.«

Sie hatte mich gebeten, ich möge zu ihrem Namenstag aufs Land kommen, wo sie jetzt wohnt, und ihr die Hand schütteln; und dies war die Antwort auf meine Weigerung, bei der eine Verabredung mit Porel in Champrosay den Vorwand abgegeben hatte.

Den ganzen Tag über spukte mir das Briefchen im Kopf herum, und am Abend, nach dem Diner in der Dämmerung, befiel mich große Traurigkeit ... Im Grunde genommen ist

---

55 Anspielung an das Ende von *La Bénédiction* von Coppée: Im Laufe dieser Episode aus dem Krieg in Spanien gibt ein französischer Soldat dem aufrührerischen Priester diese ironische Antwort, bevor die mörderische Salve detoniert.

sie vielleicht die einzige taugliche Frau gewesen, die mich wirklich geliebt hat. Ich erinnere mich, wie sie meinen Arm gegen ihr Herz preßte, an einem Mittwoch, als ich ihr meinen Arm bot, um sie an die Tafel der Prinzessin zu geleiten – das kann keine Verstellung gewesen sein ... Ich war hart, sehr hart mit ihr, aber bei all den Verpflichtungen, die ich in Sachen meiner Akademie auf mich geladen habe, kann ich wirklich nicht heiraten ...

Ganz ehrlich gesagt gibt es unter den Gründen, die mich diese Liebe abweisen hießen, auch eine Frage der Ehrbarkeit; ich finde es unfein von einem Greis, einem Kränkelnden, der höchstens noch zwei oder drei leidvolle Lebensjahre vor sich hat, sich eine junge Frau zu nehmen – selbst dann, wenn sie zustimmt –, um aus ihr die Krankenwärterin und braunherzige Schwester dieser traurigen Jahre zu machen ... Mein Fehler war eigentlich, daß ich für eine Weile – bevor ich mich all ihren Avancen entzog – den *Flirt* angenehm fand und daß ich sie dadurch ermunterte ... Aber heute genügt das weder dem einen noch dem anderen ... und so muß es ehrlicherweise und fairerweise ein Ende finden.

ZOLA, Émile
1840–1902

14. DEZEMBER 1868

Beim Mittagessen sahen wir unseren Bewunderer und Schüler Zola.
Wir begegneten ihm zum ersten Mal. Unser erster Eindruck von ihm war der eines abgeschlafften *Normalien,* der zugleich

vierschrötig und schmächtig ist, von der Kragenweite eines Sarcey und mit blutleerem wächsernen Teint; er ist ein ganz junger feinfühliger Mensch mit Gesichtszügen, die wie dünnes Porzellan modelliert sind: die Zeichnung der Lider, die außerordentlichen Flächen der Nase, die Hände. Die ganze Person ist ein wenig zugeschnitten wie seine Gestalten, die er aus zwei konträren Typen bildet, Figuren, bei denen er Männliches und Weibliches vermischt; und selbst in seiner seelischen Verfassung schimmert eine Ähnlichkeit mit der Psyche seiner Geschöpfe durch, die voller zweideutiger Kontraste sind.

Vorherrschend ist die kränkliche, leidende, ultranervöse Seite, die in einem für Augenblicke die eindringliche Empfindung erzeugt, er sei das zarte Opfer eines Herzleidens. Ein unbegreifliches, tiefes, eigentlich gemischtes Wesen; leiderfüllt, von Ängsten gepeinigt, zwiespältig, schwankend.

Er redet mit uns über das Problem seines Lebensunterhalts, den Wunsch und das Bedürfnis nach einem Verleger, der ihn zu 30.000 Franc auf sechs Jahre kaufe, ihm jedes Jahr 6000 Franc garantiere: den Unterhalt für ihn und seine Mutter und die Möglichkeit, *Die Geschichte einer Familie* – einen Roman in zehn Bänden – zu schreiben.

Er würde sich nämlich gern an Großes wagen und nicht mehr diese »schändlichen, infamen Artikel schreiben«, sagt er in einem Tonfall der Entrüstung über sich selbst, »die ich zur Zeit gezwungen bin, für die *Tribune* zu verfassen, umgeben von Leuten, deren idiotische Meinungen ich genötigt bin zu übernehmen. Denn es muß ja mal gesagt sein, diese Regierung wälzt mit ihrer Indifferenz, ihrer Verkennung des Talents und all dessen, was sich sehen lassen kann, unser Elend auf die Zeitungen der Opposition ab, die einzigen, die uns wenigstens zu essen geben! Wahrhaftig, es bleibt uns nichts anderes übrig! ... Bei den vielen Feinden, die ich habe! Da ist es verdammt schwer, von sich reden zu machen!«

Ab und zu bricht in dieser bitteren Nörgelei, in der er – sich ständig wiederholend – betont, daß er erst achtundzwanzig Jahre alt sei, der vibrierende Ton eines scharfen Willens und einer wütenden Energie durch:

»Und außerdem muß ich noch vieles herausfinden ... Ja, Sie haben ganz recht, mein Roman entgleist, ich hätte es bei den drei Figuren belassen sollen. Aber ich werde Ihrem Rat folgen, ich werde mein Theaterstück so machen[56] ... Und dann sind wir ja auch die Zuletztgekommenen: wir wissen, daß Flaubert und Sie unsere Vorläufer sind. Sie, bei denen selbst die Gegner zugeben, daß Sie Ihre Kunst erfunden haben; Sie glauben, das bedeute nichts, während es doch alles ist!«

15. OKTOBER 1876

Gestern zeigten mir die Charpentiers einen Zola, der mir bislang unbekannt war: einen Gierschlund, ein Leckermaul, einen Feinschmecker, einen Zola, der all sein Geld für Leckereien ausgibt, der von einem renommierten Delikatessen- und Spezereihändler zum anderen läuft und sich nur von Primeur-Gemüse ernährt. Er schilderte mir diesen nervösen Menschen, wie ihm beim Mittagessen in Piriac vor Glück über die Seemuscheln die Finger so zitterten, daß er sie zunächst gar nicht essen konnte.

---

56 *Madelaine Férat.*

Dieses Schlemmertum wird bei dem Romancier durch seine Kochkenntnisse noch verdoppelt, die es ihm erlauben, auf der Stelle zu sagen, was bei einem Gericht fehlt, sei es ein bestimmtes seltenes Gewürz, sei es die Anzahl der Minuten, die es noch hätte schmoren sollen. Nach Prüfung der Delle eines gekochten Eies gibt er einem pedantisch genau auf Tag oder Stunde an, wie alt das Ei ist.

Wie es scheint, bestehen die Vergnügungen und Ausschweifungen des sinnlichen Schriftstellers vor allem in den kleinen Gerichten, die seine Frau für ihn zubereitet, zubereitet wie in der Provinz, zubereitet im treuen Glauben an das Genie ihres Meisters. Und der Meister hält es nicht für unter seiner Würde, kulinarische Auskünfte zu erteilen, mit seinem Blick zu ermuntern und manchmal sogar mit einem Ruck aus dem Handgelenk den Bodensatz einer Pfanne zu lösen.

3. APRIL 1878

Diner zur Einweihung von Zolas neuer Wohnung
Ein Arbeitszimmer, in dem der junge Meister auf einem Thron aus massivem portugiesischem Palisander sitzt, ein Zimmer mit einem geschnitzten Säulenbett, Scheiben aus dem zwölften Jahrhundert im Fenster, grünlichen Tapisserien mit Heiligendarstellungen an den Wänden, der Decke, Predellen über den Türen, lauter Einrichtungsgegenständen, die aus altem kirchlichem Plunder bestehen und die der Umgebung des Autors von *L'Assommoir* etwas Exzentrisches verleihen.

10. APRIL 1883

Die Nase von Zola ist eine ganz besondere Nase, eine Nase, die fragt, lobt, verurteilt, eine Nase, die fröhlich ist, eine Nase, die traurig ist, eine Nase, in der die ganze Physiognomie ihres Meisters enthalten ist; eine richtige Jagdhundnase, deren Eindrücke, Empfindungen und Begierden die Spitze in zwei kleine Flügel teilen, die mitunter wirken, als zuckten sie.

Epilog

Gesellschaft der Fünf
(Flaubert, Turgenjew, Zola, Daudet, Goncourt)

5. MAI 1876

Unsere *Gesellschaft der Fünf* hatte den Einfall, in einer Taverne hinter der *Opéra-Comique* eine Bouillabaisse zu essen. Man ist heute abend in Plauderstimmung, voller Verve und Offenherzigkeit.

»Zur Arbeit«, Turgenjew hat das Wort, »brauche ich den Winter, einen Frost wie in Rußland, eine *adstringierende* Kälte, in der die Bäume Kristalle ansetzen. Dann ... Indessen kann ich im Herbst noch besser arbeiten, in diesen windstillen Zeiten, wissen Sie, wenn kein Lüftchen weht, der Boden federt und die Luft wie nach Wein schmeckt ... Bei mir daheim gibt es ein kleines Holzhaus mit einem Garten voll gelber Akazien – die weißen kennt man bei uns nicht. Im Herbst ist der Boden über und über mit Hülsen bedeckt, die unter den Schritten knistern; und es wimmelt von diesen Vögeln, die einander nachahmen ... ja, die Würger. Mittendrin, ganz allein ...«

Turgenjew spricht seinen Satz nicht zu Ende; aber ein Zusammenpressen seiner geballten Hand, die er über der Brust geschlossen hält, spricht deutlich von dem geistigen Genuß, der Trunkenheit, die er in jenem kleinen Winkel des alten Rußlands empfindet.

»Ja, eine klassische Hochzeit«, wirft Flaubert ein. »Ich war genaugenommen noch ein Kind, ich war elf Jahre alt. Ich war es, der das Strumpfband der Braut löste. Es gab auch ein kleines Mädchen bei der Hochzeitsfeier. Ganz verliebt in sie, kehrte ich nach Hause zurück. Ich wollte ihr *mein Herz schenken* – ein Ausdruck, den ich aufgeschnappt hatte. In jener Zeit trafen bei meinem Vater täglich Körbe mit Wildpret, Fisch und anderen Eßwaren ein – Körbe, die ihm von Kranken zugeschickt wurden, die er geheilt hatte, und die des Morgens im Eßzimmer aufgestellt wurden. Und da ich zur selben Zeit ständig von Operationen sprechen hörte wie von etwas ganz Gewöhnlichem und Alltäglichem, trug ich mich lange Zeit mit dem Gedanken, meinen Vater in allem Ernst darum zu bitten, daß er mir das Herz entferne. Und ich sah mein Herz in einem Korb, den ein Eilbote mit einer Plakette und einer pelzverbrämten Schirmmütze überbrachte; ich sah, wie mein Herz auf dem Büffet des Eßzimmers meiner kleinen Frau stand. Und diese stoffliche Gabe meines Herzens war in meiner Vorstellung weder mit Verletzung noch mit Blut verbunden.«

»Ein fahlroter Eingang in der Mitte von zwei kleinen weißen Schenkeln«, murmelt Daudet.

»Ich«, unterbricht Zola, »eine verderbte Kindheit! Ja, eine verdorbene Kindheit! ... Ich habe der Frau, bei der ich meine Unschuld verlor, die Möse geschleckt, noch bevor ich mit ihr vögelte ... Nein, nein, wenn ich Ihnen doch sage, ich habe keinerlei moralischen Sinn. Ich habe mit den Frauen meiner besten Freunde geschlafen. In der Liebe habe ich ganz entschieden keinen moralischen Sinn ...«

»Ich wurde nach Rußland zurückgerufen«, Turgenjew ergreift wieder das Wort, »ich war in Neapel, hatte nur noch fünfhundert Franc. Damals gab es noch keine Eisenbahn. Die Rückreise war schwierig, unbequem und wie man sich denken kann: ganz ohne Liebesspesen. In Luzern angekommen, schaute ich von der Brücke hinab den Enten zu, die mit einem mandelförmigen Fleck gekennzeichnet sind; neben mir lehnte sich eine Frau übers Geländer. Es war ein wunderbarer Abend. Wir kamen ins Gespräch und gingen dann spazieren. Wie wir so gehen, betreten wir unversehens den Friedhof. Ich kann mich nicht erinnern, je in meinem Leben so verliebt, so erregt, so stürmisch gewesen zu sein. Die Frau legte sich auf ein großes Grab, und indem sie sich hinlegte, zog sie das Kleid und die Unterröcke unter sich hoch, so daß ihr Hintern den Stein berührte. Ich warf mich wie von Sinnen über sie; in meiner Hast und meinem Ungeschick verfing sich meine Rute in den Grasbüscheln voller Kies, die sich drumherum wickelten. Niemals habe ich größere Lust bei einem Koitus empfunden.«

»All das«, ruft Flaubert aus, »was ist das schon verglichen hiermit« – und sein Ellbogen schmiegt sich gegen seine Brust –, »am Arm einer geliebten Frau, den man eine Sekunde lang gegen sein Herz drückt, während man sie zu Tisch geleitet?«

»Oh! Ah! Scheiße!« macht Daudet, der sich auf seinem Stuhl windet und krampfhaft seine nervösen Hände über dem Kopf zusammenzieht. »Das ist nicht meine Art ... Sie können sich keinen Begriff davon machen, was ich für ein Mensch bin ... Zum Genuß bedarf es für mich des Fleisches zweier Frauen gegen mein Fleisch, die eine, die ich bediene, und die andere, die sich am Hintern derjenigen gütlich tut, an der ich fummle.«

»Aber Daudet, ich bin auch ein Schwein«, sagt Flaubert ganz treuherzig.

»Schon gut, Sie sind ein Zyniker mit den Männern und ein Sentimentaler mit den Frauen.«

»Meiner Treu, das stimmt«, versetzt Flaubert lachend, »selbst mit den Frauen aus dem Bordell, die ich *mein kleiner Engel* nenne.«

»Das ist verrückt, aber so ist es«, der lebhaft werdende Daudet nimmt das Gespräch wieder auf. »Ich brauche das Aufspünden schmutziger, unflätiger Worte: ›Komm, ich will dich in den Arsch ficken!‹ Und das, täuschen Sie sich nicht, mit anständigen Frauen! ... Und mit bleichen Schläfen dreht sich die anständige Frau um, um zu sagen: ›Oh mein Gott, wie gut er meinen Arsch fickt!‹«

»Ja, ja, genau, in der Liebe sind die Frauen für ihre Erniedrigung dankbar.«

»Merkwürdig«, entschlüpft es Turgenjew, der sich in seiner ganzen Länge auf dem Diwan ausgestreckt hat und der mit verstörtem Blick beinahe ängstlich Daudets Bekenntnis lauscht, »das ist merkwürdig! Ich nähere mich der Frau mit einem Gefühl des Respekts, der Rührung und der Verwunderung über mein Glück.«

»Sämtliche Frauen, die ich hatte«, fährt Daudet fort, »habe ich bei der ersten Begegnung rumgekriegt und indem ich ihnen etwas Unanständiges, Abscheuliches, Geschmackloses, Priapisches sagte. Damit will ich wohlgemerkt nicht behaupten, daß ich nie abgeblitzt wäre ... Aber ich habe auf diese Weise jede Menge rumgekriegt und sie alle wie Huren behandelt.«

»Haben Sie keine russischen Frauen gekannt?«

»Nein.«

»Um so schlimmer. Das wäre von Nutzen für Sie gewesen«, sagt Turgenjew. »Sehen Sie, die russische Frau, wie soll ich sie Ihnen schildern? Sie ist eine Mischung aus Unbefangenheit, Zärtlichkeit und unbewußter Verdorbenheit.«

»In Ober-Ägypten«, das ist Flauberts Stimme, »wird man durch die stockfinstere Nacht – vorbei an niedrigen Häusern, mitten durch das Gekläff der Hunde, die einen zerreißen wollen – zu einer Hütte geführt, die nicht höher ist als ein siebzehnjähriger Jüngling. Darinnen findet man ganz hinten eine Frau in einem Hemd, die auf der Erde liegt und deren Körper sieben- bis achtmal von einer großen Goldkette umwunden ist, eine Frau mit einem Hintern, kalt wie Eis, und dem Leibesinneren wie eine Glutpfanne. Also mit dieser Frau, die in der Lust reglos bleibt, sehen Sie, da empfindet man unendliche Wollust, eine Wollust ...«

»Ach was, Flaubert! Das ist doch reine Literatur!«

Fassen wir zusammen:

Turgenjew ist ein Schwein, dessen Schweinerei sentimental gefärbt ist.

Zola ist ein rohes und grobes Schwein, dessen Schweinerei sich jetzt gänzlich in der Nachahmung verausgabt.

Daudet ist ein angekränkeltes Schwein mit den launischen Ausfällen eines Gehirns, bei dem wohl eines Tages der Wahnsinn einziehen könnte.

Flaubert ist ein vorgebliches Schwein, das sich selbst als solches ausgibt und so tut, als wäre es eines, um mit den wirklichen, aufrichtigen Schweinen mithalten zu können, welche seine Freunde sind.

Und ich, ich bin ein zeitweiliges Schwein, mit Anfällen von Sauereien, denen die Gereiztheit des vom Spermientierchen gebissenen Fleisches anhaftet.

Dossier

Anita Albus
Menschen im Etui

> »*Alles war falsch: ein falscher Realismus, eine falsche Armee, ein falscher Kredit und sogar falsche Dirnen! Man nannte sie ›Marquisent‹, so wie auch die großen Damen sich gegenseitig vertraulich ›Schweinchen‹ nannten. [...] Man pries eine Schauspielerin, – aber als gute Familienmutter! Man verlangte von der Kunst, daß sie moralisch, von der Philosophie, daß sie klar, vom Laster, daß es dezent sei; und von der Wissenschaft, daß sie sich dem Auffassungsvermögen des Volkes anpasse.*«   G. Flaubert

Dunkelblond der eine, brünett der andere, gleiche Frisur, gleiches Bärtchen der *Jeune-France*-Romantiker, gleiche Kleidung: Hose aus hellgrauem Tuch, dunkle Weste, dunkler Gehrock, darüber baumelt das eckige Monokel am schwarzen Band – so sitzen sie dicht nebeneinander in zwei gleichen Sesseln. Edmond und Jules de Goncourt, photographiert von Nadar im Jahre 1855. Der acht Jahre ältere und etwas größere Edmond vor sich hin brütend, das umdüsterte Haupt leicht gesenkt, doch kann die Hand es nicht stützen: die Strecke zwischen Kinn und Sessellehne, auf der der Ellbogen ruht, ist für den Arm um zwei oder drei Zentimeter zu lang, und so verharrt er gleichsam katatonisch. Jules hingegen hält beide Hände halb offen, halb geballt – hilflos auf dem Schoß, als wisse er nicht recht, wohin damit. Auch seine Miene spricht von Trübsal, aber seine schwarzen Augen blicken mißtrauisch aus ihren schattigen Höhlen auf den Betrachter. Seine weichen Züge haben, wie die des Bruders, etwas Teigiges und Lymphatisches; quirliger und ausgelassener als Edmond, dem er auf der Straße stets ungestüm vorauseilte, war er gleichsam das Lächeln seines melancholischeren Bruders. Seine stark gewölbte Unterlippe wirkte unter dem zarten goldenen Bärtchen wie eine nicht ganz reife Kirsche: ein Cherubino, der einen Valmont in sich verbirgt – so hätte er sich gerne gesehen. Ein vehementer Spötter, klar und manchmal schroff in seinem Urteil, aber von ausgesuchter Höflichkeit. Edmond war eher schüchtern, etwas hölzern, steif und leicht grämlich.

Beiden gemeinsam war etwas Greisenhaftes und zugleich Kindliches – ein Gegensatz, der in ihrer Sammelleidenschaft aufgehoben war. »Die alte Welt erneuern, das ist der tiefste Trieb im Wunsch des Sammlers, Neues zu erwerben.«[57] Die Sammelwut der Goncourts speiste sich aus dem Abscheu vor den Tapezierergrüften, den Schnörkeltotgeburten, dem Leichenschauhausprunk des sich entfaltenden Industrialismus. Sie beklagten die leichenbitterschwarze und kellerasselgraue Männerkleidung ihrer Zeit und sahen darin ein Symptom für das Alt-und-trüb-Werden einer Welt, »in der so manches zu Grabe getragen wurde«.[58]

»Hier ist die Welt so häßlich wie ihre Photographie«, notieren sie lakonisch während eines Kuraufenthalts in Vichy. Ihre Lieblingsfarben waren die irisierenden Pastelltöne des 18. Jahrhunderts: »Schwefelblüte, Taubengefieder, Rosengeriesel, *caca dauphin*, *désespoir d'opale* und Flohbauch im

---

57 Walter Benjamin, *Angelus Novus*, Frankfurt 1966.
58 *Journal*, 22. April 1857.

Milchfieber«, wie sie denn überhaupt das Zeitalter der Aufklärung über alles stellten. Diderot, Galiani, Beaumarchais und Laclos gehörten zu ihren Lieblingsautoren.

Edmond war es, der die Jagd auf das Kleinod betrieb. Elf Jahre nach dem Tod seines Bruders gab er eine zweibändige Beschreibung aller Schätze heraus, die sie im Laufe der Jahre zusammengetragen hatten: Zeichnungen von Watteau, Chardin, Liotard, Boucher und Fragonard; Tapisserien, Gouachen, Radierungen, Erstausgaben und Autographen aus dem 18. Jahrhundert; Porzellan aus Meißen und Sèvres; und in einem Kabinett, das dem Fernen Osten gewidmet war, alles Japanische, Chinesische, Koreanische: Alben von Utamaro, Hokusai, Harunobu mit den »Bildern der vergänglichen fließenden Welt«, den *Ukiyo-e* genannten farbigen Holzschnitten, zu deren europäischen Entdeckern die Goncourts gehören, japanische Bildrollen, seidene Tücher, Lackdosen, Bronzen und die ganze Chimärenwelt Japans in Form von *Netsukes* sowie eine umfangreiche Sammlung ostasiatischer Keramik. 615 Seiten umfaßt dieses *La Maison d'un Artiste* betitelte Inventarisierungswerk – allein der Beschreibung des *cabinet de toilette* sind sechs Seiten gewidmet. Sammler und Künstler – für die Goncourts war das ein und dasselbe.

Sie waren stolz auf ihre aristokratische Herkunft, doch es gab in ihren Augen nur eine einzige gültige Noblesse: die des Künstlers. Sein Privileg: die Langeweile. Seine Hoheitszeichen: Spleen, Nervosität und krankhafte Empfänglichkeit für Sinneseindrücke. Sein Emblem: die Melancholie, die dem Leben zuschaut, ohne daran teilzunehmen. Seine Devise: *l'art oblige*.

Die Kunst war die oberste Instanz, sie bestimmte ihr Weltbild, ihre Moral, ihre Lebensweise. Die Kunst gehorcht nur ihren eigenen Gesetzen, sie beugt sich vor keiner politischen Doktrin und frönt niemals dem Nützlichen – so lautete ihr Credo. Unter diesem Absolutismus der Kunst diktierte der Ehrenkodex des Künstlers, sich nicht dem Zeitgeist zu verschreiben. Es galt, auf das Unmögliche zu setzen, auf das unwiederbringlich Verlorene oder auf das Niedagewesene: nur im Vergessenen und im Unbekannten schlummert das Schöne. *Selten* war das höchste Prädikat, das sie zu vergeben hatten.

Der Künstler muß sich in das Elend schicken, Fremder im eigenen Land zu sein – wie sonst könnte er seine Zeit beschreiben? Mit seinen klaffenden Widersprüchen war der beginnende Hochkapitalismus in extremer Weise von der Gewalt der Phrase beherrscht. »Sozialistisch« war der Refrain der Epoche. Guizot nannte den Staatsstreich »den definitiven und vollständigen Sieg des Sozialismus«, wie man überhaupt alles für »sozialistisch« erklärte, es war »sozialistisch, eine Eisenbahn zu bauen, und es war sozialistisch, sich mit dem Stocke zu verteidigen, wenn man mit dem Degen angegriffen wurde«.[59]

Karl Marx hat im *18. Brumaire* diese *verkehrte Welt* eindringlich geschildert und auseinandergenommen. Er beschreibt die Revolution von 1848 als eine Kaskade des Verrats, die merkwürdig an die sich lösenden und reorganisierenden Figurationen in einem Sadeschen Boudoir gemahnt. In einer rückläufigen Bewegung stützt sich jede Partei auf die jeweils nächste und wird fallengelassen und verraten, bis die letzte »in dieser lächerlichen Positur das Gleichgewicht verliert, und, nachdem sie die unvermeidlichen Grimassen geschnitten,

---

59 Karl Marx, *Der 18. Brumaire des Louis Bonaparte*, Frankfurt 1965.

unter seltsamen Kapriolen zusammenstürzt. [...] Die Periode, die wir vor uns haben, umfaßt das bunteste Gemisch schreiender Widersprüche: Konstitutionelle, die offen gegen die Konstitution konspirieren, Revolutionäre, die eingestandenermaßen konstitutionell sind, eine Nationalversammlung, die allmächtig sein will und stets parlamentarisch bleibt; [...] eine Exekutivgewalt, die in ihrer Schwäche selbst ihre Kraft und in der Verachtung, die sie einflößt, ihre Respektabilität findet, eine Republik, die nichts anderes ist als die zusammengesetzte Infamie zweier Monarchien, [...] – Verbindungen, deren erste Klausel die Trennung, Kämpfe, deren erstes Gesetz die Entscheidungslosigkeit ist, im Namen der Ruhe wüste, inhaltsleere Agitation, im Namen der Revolution feierlichstes Predigen der Ruhe, Leidenschaften ohne Wahrheit, Wahrheit ohne Leidenschaften, Helden ohne Heldentaten, Geschichte ohne Ereignisse, Entwicklung, deren einzige Triebkraft der Kalender scheint, durch Wiederholung derselben Spannungen und Abspannungen ermüdend, Gegensätze, die sich periodisch nur auf die Höhe zu treiben scheinen, um sich abzustumpfen und zusammenzufalten, ohne sich auflösen zu können, prätentiös zur Schau getragene Anstrengungen und bürgerliche Schrecken vor der Gefahr des Weltuntergangs und von den Weltrettern gleichzeitig die kleinlichsten Intrigen und Hofkomödien gespielt ...«[60]

Die Goncourts glaubten, wie viele Künstler ihrer Zeit, weder an den Fortschritt noch an den Sozialismus, nicht an die Demokratie und erst recht nicht an das Dogma der Gleichheit – wollte man etwa die unterschiedlichen Talente leugnen? Auch die Natur verabscheuten sie als Inbegriff bru-

---

60 Karl Marx, *Der 18. Brumaire des Louis Bonaparte*, a.a.O.

taler Notwendigkeit, die Natur, »in der alles der rohen Gewalt gehorcht, wo vom kleinsten bis zum größten Tier das Leben des einen vom Tod des anderen lebt«, im ewigen »Kreislauf des Fressens«.[61] Wenn sie beim Anblick einer Landschaft in Verzückung gerieten, so nur, weil diese die Erinnerung an ein Kunstwerk in ihnen wachgerufen hatte.

Wie Flaubert träumten sie von einer Geistesaristokratie. Sie sollte dem Volk offenstehen, sich durch intelligente Arbeiter erneuern und das Elend aus der Welt schaffen. »Eine Regierung, die das Massengrab beseitigte, für alle Toten und Lebenden Raum schaffte, die unentgeltliche Rechtsprechung dekretierte, Rechtsanwälte für die Armen bestellte, [...] die in der Kirche vor Gott die Unentgeltlichkeit und die Gleichheit in bezug auf Taufe, Hochzeit und Begräbnis einrichtete ...«[62] Selbstverständlich sollte das Privateigentum unangetastet bleiben.

Sie priesen das verschwenderische 18. Jahrhundert und erachteten sich als großzügig, indem sie ihr Geld für die Kunst ausgaben. Ihr Geiz war, wie der aller Sammler, gleichsam okkult. In Bankiers, Börsianern, Wechselagenten sahen sie ihre potentiellen Feinde, und ihrem Klassendünkel ist auch ihr schlimmstes Vorurteil anzulasten: der Antisemitismus.

Sie selbst gehörten nicht zu den Geschädigten, deren Vermögen durch die Wechselfälle der Börse zusammengeschrumpft war und die, »statt der Dummheit den Verlust zuzuschreiben, (glaubten), die Pfiffigkeit derer, die ihr Ver-

---

61 J. u. E. de Goncourt, *Ideen und Impressionen*. Leipzig 1904.
62 *Ideen und Impressionen*, a.a.O.

mögen behalten haben, sei daran schuld«[63], und dennoch bliesen sie ins gleiche Horn. Mit ihrer Liebe für alles Fremde, Andersartige und Exotische scheinen sie auch nicht gegen das Jüdische schlechthin eingenommen gewesen zu sein: »Ich betrat die Synagoge in der Rue Lamartine. Man fühlt sich wie in einer Amsterdamer Religionsgemeinde. Ein Hauch Rembrandt und ein Hauch Orient. Es hat den Anschein einer glücklichen Religion. Eine Art Vertraulichkeit mit Gott. Im Katholizismus nimmt sich das Gebet immer so aus, als bitte es um Vergebung für ein Verbrechen: hier hingegen plaudert man, ruht sich aus und sitzt wie in einem *Café zum guten Glauben.*«[64]

Ihre Ranküne galt einem Fould, einem Pereire oder Rothschild; was sie verachteten, war die Anhäufung des Geldes. Ein Jude, der Wissen anhäufte, war ihresgleichen, namentlich wenn es sich um einen Künstler handelte. So ist es nicht weiter verwunderlich, daß Heine ihr Lieblingsdichter und großes Vorbild war.

Die Freiheit galt ihnen als Phrase, an die Gleichheit glaubten sie nicht, aber der Brüderlichkeit huldigten sie im buchstäblichsten Sinne. Sie bildeten ein seltsames Duo, berichtet Judith Gautier. Ihre Stimmen wechselten sich ab, ohne sich zu mischen oder sich in die Quere zu kommen. Begann Jules ein Gespräch in seiner mutwilligen Art und machte eine Atempause, dann war es Edmond, der den Satz fortführte, den Gedanken entfaltete, den sein Bruder schließlich zusammenfaßte.

---

63 Heinrich Heine, *Aphorismen und Fragmente*, München 1961.
64 *Journal*, 9. April 1865.

Ihre geistige Übereinstimmung ging so weit, daß man sie mitunter verwechselte, ein Gespräch mit dem einen begann und versehentlich mit dem anderen wieder anknüpfte: nichts deutete darauf hin, daß man einen anderen Gesprächspartner vor sich hatte.

Sie waren ein Herz und eine Seele, nur pflegte Edmond stets *wir* zu sagen, während Jules grundsätzlich in der Ichform sprach. Als aufmerksame Zuhörer und charmante Plauderer wußten sie ihre Mitmenschen für sich einzunehmen. Ihre Betrachtung schien selbstlos, ihr Interesse noch für die nichtigsten Kleinigkeiten ganz ungeteilt, und doch spürte man, daß sie nie wie andere Leute nur um des Plauderns willen plauderten. Théophile Gautier wurde den Eindruck nicht los, daß sie sich insgeheim Notizen machten: »Sobald man sie nicht anschaut, müssen sie wohl auf ihre Manschetten schreiben.«[65]

Es teilte sich ihren Zeitgenossen mit, daß sie sie beobachteten und studierten, wie Ethnologen einen fremden Stamm. Doch was war es, das ihre Anteilnahme so eigentümlich reserviert erscheinen ließ? Offenbar der Jägerinstinkt, der allen Sammlern eignet: er bewog sie, sich durchlässig zu machen, um so viel wie möglich für ihr *Journal* zu erbeuten.

Als »Physiognomiker der Dingwelt«[66] waren sie geübt im Spurenlesen, Umzingeln und Einfangen. Sie lauerten der Wirklichkeit auf, erschnüffelten die flüchtige Wahrheit des Augenblicks im Staub vor den *petit faits,* wie Nietzsche, der Verächter des Ephemeren und Dekadenten, meinte.

---

65 André Billy, *La Vie des Frères Goncourt,* Monaco 1956.
66 Walter Benjamin, *Das Passagen-Werk,* Gesammelte Schriften, Frankfurt 1982.

Von 1849 an wohnten die Geschwister zusammen in der Rue Saint-Georges, in einem pittoresken Viertel, in dem Huren, Kurtisanen, Schauspieler, Krämer und der Erfinder des Saxophons zu Hause waren. Am 2. Dezember 1851, dem Tag, an dem Louis Bonaparte mit Hilfe seiner 10.000 bewaffneten Schurken »die bürgerliche Gesellschaft von der Sorge befreite, sich selbst zu regieren«[67], erschien das Erstlingswerk *der Goncourts, En 18.*, und ging im Spektakel von Säbel und Muskete unter. Am selben Tag begannen sie ihr *Journal*.

Im Laufe der Zeit wurde es ihnen zur festen Gewohnheit, ihre Impressionen des Pariser Lebens festzuhalten, wenn sie des Nachts aus der »Welt« in ihre Stube zurückgekehrt waren. Bis zum Ausbruch der Paralyse war Jules fast immer federführend.

L'école du document humain nannten sie ihr literarisches Verfahren. Für ihre kunsthistorischen und sittengeschichtlichen Studien zogen sie alle Dokumente heran, die sie bei ihren Streifzügen aufgestöbert hatten: Briefe und Rechnungen, Theater- und Speisekarten, Testamente und Memoiren. Für ihre Romane lieferten die Tagebücher das Rohmaterial.

Sie teilten alles: die Arbeit, die Vorlieben, die Anschauungen, die Vorurteile und schließlich auch die Geliebte. Das *genre canaille* der Hebamme Maria war's, das ihnen so sehr gefiel. Der Beschreibung ihrer Person kann man ablesen, daß sie, die vorgaben, die Liebe zu verachten, über beide Ohren verliebt waren. Trotzdem taucht Maria von Februar 1869 bis zum Tod von Jules im Juni 1870 im Tagebuch nicht mehr auf; dann verschwindet sie für immer aus dem *Jour-*

---

67 Karl Marx, a.a.O.

nal. Die endgültige Trennung von ihr war nicht der Rede wert. »Kaum haben wir uns zu etwas Leidenschaft hinreißen lassen, schon steigt ein gewaltiger Seelenschmerz in unserer Brust auf und gibt uns den Wunsch ein, die Orgie des Vorabends gleichsam wieder auszuspeien. Angewidert und von der Sache übersättigt, kehren wir diesen spitzenverzierten Betten den Rücken, wie man ein Museum mit anatomischen Präparaten verlassen mag, und ich weiß nicht, welche chirurgischen und betrüblichen Erinnerungen wir von diesen liebenswerten und so angenehmen Körpern zurückbehalten.«[68]

Wann immer der Gedanke an Liebe zu einer Frau sie auch nur streifte, kam ihnen der Tod in den Sinn. Sie müssen wirklich untröstlich darüber gewesen sein, ihr Geschlecht nicht *teilen* zu können. Ihre Vorliebe für den weiblichen Nakken, mit dem feinen Gefieder der Härchen »im Gegenlicht«, mag ihnen das seltsam priapische Bild eingegeben haben, das sie im Tagebuch am 4. Juni 1861 festhalten: »Die Frau – zwei Paar Flügel um einen Phallus.« Wären sie nicht immer so schnell davongeflattert aus den Armen ihrer Geliebten, vielleicht wären sie sich wie Raupen vorgekommen, den zersetzenden Säften der Weiblichkeit ausgesetzt.

Die monströs anmutende Assoziation der Frau im Lotterbett mit einem Museum anatomischer Präparate ist ein Amalgam aus individuellem Trauma und kollektiver Phantasmagorie. Die maßgebliche Frau dieser Zeit war die Hure: sie war das bevorzugte Tauschobjekt für das inbrünstig verdiente Geld, und indem sie es kaltblütig verschwendete – den Ruin des Galans einkalkulierend –, fachte sie das Spe-

---

68 *Journal*, zitiert nach André Billy, a.a.O.

kulationsfieber an, das den Mysterienspielen von Hausse und Baisse so förderlich war. Sie war berechnend feil, aber zügellos kaufsüchtig, und so nimmt es nicht wunder, daß sie vor allem in der Mode den Ton angab. »Parodie der bunten Leiche, Provokation des Todes durch das Weib und zwischen geller memorierter Lache bitter geflüsterte Zwiesprache mit der Verwesung« sei die Mode zu allen Zeiten, schreibt Walter Benjamin.[69] Zu keiner Zeit war dieses Raunen deutlicher zu vernehmen als in der von Zersetzung phosphoreszierenden des Zweiten Kaiserreichs mit seiner übertünchten Rohheit, seiner Genußwut, Zerstörungssucht und höllischen Neuerungslust.

Darum nehmen sich alle »Museen der Möse«, wie wir sie von Photographien kennen, so *pompes-funèbres*-haft aus, deshalb wirkt das überladene Interieur des Bürgers so schaurig-gemütlich wie eine unterirdische Grotte, der man nicht entfliehen kann.

In einer Art Schachtelwahn schuf das 19. Jahrhundert Etuis, Schutzhüllen, Behälter, Dosen, Kapseln, Hülsen, Futterale und Gehäuse für alle möglichen und unmöglichen Gegenstände; auch die Menschen spannen sich in ihre Interieurs ein wie in samtverbrämte Kokons: »Das Interieur ist nicht nur das Universum sondern auch das Etui des Privatmanns.«[70] Sarah Bernhardt übte sich in einem satingefütterten Sarg, der in ihrer Wohnung aufgebahrt war, als schöne Leiche. Der Kaiser selbst nahm sich aus wie ein künstlich belebter Kadaver. In diesem Mann, der sich, wie eine Prostituierte, von seinen Maitressen nicht ins Gesicht

---

69 Walter Benjamin, *Das Passagenwerk*, a. a. O.
70 Ebd.

küssen ließ, durchdringen sich das Leichen- und das Hurenhafte.

Die irdische Wechselwirtschaft, das Unstabile und Haltlose der Zeit, spiegelt sich auch in dem Bild, das sich die fortgeschrittensten Geister vom Unendlichen machten. Taine, Renan und Berthelot schildern es im Oktober 1866 ihren Freunden im Magny als immense Diffusion, in der die zerstreuten Welten nichts als »Blutkörperchen« oder »Filzläuse« sind. In diesem auseinanderfließenden Universum haust ein seltsamer Gott, ein zwittriges Wesen; das Weiche und Schlüpfrige seines Inneren aber gleicht dem weiblichen Geschlecht, und wie im 19. Jahrhundert nicht anders zu erwarten, ist auch Gott mit einem Gehäuse verwachsen: der ernsthafteste aller Menschen, der gläubige Renan, stellt ihn als Auster dar!

1868 kündigte sich Jules' Paralyse durch eine eigentümliche Pein an: er hatte die Empfindung eines schmerzenden Ohres in der Magengrube. Mit diesem dritten Ohr steigerte sich seine Geräuschempfindlichkeit zu einer derartigen Lärmphobie, daß die Brüder beschlossen, das turbulente Stadtzentrum zu verlassen. Sie kauften eine bürgerliche Villa mit Garten in Auteuil; die Nähe der Eisenbahnlinie erschien ihnen günstig: sie erleichterte die Rückkehr in die Stadt. Erst nach ihrem Einzug registrierten sie das Pfeifen, Schnaufen und Rattern der vorbeifahrenden Züge.

In einer seiner schlaflosen Nächte malte sich Jules eine Poesche Geschichte aus: Ein Mann, dem es nicht gelingt, der lärmenden Welt zu entkommen – in keiner Wohnung, keinem Haus, weder auf dem Land noch in den Wäldern und nicht einmal in den Grüften der Pyramiden –, beschließt, sich umzubringen. Allein in seinem Grab raubt ihm das ewige Nagen der Würmer den Schlaf.

So zogen auch die Goncourts auf der Flucht vor Zügen, Glocken, Pferden, Karossen und Vögeln von einer Behausung in die andere, während die Nacht in Jules immer undurchdringlicher wurde. Der vollständigen Aphasie ging eine *idée fixe* voran, mit der er Edmond an den Rand des Wahnsinns trieb: er deklamierte laut die *Mémoires d'Outretombe*.

Am Vorabend seines Todes murmelte er in der Agonie »Maman, maman, à moi maman«, und dann kam noch einmal der geliebte Name der Hebamme über seine Lippen.

Auf dem langen Weg von Auteuil zum Friedhof Montmartre konnte die Trauergemeinde zusehen, wie sich das dunkle Haar Edmonds weiß färbte. Er war wie gelähmt vor Verzweiflung. Aber so gebrochen, so vernichtet er sich auch fühlte, als er sich allein im Haus in Auteuil wiederfand – die Feder legte er nicht aus der Hand. Er hatte Jules' Verfall und Tod verzweifelt genau protokolliert. Von nun an wurden die Tagebücher das Medium der Zwiesprache mit dem Verstorbenen.

Die erste vollständige Ausgabe der Tagebücher erschien erst 60 Jahre nach Edmonds Tod – immer wieder war die Veröffentlichung als *contraire à l'ordre publique* verschoben worden. 1956 endlich gab die Académie Goncourt das im Untertitel von Edmond *Mémoires de la Vie Littéraire* benannte *Journal* in Monaco in Druck: 5000 Seiten in 22 Bänden, in einer Auflage von 5500 Exemplaren.

Man hat jedoch aus dem gigantischen Steinbruch der Tagebücher immer wieder Bruchstücke herausgehauen, mal die Belagerung von 1870/71, mal Künstlerporträts, mal gallige Sentenzen und spinöse Aphorismen. Eine hervorragende Ausgabe in deutscher Sprache gibt einen Querschnitt des Zeitraums von 1851 bis 1870 wieder: 400 Seiten, ausgewählt aus den ersten 2000 Seiten der Académie-Ausgabe, übertragen und herausgegeben von J. F. Wittkop[71].

Das Album der *Blitzlichter* enthält flüchtig hingehuschte Skizzen und breit ausgeführte, detaillierte Genrebilder – willkürlich aus dem Kontext herausgesprengt sind sie allesamt. Das Register der *Denkwürdigkeiten aus dem literarischen Leben* enthält Tausende von Namen, von Abadie bis Zola sind alle Berufe, alle Stände vertreten. Selbst wenn man die Personen auf eine einzige »Momentaufnahme« beschränkte, wäre es unmöglich, die komplette »Fauna« der Hauptstadt des 19. Jahrhunderts zwischen zwei Buchdeckel zu pressen. Im Bemühen um eine Vielfalt verschiedener Spezies werden hier 77 Figuren vorgestellt, die sich um einen »Bären« versammeln, dem wir die vollkommenste Prosa der Zeit verdanken: Gustave Flaubert.

Bichons, Schoßhündchen, nannte er die Brüder Goncourt – im Französischen eine zärtliche Wendung ohne abfälligen Beigeschmack, ein Kosewort, mit dem man Kindern oder Frauen schmeichelt. »Die *Manette Salomon* der *bichons* scheint mir eine Jacke von solcher Länge erhalten zu haben, daß sie für ein Leichentuch gelten kann, es ist trotzdem lesenswert«[72], schreibt Flaubert im Dezember 1867 an Jules Duplan. Diese Charakterisierung ist mehr oder weniger für alle Romane der Goncourts zutreffend.

Dieselben Figuren, die uns im *Journal* so lebendig entgegentreten, daß wir uns die Augen reiben, sind in der bearbeiteten, ausgefeilten, polierten Form, in der sie in die Romane eingegangen sind, leblos wie Wachsfiguren. Mit *Germinie*

---

71 E. u. J. de Goncourt, *Tagebücher*, Frankfurt 1983.
72 G. Flaubert, *Briefe*, Stuttgart 1964.

Lacerteux machten sie den vierten Stand literaturwürdig, doch der Roman ist nur ein blasser Abklatsch der ergreifenden Schilderung der Rosalie Malingre aus den Tagebüchern.

Sie wollten niemandem nach dem Munde reden, weder im Leben noch in ihren Werken. Statt sich in Germinie Lacerteux zu verwandeln, verliehen sie ihr eine Goncourtsche Seele. So kranken alle Gestalten ihrer Romane an den Selbsttäuschungen ihrer Schöpfer. Sie blieben Herr über ihre Werke, weil sie der Illusion erlagen, es sei das künstlerische Vermögen ein Eigentum, über das man verfüge wie über Latifundien.

Wann immer sie eine Diskrepanz zwischen einem Menschen und seinem Werk feststellten, reagierten sie mit gereiztem Staunen. Sie verkannten nicht nur die Notwendigkeit dieser Kluft: in ihrem Künstlerwahn wären sie eher bereit gewesen, ihr Werk zu opfern, als den falschen Anspruch auf Identität preiszugeben.

Zwar zeugen gerade die Tagebücher an vielen Stellen von dieser Verblendung, aber sie sind nicht von ihr geprägt. Bei der raschen Fixierung ihrer frischen Impressionen standen sie nicht im Bann des Wollens. Um das Leben in die Falle ihrer Aufzeichnungen zu locken, mußten sie als Personen zurücktreten. Wo sie ganz Auge und Ohr waren, da glückten ihnen die schönsten Romane *en miniature,* die dichtesten Schilderungen flüchtiger Augenblicke, und wir sehen in scharfen Konturen die Bilder einer Gesellschaft aufblitzen, die sich anschickt, in der Hölle der Notwendigkeit die Skrupel abzuschaffen. Inmitten der infernalischen *Feerie* ertönen die »Brüllarien« Flauberts, der einsam, unbeirrbar und geduldig dieser Welt zum Trotz seine Werke hervorbringt:

»Was mir das Höchste in der Kunst erscheint (und als das Schwierigste), ist nicht, Lachen oder Weinen hervorzurufen, nicht jemand in Brunst oder Wut zu versetzen, sondern auf dieselbe Weise wie die Natur zu wirken, das heißt, *zum Träumen zu bringen*. Die sehr schönen Werke haben diese Eigenschaft. Sie sind von gelassen heiterem Äußeren und unverständlich. Was ihr Verhalten betrifft, so sind sie reglos wie Felsen, tosend wie der Ozean, voll von Keimen, von Blattwerk und Gemurmel wie die Wälder, traurig wie die Wüste, blau wie der Himmel.«[73]

---

[73] G. Flaubert, *Briefe*, a. a. O.

Lebensdaten

1822. 26. Mai. Edmond de Goncourt wird in Nancy geboren. Sein Vater, Marc Pierre de Goncourt, diente von 1802 bis 1814 unter Napoleon Bonaparte als Offizier. Den Adelstitel der Familie erwarb der Urgroßvater der Goncourts im Jahre 1786.
1830. 17. Dezember. Jules Alfred de Goncourt wird in Paris geboren.
1832–1840. Edmond besucht das Lycée Henri IV. und studiert später Jura.
1840–1848. Jules besucht das Collège Bourbon.
1849. Die Brüder richten sich in der Rue Saint-Georges in Paris ein. Das elterliche Vermögen sichert ihnen finanzielle Unabhängigkeit.
1849–1850. Reisen in Frankreich, nach Algier, in die Schweiz und nach Belgien.
1851. Beginn der Aufzeichnungen im *Journal*.
1852. Der erste Roman *En 18.* erscheint nach starken Eingriffen der Zensur. Bis zum Tod von Jules im Jahre 1870 veröffentlichen die beiden Brüder alle ihre Bücher unter gemeinsamem Namen.
1854. Histoire de la société française pendant la Révolution.
1855. Histoire de la société française pendant le Directoire. La Peinture a l'Exposition de 1855.
1857–1858. Portraits intimes.
1859. L' Art du XVIIIe siècle.
1860. Les Hommes de lettres. Roman. In der zweiten Auflage erhält er den Titel *Charles Demailly*.

1862. La Femme au XVIIIe siècle. Beginn der »diners Magny«, zu denen sich an jedem Montag die Goncourts, Flaubert, Gautier, Paul de Saint-Victor, Sainte-Beuve und Taine zusammenfinden.
1864. Renée Mauperin. Roman.
1865. Germinie Lacerteux. Roman.
1866. Henriette Maréchal. Drama in drei Akten.
1867. Reise nach Rom.
1868. Die Goncourts kaufen das Haus in Auteuil.
1869. Madame Gervaisais. Roman.
1870. 20. Juni. Jules de Goncourt stirbt und wird am 22. Juni beerdigt.
1871. 14. Juli. In einem Testament schafft Edmond die Grundlage für eine Académie. Als die ersten zehn »titulaires« bestimmt er: Flaubert, Banville, Barbey d'Aurevilly, Paul de Saint-Victor, Louis Veuillot, Fromentin, Ph. de Chennevières, Léon Cladel, Alphonse Daudet und Zola. In den folgenden Jahren wird Fromentin im Testament durch Bourget ersetzt, Flaubert durch Maupassant, Saint-Victor durch Céard, Veuillot durch Loti, de Chennevières durch Huysmans und Cladel durch Jules Vallès.
1877. La Fille Élisa.
1879. Les Frères Zemganno.
1881. La Maison d'un artiste.
1882. La Faustin.
1884. Cérie.
1887. Die drei ersten Bände des *Journal* (1851–1870) erscheinen. Bis 1896 folgen noch sechs weitere Bände.
1891. Outamaro, der erste Band von *L'Art japonais du XVIIIe siècle*, erscheint. Der zweite, *Hokusai*, folgt 1896.
1893. La Guimard.

1896. Manette Salomon. Stück in neun Tableaux.
1896. 16. Juli. Edmond stirbt bei seinem Freund Daudet.
1903. In einem Dekret vom 11. Januar wird die Gemeinnützigkeit der Académie Goncourt anerkannt. Bei einem Diner im Dezember wird der erste »Prix Goncourt« an John-Antoine Nau verliehen.

Literaturhinweise

Die Tagebücher der Brüder Goncourt

Französische Ausgaben
9 Bde., Paris 1887–1896 (unvollständig).
9 Bde., Paris 1935–1936 (unvollständig).
Hrsg. von Robert Ricatte im Auftrag der Académie Goncourt, 22 Bde., Monaco 1956–1958 (vollständig).

Deutsche Ausgabe
Journal. Erinnerungen aus dem literarischen Leben 1851–1896, hrsg. von Gerd Haffmans, 11 Bände, Leipzig 2013 (vollständig).

Deutsche Auswahlausgaben
Tagebuchblätter 1851 bis 1895, hrsg. v. H. Stümcke, Berlin, Leipzig 1905.
Tagebücher der Brüder Goncourt, Eindrücke und Gespräche bedeutender Franzosen aus der Kriegszeit 1870–1871, hrsg. v. W. Fred (= A. Wechsler), München 1917.
Das Tagebuch der Brüder Goncourt. Politik, Literatur, Gesellschaft in Paris 1851–1895, hrsg. v. Paul Wiegler, München 1927.
Tagebuch der Brüder Goncourt, hrsg. v. H. Uhde-Bernays, München 1947.
Tagebuch der Belagerung von Paris 1870/71, hrsg. v. Jörg Drews, München 1969.
Tagebücher. Aufzeichnungen aus den Jahren 1851 bis 1870, hrsg. v. Justus Franz Wittkop, Frankfurt 1983.

Weitere Werke der Brüder Goncourt in deutscher Übersetzung

Elisa. Roman einer Verlorenen, übersetzt von Wilhelm Lilienthal, 1893; neu unter dem Titel: *Die Dirne Elisa,* übersetzt von Rudolf Brettschneider, 1925.

Die Liebe im 18. Jahrhundert, Leipzig 1905.

Die Frau im 18. Jahrhundert, 2 Bde., übersetzt von Paul Prina, Leipzig 1905/07.

Die Kunst des 18. Jahrhunderts, übersetzt von Maria Edecke und Paul Prina, 2 Bde., Leipzig 1908.

Frau von Pompadour, übersetzt und herausgegeben von Magda Janssen und B. Rhein, 1922.

Die Dubarry. Ein Lebensbild in Briefen und Dokumenten, übersetzt von Konrad Merling, München und Leipzig 1923.

Marie Antoinette, übersetzt von Konrad Merling, München 1923.

Germinie Lacerteux, Roman, übertragen von Curt Noch, mit einem Nachwort v. Victor Klemperer, Leipzig 1951.

Die Brüder Zemganno, übersetzt von Albert Klöckner, Leipzig 1958.

Juliette Faustin, übersetzt von Curt Noch, Leipzig 1959.

Die Frau im 18. Jahrhundert, eingeleitet v. Barbara Klie, Bern, Stuttgart, Wien 1963.

Renée Mauperin. Roman, aus dem Französischen von H. Meerholz, neu bearbeitet von Constanze Wehmer, mit einem Vorwort von Hans-Jörg Neuschäfer, Karlsruhe 1964.

Die Brüder Zemganno, übersetzt von Albert Klöckner, mit Illustrationen von Wilhelm M. Busch, Hamburg 1967.

Die Frau im 18. Jahrhundert, mit einem Essay von Elisabeth Badinter, aus dem Französischen von Friedrich Griese, München 1986.

Renée Mauperin, übersetzt und herausgegeben von Elisabeth Kuhs, Stuttgart 1989.

Madame Gervaisais, Roman, aus dem Französischen übersetzt und mit einem Nachwort von Hugo Meier, Zürich 1990.

Madame Pompadour: Ein Lebensbild, übesetzt von Ulrike Nikel, Düsseldorf [u. a.] 1998.

Der Briefwechsel mit den Brüdern Edmond und Jules de Goncourt. Gustave Flaubert, aus dem Französischen und mit Anmerkungen von Cornelia Hasting, Frankfurt am Main 2004.

Namenregister

Aguado, Graf Olympe oder Graf Onésime Aguado de la Marismas, zwei bekannte Spanier der mondänen Welt des Zweiten Kaiserreichs 219
Ajalbert, Jean 139
Alizard, Adolphe-Joseph-Louis, Opernsänger 7–8
Anastasi, Auguste-Paul-Charles, Schüler von Corot, Maler 179
Arago, Alfred, Maler 179
Asselineau, Charles, Freund Baudelaires und sein erster Biograph 10
Auguste, Monsieur, Schneidergehilfe 239
Aumale, Herzog von, vierter Sohn von Louis-Philippe 236
Aupick, Caroline, Mutter von Baudelaire, die in zweiter Ehe General Aupick heiratete 10

Bacchiochi, Félix, Erster Kanzler Napoléons III., Surintendant der kaiserlichen Theater 207
Bakunin, Michail Alexandrowitsch, russischer Anarchist, floh aus sibirischer Gefangenschaft über Japan und Amerika nach London 110
Barbey d'Aurevilly, Jules 12–13, 21
Barilhet, Sänger 7
Barye, Antoine-Louis, Bildhauer 245
Baudelaire, Charles 9–11, 200
Baudelocque, Jean-Louis, Chefarzt der Entbindungsanstalt 156
Baudry, Paul, Maler 224
Bauër, Henri, oppositioneller Journalist des Empire, der nach der Kommune deportiert wurde, berühmter Theaterkritiker des »Echo de Paris« 14–15, 137, 139
Beauvau, Berthe-Victurnienne, Fürstin von, geb. von Rochechouart 261
Beauviro, Roger de 13
Béhaine, Édouard Lefebvre de, Botschafter, enger Freund der Goncourts 236
Belgiojoso, Emile, Fürst von, exilierter Karbonaro, Dandy, Musiker und Privatgelehrter, Freund von Musset 7
Berlioz, Hector, Komponist 208
Bernhardt, Sarah 14–15, 325
Berthe, Freundin von Blanche Passy 230
Berthelot, Marcelin, Chemiker, Unterrichtsminister, Minister des Auswärtigen 16–17, 326
Bertin, Jean-Victor, Maler 23

Beulé, Charles-Ernest, Archäologe 58
Bianchi, Finanzmann 32
Blanchard, Émile, Zoologe 85
Boitelle, Edouard-Charles-Joseph, Polizeipräfekt 36
Bonvin, François, Maler 33
Borel, Joseph-Pierre Borel d'Hauterive, gen. Petrus, romantischer Dichter 57
Boucher, Bariton 8, 157, 317
Bouilhet, Louis, Schriftsteller und Dramatiker 62, 79
Boulanger, Georges, General, Politiker, Kriegsminister 95
Bourget, Paul, Erzähler und Essayist katholisch-konservativer Gesinnung 183–184
Bracquemond, Félix, berühmter Stecher 244
Brainne, Léonie, geb. Rivoire, für ihren Geist und ihre Schönheit berühmte Witwe, einer der drei »Engel« Flauberts 182, 282
Breton, Jules, Maler 34
Buckingham, Lord 299
Burty, Philippe, Kunstkritiker 36, 88–89
Busnach, William, Theaterautor 260

Cabaner, Komponist 242
Caillot, Marie, junge Bäuerin im Dienste bei George Sand 255
Camille, Modistin 220
Canneau, Henri, Arzt Napoléons III. 52

Carjat, Étienne, Karikaturist 203
Carrier-Belleuse, Albert Ernest, Bildhauer und Modellmacher der Kunstindustrie 225
Cavé, Albert, Ministerialbeamter 132
Cazin, Jean-Charles, Maler 118
Céard, Henri, Romancier und Theaterautor 182
César, Jules, Nachbar der Goncourts in Auteuil 36
Champollion, Jean-François, Archäologe, entzifferte die ägyptischen Hieroglyphen und begründete die Ägyptologie 96
Charcot, Jean-Martin, Psychiater 18, 284–285
Charles-Edmond siehe Chojecki
Charpentier, Georges, Verleger der Naturalisten 85, 242, 305
Charpentier, Madame, Gattin eines Verlegers 301, 305
Chevreau, Julien-Théophile-Henri, Staatsrat, Präfekt 211–212
Chojecki, Charles-Edmond, polnischer Emigrant, Mitarbeiter der »Temps«, Bibliothekar des Senats, Dramatiker 17, 109, 211–212, 268
Chojecki, Julie, Gattin von Charles-Edmond Chojecki 44
Chollet, homosexueller Mörder 75
Cladel, Madame, Mutter des Romanciers Léon Cladel 19
Clairin, Georges, Portraitmaler 15

Clarence, Charles Cappua, gen. Clarence, Schauspieler, erster Liebhaber im »Odéon« 210
Claudel, Camille, Bildhauerin, Schwester von Paul Claudel 248–249
Claudin, Gustave, Sekretär von Lamartine, Berichterstatter des »Figaro«, Romancier 210
Clésinger, Auguste, Bildhauer 251–252
Colet, Louise, Dichterin, Salondame, Geliebte Flauberts 70
Commanville, Caroline, geb. Hamard, von ihrem Onkel Gustave Flaubert aufgezogene Waise 87, 90
Constant, Abbé Alphonse-Louis 19
Coppée, François, Dichter 20, 179, 287, 302
Corot-Camille 21–23
Cottin, Sophie, geb. Ristaud, Schriftstellerin 257
Courmont, Alphonse Le Bas de, Vetter der Goncourts 25
Courmont, Cornélie le Bas de 23–25
Courmont, Louis-François-Dominique Le Bas de 24
Couturier, Schriftsetzer, Redakteur, Gemäldehändler 25–27, 46
Cuvillier-Fleury, Alfred-Auguste, Hauslehrer, Sekretär des Herzogs d'Aumale, Kritiker des »Journal des Débats« 85

Dalou, Jules, Bildhauer 246
Dargès *siehe* Lescure
Darzens, Rodolphe, Dichter, Berichterstatter 242
Daudet, Alphonse 13, 27–29, 85, 89, 90, 141–142, 205, 241–242, 248, 262, 275, 280–281, 285, 287, 301, 309–313
Daudet, Julia, geb. Allard, Gattin von Alphonse Daudet, Dichterin 141–142
Decamps, Alexandre Gabriel, Maler, Graphiker 107
Decan, Eugène, Landschaftsmaler u. Bildhauer 22–23
Deffand, Madame du, geistreiche Freundin von d'Alembert 188
Defly, Armande Dieudé, Gesellschaftsdame der Lady Wittingham, morganatische Gattin von Paul von Württemberg, dann Vorleserin der Prinzessin Mathilde 179–180
Defodon, Emilie, Schauspielerin 125
Degas, Edgar 30–31
Delahante, Adrien, Sprößling einer berühmten Bankiersfamilie 93
Dembinski, Henri, polnischer General 107
Demidoff, Anatole, Fürst von San Donato 41
Denis, Blanche, Tochter von Pélagie D. 39–40
Denis, Pélagie, Dienstmagd der Goncourts 36–40, 86, 301

Dennery, Adolphe Philippe, Dramatiker 44–46, 55
Dennery, Gisette, Kurtisane 35, 41–46, 93
Deplats, H.-J., Chirurg 135
Deslions, Anna, Kurtisane 31–35
Didier, Henry, Rechtsanwalt 136
Didot, Ambroise-Firmin, Verleger 47–49
Doche, Charlotte-Marie de Plunkett, gen. Eugénie, Schauspielerin, berühmte Schönheit und erste Darstellerin der Kameliendame 20, 122–123
Dorsy, Lucienne, Schauspielerin 137
Drouet, Juliette 115
Du Camp, Maxime, Schriftsteller, Gegner des *l'art pour l'art*, begleitete Flaubert auf dessen Orientreise 90
Dufriche, Sänger 137
Dugué, Ferdinand, Autor von Melodramen 46
Dumas, fils, Alexandre 25, 49–50, 126, 128, 133, 135, 140
Dumolard, Raymond-Martin, Dienstmädchen-Mörder 50–51, 241
Duse, Eleonora 51
Duverger, Julie-Augustine Vaultrain de Saint-Urbain, Schauspielerin 41, 123

Edwards, William-Frederic, Mediziner 192
Elgin, Thomas Lord, nahm 1799 bis 1803 griechische Marmorbildwerke in Besitz und brachte sie nach England 107
Eloa, Figur von Alfred de Vigny 60
Enfantin, Prosper-Ingenieur, Saint-Simonist, ließ sich als Messias verehren und endete als Direktor der Eisenbahn Paris–Lyon 65
Eugénie *siehe* Passy
Eugénie, Kaiserin 52–53

Faudras, Schriftsteller 233
Favre, Henri, Arzt 259
Félix, Dinah, Schauspielerin und Soubrette 92–94
Félix, Lia, Schauspielerin 25
Feuillet de Conches, Félix-Sébastien, Baron von, Protokollchef des Außenministeriums, Autor historischer und kunstgeschichtlicher Studien, Autographensammler 205
Feydeau, Ernest, Romancier 35–36, 97
Fix, Delphine-Eléonore, Schauspielerin 210–211
Flaubert, Achille-Cléophas, Chirurg, Vater des Schriftstellers 62, 112
Flaubert, Achille, Bruder des Schriftstellers 71
Flaubert, Gustave 27, 41, 53–91, 95–96, 124, 126, 128, 132, 134–137, 181, 216, 257–258, 262, 266, 268–276, 280–281, 305, 309–313, 315, 320, 328–330
Flaubert, Nicolas, Großvater von Gustave Flaubert 71

Français, François-Louis, Maler
u. Lithograph 23
Franceschi, Bildhauer 102
France, Anatole 94–95

Galbois, Marie, Baronin von,
Vorleserin der Prinzessin
Mathilde 179–180
Galliffet, Gaston-Alexandre-
Auguste, General und Kriegs-
minister 243
Ganderax, Étienne, Diplomat
262
Gauthier-Villars, Henry, gen.
Willy, Berichterstatter, Roman-
cier, Gatte der Colette 136
Gautier, Judith, Schriftstellerin
95–96, 321
Gautier, Théophile, Schriftstel-
ler und Kunstkritiker 56, 69,
96–100, 132, 210, 219–223,
254–256, 322
Gavarni (Guillaume-Sulpice
Chevalier), Lithograph 22,
100–102, 105, 133
George, Marguerite-Joséphine
Weimer, gen. Mlle. George,
Schauspielerin 131
Giraud, Eugène, Maler und
Stecher 179
Giraud, Victor, Maler, Sohn von
E. Victor 179
Gisette *siehe* Dennery
Gramont-Caderousse, Herzog
von, berühmter Lebemann
und Kurtisanenliebhaber 5
Gramont, Gräfin von 188, 200

Gramont, Herzogin von, geb.
Béatrix de Choiseul, Schwester
des berühmten Herzogs 261
Grangé, Pierre-Eugène Basté,
gen. Grangé, Dramatiker 46
Greffulhe, Gräfin 102–103, 199,
202
Grisi, Ernesta, Sängerin, Geliebte
von Th. Gautier und Mutter
seiner Töchter Judith und
Estelle 96
Guilbert, Yvette, Sängerin 104–
105
Guyot, Ives, Ökonom, Minister
für öffentliches Bauwesen 297
Guys, Constantin, Zeichner
105–109

Haussmann, Georges-Eugène,
Baron, Planer des neuen Paris,
artiste démoliseur 5
Haussmann, Mademoiselle,
Tochter des Vorigen 6
Hébrard, Adrien, Herausgeber
des »Temps« 211
Hémon, Jean-Louis, Artillerie-
offizier im Ruhestand, Testa-
mentsvollstrecker des Generals
Aupick und einer der Erben
von Madame Aupick 11
Henckel von Donnersmarck,
Guido, Graf, schlesischer Gru-
benbesitzer und Gouverneur
von Elsaß-Lothringen 219, 222
Heredia, José María, Dichter
90–91, 243
Hertford, Lord Richard Seymour-
Conway, berühmt für seinen
Geiz und seine Sammlungen 5

Herz, Henri, von der Païva ruinierter Pianist, Komponist und Flügelbauer 218, 220
Herzen, Alexander, Schriftsteller 109–111
Hiroux, Jean, Figur eines bestialischen Mörders des Schriftstellers Henri Monnier 135
Home, Daniel Dunglas, schottischer Geisterseher 206
Hoppe, holländischer Bankier 112–113
Houssaye, Arsène, Autor süßlich-frivoler Romane, Direktor der »Comédie-Française« 210–211
Howard, Lord 221
Hugo, Victor 64, 114–115, 193–195, 257, 289
Huysmans, Joris-Karl 116–117, 182, 286

Jacquemin, Jeanne, Malerin 118–119, 139
Jacques, Amédée-Florent, Philosoph 288
Jacquemart, Alfred, Bildhauer 83
Juliette *siehe* Drouet
Julie *siehe* Chojecki

Kann, Mme., geb. Marie Warchawska, Freundin von Maupassant 119–120
Koenigswarter, Maximilien, aus Holland stammender Bankier 128
Krafft, Baron von 65

La Gandara, Antonio de, Maler und Porträtist 286
La Rounat, Charles Rouvenant de, Dramatiker, Theaterdirektor 55
Labiche, Eugène 120
Ladière, Strafverteidiger 50
Lafitte, Jules, Herausgeber des »Voltaire« 88
Lafontaine, Louis Marie Henri Thomas, gen. Lafontaine, Schauspieler 121
Lagier, Suzanne, Schauspielerin 35, 121–137, 181
Lambert-Thiboust, Dichter, Verfasser des Stückes »Les filles de marbre« 33
Lambert-Bey, Charles-Joseph, Direktor der École Polytechnique in Ägypten 65
Lami, Eugène, Maler, Aquarellist 208
Larochefoucauld, Akrobat 198
Launai, Mademoiselle de, spätere Baronin de Staal, Kammerzofe der Herzogin du Maine 188
Lauriston, Arthur Law Graf von, Enkel des Maréchal de France, der sich im Spiel ruiniert, als Soldat nach Algerien geht und 10 Jahre später Ordonnanzoffizier Napoléons III. wird 32
Le Poittevin, Alfred, Schriftsteller, Onkel von Maupassant 61
Leblanc, Léonide, Schauspielerin 118, 138–140
Lebœuf, Edmond, Marschall von Frankreich und Kriegsminister 214

Legonidec, Justizbeamter 157
Leleux, Adolphe u. Armand, Genremaler 21
Lemaire, Madelaine, Blumenmalerin 140
Lemaître, Frédérick, Schauspieler, Victor Hugo schrieb für ihn den »Borgia« und »Ruy Blas« 13, 54
Lemerre, Alphonse, Verleger 183
Lenoir de Sérigny, Louise-Elisabeth 24
Lescure, Berichterstatter des »Figaro« 69
Lévy, Michel, Verleger 69
Lia *siehe* Félix
Limayrac, Paulin, Literaturkritiker, Redakteur des »Constitutionel« 57
Longhi, Pietro, Maler des venezianischen Lebens 6
Lorrain, Paul Duval, gen. Jean Lorrain, Romancier 105, 117–118
Lorsay, Autor 121–122
Loti, Pierre, Schriftsteller 141–142
Lubin, Parfumeur 129
Lumley, Operndirektor in London, dann am »Théâtre Italien« in Paris 221

Macaire, Robert, Mörder in einer mittelalterlichen Sage und Held eines Theaterstücks von F. Lemaître 60, 293
Maintenon, Françoise d'Aubigné, Marquise de, Gemahlin Ludwigs XIV. 188, 222

Malingre, Rosalie, Dienstmädchen 142–156, 231, 329
Manceau, Alexandre, Stecher 252–253, 256, 258
Mangin, fliegender Händler und Marktschreier, berühmt für seinen Vierspänner, seinen Helm und seinen Leierkasten 292
Marchal, Charles, Maler, Freund von Dumas fils und George Sand, der sich das Leben nahm, als er erblindete 123, 255
Maria, Hebamme 153, 156–170, 323
Marie 171–178
Martin, John, Maler 64
Marx, Adrien, Journalist 249
Mathilde, Prinzessin 41, 120, 178–180, 209, 211, 213–215, 267
Maupassant, Guy de 85, 90–91, 119, 137, 180–184, 262–263
Meilhac, Henri, Bühnenschriftsteller 262
Mendès, Catulle, Dichter 184
Menier, Émile-Justin, Schokoladenfabrikant 129
Mennechet, Koch 89
Mercadet, Figur von Balzac 292
Merimée, Prosper, Schriftsteller 254
Meryon, Charles, Radierer 184–185
Metternich, Fürstin 5, 186
Metternich, Richard-Clement-Hermann, Fürst von, Botschafter 5, 186
Meurice, Madame, Gattin von Paul M. 115

Meurice, Paul, Chefredakteur des »L'Evénément« und des »Rappol«, Testamentsvollstrecker von Victor Hugo, Romancier, Dramatiker 114
Michelet, Jules 187–196
Millevoye, Charles-Hubert, Dichter 165
Mirbeau, Octave, Schriftsteller 247
Mocker, Eugène-Ernest, Sänger 260
Monnier, Henri, Schriftsteller und Maler 60
Montesquiou-Fezensac, Robert de, Dichter 102, 196–202
Morny, Herzog und Herzogin von 186
Munkácsy, Michael Lieb, gen. Mihály, Maler 202–203
Murger, Henri, Erzähler 165

Nadar (Félix Tournachon), Karikaturist, Photograph 29, 203–205
Napoléon III. 205–215
Napoléon, Prinz, Sohn des Königs Jérôme 33, 35
Nelly, Mademoiselle, Schauspielerin 93
Neveu, Metzger 165–166
Niel, Jules, Bibliothekar, Sammler 184–185
Nieuwerkerke, Graf, Bildhauer, Surintendant der schönen Künste 179, 215, 268
Nittis, Giuseppe de, italienischer Maler und Stecher 118, 237

Ollivier, Émile, Staatsmann 212
Orléans, Ferdinand, Herzog von 157, 167
Osmoy, Charles Le Bœuf, Graf von, Departementsrat, Abgeordneter, Senator, Freund Flauberts 90, 216–218

Païva, Albino-Francisco, Marquis de 221
Païva, Marquise de, geb. Thérèse Lachman, Kurtisane 218–229
Pardo-Bazan, Emilia de Quiroga, Herzogin von, spanische Schriftstellerin und Kritikerin 296
Passy, Antoine, Präfekt, Unterstaatssekretär unter Guizot, Botaniker 229
Passy, Blanche, Tochter des Präfekten und Botanikers A. Passy 92, 229–237
Passy, Eugénie, Tochter von Hippolyte Passy, dem Bruder von Antoine Passy 229
Passy, Pauline, Cousine von Blanche 229
Payen, Anselme, berühmter Chemiker 231
Pearl, Cora, Emma Cruch, gen. Coran Pearl, Kurtisane 186
Pereire, Emile u. Isaak, Bankiers 5, 299, 321
Persigny, Herzogin von, Enkelin des Marschalls Ney 5
Petit, Georges, Galerist 108
Pianori, Giovanni, italienischer Revolutionär, der ein Attentat auf Napoléon III. verübte 122

Pichon, Marie, Dienstmädchen 50
Pingat, Modeschöpfer 138, 237–240
Pinson, Inhaber des gleichnamigen Restaurants 254
Plessy, Jeanne-Sylvanie, Schauspielerin 131
Plonplon *siehe* Napoléon, Prinz
Poictevin, Francis, Schriftsteller 116
Pommereux, Charles, Vicomte de 6
Poniatowska, Fürstin 6
Popelin, Claudius, Historienmaler, Emailleur, Dichter 87, 179
Porel, Désiré-Paul Parfouru, gen. Porel, Schauspieler und Theaterdirektor 302
Potain, Pierre-Carl-Edouard, Internist 18
Pouchet, Georges, Professor für vergleichende Anatomie am Musée National de l'Histoire Naturelle 87, 90
Pourtalès, Gräfin von, berühmte Schönheit des Zweiten Kaiserreichs 6
Pouthier, Alexandre, Maler 295
Powel, Freund Swinburnes 263–266
Pradier, James, Bildhauer 72
Préault, Antoine-Auguste, Bildhauer 65
Primoli, Joseph, Sohn des Grafen Primoli, häufiger Gast im Salon seiner Tante, der Prinzessin Mathilde 51

Rachel, Elisa Félix, gen. Rachel, berühmte Tragödin 131, 162
Raffaelli, Jean-François, Maler 117
Regnault, Henri, Maler 239
Renan, Ernest, Religionswissenschaftler u. Schriftsteller 94, 193, 240, 326
Renard, Jules, Schriftsteller 241
Richelieu, Marie-Alice, Herzogin von, geb. Heine 261
Rimbaud, Arthur 241–242
Rochefort, Henri (Marquis de Rochefort-Luçay), Schriftsteller u. Politiker 241–244
Rodenbach, Georges, Schriftsteller 287
Rodin, Auguste 244–249
Rollinat, Maurice, Dichter 241
Ronsard, Pierre, Dichter 81
Rops, Félicien, Graphiker 249–250
Roqueplan, Nestor, Journalist, Redakteur, Theaterdirektor 132
Rothschild, James de, Gründer der Bank von Paris 169, 297, 321
Rouvroy, Louise, Sängerin 289–290

Sabatier, Apollonie, Aglaé, Maitresse des Bankiers Mosselman, Salondame 56, 251
Sabine, Straßenmädchen 289
Sagan, Fürstin von 6
Saintin, Jules-Émile, Maler 179
Sainte-Beuve, Charles-Augustin, Literaturkritiker, Schriftsteller 133–134, 193

Saint-Just, Antoine de, Revolutionär, Schriftsteller 9
Saint-Maurice, Graf von 157, 167
Saint-Victor, Paul de, Sekretär Lamartines, Theater- und Literaturkritiker 25, 54, 81, 93, 132, 218, 221, 223, 225, 259
Sand, George (Amantine-Aurore-Lucile Baronne de Dudevant) 191, 252–259, 289
Sandeau, Jules, Schriftsteller, Liebhaber von George Sand, dessen erste Namenshälfte der Dichterin als Pseudonym diente 254
Sarcey, Francisque, Schriftsteller und Theaterkritiker 304
Sari, Léon, Theaterdirektor, Impresario der Folies Bergère 124, 129, 134, 136
Scholl, Aurélien, Publizist 28, 123, 133
Séjour, Victor, Theaterautor 123
Sichel, Madame, Gattin des auf den Fernen Osten spezialisierten Kunsthändlers Auguste Sichel 10–11
Sichel, Philippe, Sohn von Auguste Sichel 262
Solms, Marie-Laetitia-Studolmine von, Autorin skandalöser Romane und berühmt wegen ihrer Liebschaften mit Béranger, Eugène Sue und Ponsard 6
Soulié, Eudore, Gelehrter, Verleger, Konservator am Museum von Versailles 180
Stevens, Alfred, Maler 10
Straus, Geneviève, geb. Halévy, Salondame 260–262
Sue, Eugène 66
Swinburne, Algernon Charles 200, 262–266

Taine, Hippolyte, Historiker, Geschichtsphilosoph 78, 227, 266–267, 326
Thérésa, Emma Valadon, gen. Thérésa, burleske Sängerin im »Alcazar« (Konzertcafé) 186
Thuillier, Mademoiselle, Schauspielerin 162
Tsing, Ting-Tun-Ling, gen. Tsing, Chinesischlehrer von Judith Gautier 96
Turgan, Julien, Internist, wissenschaftlicher Berichterstatter beim »L'Evénément«, Mitherausgeber des »Moniteur« 223
Turgenjew, Iwan Sergejewitsch 110, 268–285, 309–313

Uchard, Mario, Wechselagent, Romancier 8, 122

Vacquerie, Auguste, Theaterautor, Redakteur des »L'Evénément« 114
Valtesse, Lucie Delabigne, gen. Valtesse de La Bigne Schauspielerin und Kurtisane, ruinierte den Fürsten von Sagan, führte einen bonapartistischen Salon, Vorbild für Zolas Nana 181
Verlaine, Paul 241–242, 286–287

Véron, Louis-Désiré, Publizist, Gründer der »Revue de Paris«, Operndirektor, Herausgeber des »Constitutionel« 207
Vero-Dodat, berühmter Fleisch- und Wurstladen unter Leitung der schönen Metzgerin Madame Vero-Dodat 165
Viardot, Louis, Journalist, Historiker und Übersetzer 110, 274
Vidal, Vincent, Pastellmaler, Porträtist 138
Villedeuil, Pierre-Charles Laurens, Comte de, Redakteur u. Literat 288–298
Villiers de L'Isle-Adam, Auguste, Comte de 201, 298–299

Wesley, John, Stifter der Methodisten, Erweckungsprediger 195

Yanoski, Jean, Historiker 288

Zeller, Jules, Historiker 179
Zeller, Pauline, Tochter des Historikers Jules Zeller 300–303
Zola, Émile 85, 89–90, 104, 116, 181–182, 274, 279–281, 283, 303–307, 309–313, 328

Inhalt

Prolog: Die feine Gesellschaft 5

    Adolphe-Joseph-Louis Alizard 7
    Charles Baudelaire 9
    Jules Barbey d'Aurevilly 12
    Sarah Bernhardt 14
    Marcelin Berthelot 16
    Jean-Martin Charcot 18
    Madame Cladel 19
    Abbé Alphonse-Louis Constant 19
    François Coppée 20
    Camille Corot 21
    Cornélie Le Bas de Courmont 23
    Couturier 25
    Alphonse Daudet 27
    Edgar Degas 30
    Anna Deslions 31
    Pélagie Denis 36
    Anatole Demidoff, Fürst von San Donato 41
    Gisette Dennery 41
    Ambroise-Firmin Didot 47
    Alexandre Dumas, fils 49
    Raymond-Martin Dumolard 50
    Eleonora Duse 51
    Kaiserin Eugénie 52
    Gustave Flaubert 53
    Dinah Félix 92

Anatole France	94
Judith Gautier	95
Théophile Gautier	96
Gavarni	100
Gräfin Greffulhe	102
Yvette Guilbert	104
Constantin Guys	105
Alexander Herzen	109
Hoppe	112
Victor Hugo	114
Joris-Karl Huysmans	116
Jeanne Jacquemin	118
Mme. Kann, geb. Marie Warchawska	119
Eugène Labiche	120
Suzanne Lagier	121
Léonide Leblanc	138
Madeleine Lemaire	140
Pierre Loti	141
Rosalie Malingre	142
Maria	156
Marie	171
Prinzessin Mathilde	178
Guy de Maupassant	180
Charles Meryon	184
Fürstin Metternich	186
Jules Michelet	187
Robert de Montesquiou-Fezensac	196
Mihály Munkácsy	202
Nadar	203
Napoléon III.	205
Graf Nieuwerkerke	215
Charles Le Bœuf, Graf von Osmoy	216

Marquise de Païva	218
Blanche Passy	229
Pingat	237
Ernest Renan	240
Jules Renard	241
Arthur Rimbaud	241
Henri Rochefort	242
Auguste Rodin	244
Félicien Rops	249
Apollonie-Aglaé Sabatier	251
George Sand	252
Paul de Saint-Victor	259
Geneviève Straus	260
Algernon Charles Swinburne	262
Hippolyte Taine	266
Iwan Sergejewitsch Turgenjew	268
Paul Verlaine	286
Pierre-Charles Laurens, Comte de Villedeuil	288
Auguste, Comte de Villiers de L'Isle-Adam	298
Pauline Zeller	300
Émile Zola	303
Epilog: Gesellschaft der Fünf	309
(Flaubert, Turgenjew, Zola, Daudet, Goncourt)	

*

Dossier	315
Anita Albus: Menschen im Etui	315
Lebensdaten	331
Literaturhinweise	334
Namenregister	337

»Alain Claude Sulzer ist einer
der großen Erzähler unserer Gegenwart.«
Denis Scheck

304 Seiten, 23 €

Ein grandioser Roman über die letzten Jahre der Goncourts und das geheime Doppelleben ihrer Haushälterin Rose.

»Ein blitzgescheites und tiefgründiges Buch.«
Manfred Papst, NZZ am Sonntag

»Sulzer macht Lust, die Goncourts wiederzuentdecken.«
Peter Zander, Berliner Morgenpost

www.galiani.de

Aus Verantwortung für die Umwelt hat sich der *Verlag Galiani Berlin* zu einer nachhaltigen Buchproduktion verpflichtet. Der bewusste Umgang mit unseren Ressourcen, der Schutz unseres Klimas und der Natur gehören zu unseren obersten Unternehmenszielen.

Gemeinsam mit unseren Partnern und Lieferanten setzen wir uns für eine klimaneutrale Buchproduktion ein, die den Erwerb von Klimazertifikaten zur Kompensation des CO_2-Ausstoßes einschließt.

Weitere Informationen finden Sie unter
www.klimaneutralerverlag.de

1. Auflage 2023

All rights reserved
Ausgewählt und aus dem Französischen
übertragen von Anita Albus
Verlag Galiani Berlin
© 2023, Verlag Kiepenheuer & Witsch, Köln
Alle Rechte vorbehalten
Covergestaltung: Lisa Neuhalfen, Berlin
Covermotiv: Gemälde von Jean Béraud (1849–1936); © Universal
Images Group North America LLC/Alamy Stock Foto
Das Buch erschien erstmals 1989 in der ANDEREN
BIBLIOTHEK; Betreuung der Neuausgabe: Wolfgang Hörner
Gesetzt aus der Scala Pro
Satz: Wilhelm Vornehm, München
Druck und Bindung: CPI books GmbH, Leck

ISBN 978-3-86971-281-9

Weitere Informationen zu unserem Programm
finden Sie unter www.galiani.de